"新教师教育丛书"编委会名单

顾　问　　陈佳民
主　编　　陈建伟
编　委（以姓氏笔画为序）
　　　　　　庄义友
　　　　　　陈建伟
　　　　　　黄淑琴
　　　　　　崔干行
　　　　　　赖华强

本书编写者
（以姓氏笔画为序）

邓干基　　惠州学院
纪永祥　　肇庆学院
李江山　　惠州学院
陈建伟　　华南师范大学
郑有才　　华南师范大学
董国柱　　海南师范学院
曾　毅　　肇庆学院
曾远鸿　　华南师范大学
赖华强　　韶关学院

A NEW COURSE IN TEACHERS TRAINING

EDUCATION

新教师教育丛书

顾 问 陈佳民

主 编 陈建伟

The Working Cases of Class Adviser

班主任工作案例教程

（第二版）

赖华强 编著

廖汇谋 孔维波 点评

暨南大学出版社

JINAN UNIVERSITY PRESS

中国·广州

图书在版编目（CIP）数据

班主任工作案例教程/赖华强编著 . —2 版 . —广州：暨南大学出版社，
2008.4（2019.12 重印）
（新教师教育丛书）
ISBN 978 - 7 - 81079 - 419 - 0

Ⅰ. 班… Ⅱ. 赖… Ⅲ. 中小学—班主任—工作 Ⅳ. G635.16

中国版本图书馆 CIP 数据核字（2008）第 047455 号

班主任工作案例教程
BANZHUREN GONGZUO ANLI JIAOCHENG
编著者：赖华强

出 版 人：徐义雄
责任编辑：苏彩桃 秦志强
责任校对：张学颖
责任印制：汤慧君 王雅琪

出版发行：暨南大学出版社（510630）
电 话：总编室（8620）85221601
营销部（8620）85225284 85228291 85228292（邮购）
传 真：（8620）85221583（办公室） 85223774（营销部）
邮 编：510630
网 址：http://www.jnupress.com
排 版：广州恒伟电脑制作有限公司
印 刷：佛山市浩文彩色印刷有限公司
开 本：787mm×1092mm 1/16
印 张：17.25
字 数：300 千
版 次：2004 年 9 月第 1 版 2008 年 4 月第 2 版
印 次：2019 年 12 月第 13 次
印 数：50501—51500 册
定 价：42.00 元

总　序

　　教师教育向来是个十分重要的问题，尤其是在教育的发展变革当中。

　　一百多年前，有着几千年文明历史的中国，在社会政治、经济急剧变革的过程中，在传统的封建旧教育与资本主义新教育思潮碰撞的过程中，发生了一件对民族发展、国家进步来说具有重大意义的事情，那就是现代学校教育制度的建立。1903年1月13日（光绪二十九年十一月二十六日），清政府颁布了《奏定学堂章程》（亦称癸卯学制）。从此，中国教育结束了几千年来混杂无序、官私并存的局面，逐步走上了现代学校教育在国家意志下系统化、规模化发展的道路。

　　教育领域的这一巨大变革不可避免地带来了一个非常重要的问题——师资。在一个长期以来缺乏教师职业训练的国家，这真是一个实实在在的问题。因为在以班级授课制为基本教学组织形式的现代学校教育中，没有足够的教师根本无法开展各种必需的教育活动。而以学科课程为教育内容基本体系的现代学校教育，相对于过去的私塾来说，对教师专业素养的要求也要高很多。为此，《奏定学堂章程·学务纲要》在阐明教育宗旨后，立即提出"宜首先急办师范学堂"，特别强调："各省城应即按照现定初级师范学堂、优级师范学

堂及简易师范科、师范传习所各章程办法迅速举行。"①

一百多年过去了,今天,在世界科学技术日新月异、突飞猛进的背景下,在现有教育体系与未来人才标准产生矛盾冲突的情况下,我国教育领域又发生了一件对民族振兴、国家繁荣来说意义重大而举国瞩目的大事,那就是面向 21 世纪的基础教育课程改革。2001 年 6 月 8 日,我国教育部颁发了《基础教育课程改革纲要(试行)》,从而掀起了自 20 世纪 70 年代末我国改革开放以来的新一轮基础教育改革,也是我国跨入 21 世纪以后的第一次基础教育改革。

此轮基础教育课程改革的目标,是构建符合素质教育的新的基础教育课程体系,全面贯彻党的教育方针,全面推进素质教育。改革的触角涉及课程目标、课程结构、课程内容、课程实施、课程评价、课程管理等。课程是教育的基础环节,因此,课程的合理改进必将有利于提高教育的质量和效率。然而,如此全面的课程改革首先带来的将是教师队伍中某些素质方面的不适应。因此,教师的教育问题与一百多年前的那次革新一样被提到了重要的位置。《基础教育课程改革纲要(试行)》设专节阐述"教师的培养和培训"问题,指出:"师范院校和其他承担基础教育师资培养和培训任务的高等学校和培训机构应根据基础教育课程改革的目标和内容,调整培养目标、专业设置、课程结构,改进教学方法。中小学教师继续教育应以基础教育课程改革为核心内容。地方教育行政部门应制定有效、持续的师资培训计划,教师进修培训机构要以实施新课程所必需的培训为主要任务,确保培训工作与新一轮课程改革的推进同步进行。"② 教育部还明确提出了对教师"先培训,后上岗;不培训,不上岗"的要求。

---

① 舒新城. 中国近代教育史资料(上册). 北京:人民教育出版社,1961. 200~201

② 朱慕菊. 走进新课程——与课程实施者对话. 北京:北京师范大学出版社,2002

　　教师的问题之所以如此重要，最根本的一点就在于，教师是教育活动的具体实施者，是把教育理想转变为社会现实的关键人物。

　　教育是一种影响人、转化人的社会活动。教育活动的构成要素有三方面：教师、学生及教育影响。其中教师是影响他人的人，也是能够影响他人的人；学生是受他人影响的人，也是需要他人影响的人；教育影响则是教师和学生之间的联结物，包括教育内容和教育手段。对教师而言，教育影响是使用的对象；对学生来说，教育影响是接受的对象。这一系列定义所产生的一个命题就是，教师是运用教育影响促使学生发展变化的人。学生的发展是教育的理想和目标，所以教师就是实现教育理想和教育目标的关键。

　　教师在教育活动中的重要作用已经不容置疑。因此，在各国的教育体系中，教师教育已经成为一个处于特殊地位的部分。除了教师的职前教育受到重视外，在职教师的继续教育问题也备受关注。1994 年在日内瓦召开的第四十四届国际教育大会宣称："采取措施以增进教育家们在正规和非正规教育中的作用和地位，并优先考虑包括规划者和管理者在内的教育人员的职前培训和在职培训乃至再培训。"可见，在日益进步的现代社会，发展教师教育尤其是教师的继续教育已经成为全世界的共识。

　　我国在一百多年来的现代教育进程中，也十分重视教师教育事业的建设和发展，形成了稳定的师资培养制度，建立了教师资格国家认可制度。现阶段，随着国民文化素质不断提高和教育事业不断发展对教师提出的新要求，我国的教师培训工作已经逐步走向了制度化、规范化的道路。各地政府、教育主管部门也制定了相应的措施，以保证教师培训工作的顺利进行。

　　正是在这样的情形下，我们编辑出版这套"新教师教育丛书"，旨在为日益发展的教师教育事业作出应有的贡献。

　　本套丛书坚决贯彻《基础教育课程改革纲要（试行）》的基本精神，从编写理念到编写内容甚至到文本形式，都努

力体现面向 21 世纪的我国教育事业发展的方向，并以学习者便学、有用为原则。本套丛书的编写者都是长期从事教师教育工作的高等学校教师，这是本套丛书质量上的重要保证。

新教师教育丛书编委会

目录

CONTENTS

第二编　班主任工作新理念

第三编 班主任工作新课题

绪 论

一、班主任工作概述

（一）班级教育形式及班级的产生

教育是一项古老而又年青的"人类自身生产活动"。相对于封闭的家庭教育和广泛的社会教育来说，具有专门性的学校教育，始终是人们关注和谈论的焦点。学校教育，无论是现代还是传统，无论是私立民办还是国立公办，对多数人来讲，仍然是既开放又神秘的。其神秘性大概多半源于对其内部组织形式的不熟悉或不了解。综观古今学校教育，无论其具体的组织形式如何多样，就其基本形式来讲，无非是个别教育和班级教育两种；也有分为班级教育、小组教育和个别教育三种形式的。

个别教育的形式比较古老，而班级教育形式，据考证，最早产生于 15～16 世纪的欧洲。二者在时间上的分野，是以 17 世纪捷克教育家夸美纽斯（1592—1670）写成的西方第一部系统论述学校教育的专著《大教学论》（1632）为基准。夸美纽斯在其《大教学论》和其他著作中，对"班级授课制"进行了系统的理论总结和阐释。随着近代西方资本主义的兴起以及工商业的发展和科学技术的进步，社会对教育

的规模、质量和效益的要求越来越高，班级授课制便逐步发展成 18、19 世纪欧美各国学校主要的教学形式。

班级授课制在我国最早的尝试，据认为开始于 1862 年创立的京师同文馆。京师同文馆是我国近代第一所培养洋务运动所需的外语翻译人才的新式学校，它采用了班级授课制形式，设"正提调"、"帮提调"等专职人员管理同文馆的学生。班级授课制在我国广泛地施行，是伴随着我国现代意义的学校的诞生而发生的。1902 年，清政府颁布了我国第一部现代学制《钦定学堂章程》（未及施行），其中规定："学生每班应置教习一人。"1903 年《奏定学堂章程》规定："凡初等小学堂儿童之数，六十人以上一百二十人以下，例置本科正教员一人。"这里的"教习"、"本科正教员"都是指负责班级教育管理工作的人员。自此开始，班级授课制也便成为我国各级各类学校基本的教学组织形式。

（二）班主任及其沿革

班级，作为一种教学组织单位既经产生，就要有人去管理。今天，世界各国普遍采用班级授课形式，但并不是都设班主任一职，也不是负责管理班级事务的人员都称作"班主任"。综观世界各国，有代表性的设置班主任的国家，主要是前独联体各国、中国、日本以及欧美一些国家。

就其称呼来讲，英国称"导师"，德国称"班主任"。法国 20 世纪 80 年代前称"班主任"，80 年代后称"导师"或"班级评议会主席"。旧俄罗斯时代称"级任教师"。前苏联，1934 年前，称"组指导员"，以后，组改为班，改称"班主任"。美国则有"班级顾问"、"辅导员"、"本班教师"、"心理咨询工作者"等多种称呼。日本称"班级担任教师"。在我国，新中国成立以前，则有"正提调"、"帮提调"（1862）、"教习"（1902）、"本科正教员"（1903）、"级任教员"（民国小学）、"学级主任"（民国中学）等多种称呼。据考证，在解放区学校，也有文件使用"班主任"这一名称的。我国学校设立此职并正式称为"班主任"，是在 1952

年。1952 年，教育部颁发《小学暂行规程（草案）》和《中学暂行规程（草案）》，明确提出班级设班主任，取代建国初曾一度设立的"级主任"。

在设不设班主任一职以及担任班主任一职的人员怎样称呼这些问题上，世界各国各有差异。造成这种差异和多样性的原因主要有两个：一是各国的传统不同，二是班级划分的原则和方法不同。就班级划分的原则和方法来讲，各国采用的编制原则主要有按学习能力编班、按学科能力编班、按年龄编班、按宗教信仰编班、按学生性别编班等数种。欧美各国主要采取按学科能力编班的原则。例如美国，许多学校的同一年级可以开设三种要求和水平不同的数学，五种发展方向和用途不同的英语。法国和德国的中学教育过程，简直就是一个按"智力"不断分轨的过程。英国的学科教学班则与教育辅导班并重，七年的中学学习，学生们只在一到三年的学习中学习若干门共同课，以后皆为选修课。许多中学开设多达五六十种选修课程。这种情况在美国也较普遍。众所周知，我国则主要采取按年龄分班的编制原则。

（三）班主任工作的性质与特点

撇开各国的差异不论，综合多数国家情况来看，班主任工作的性质大体是一致的：它是学校系统里一种特殊的教育管理工作，即在学校系统内，具有班主任或类似于班主任头衔和职责的教师，对一个相对较小的独立、完整和稳定的学习组织和集体实施积极的影响。相对于学校系统内的另外两种教育工作者——任课教师和管理人员来讲，班主任工作与他们工作的区别是显而易见的：管理人员负责对整个学校或一个学段（小学、初中、高中）、一个年级学生的管理，班主任负责对一个班级的管理（这里的"班"和"班级"完全是同义词，都是"班"的意思）；任课教师负责对学生某门课程知识技能学习的教育，班主任负责对一个班级学生整个学习、生活、工作的教育。

学校工作的一切特点，班主任工作都具有。它主要有如

下一些鲜明的特点：

在工作目标方面，班主任工作具有很强的时代性、先进性、前瞻性、预见性。班主任工作总是要用时代最先进、最积极、最正确、最健康、最优美、最崇高的东西，教育和影响学生的身心发展，把他们培养、造就成符合时代、社会发展要求的健全的人，防止学生身心受到不良影响，沾染坏习气乃至堕落学坏。

在工作内容方面，班主任工作具有很强的全面性、复杂性、经常性和琐细性。"学校工作无小事，事事关乎教育"，这句话最适合用来描述班主任工作的内容特点。

在工作方法策略方面，班主任工作具有很强的科学性、艺术性、灵活性和创造性。班主任要利用各种资源，整合各方面的力量卓有成效地开展工作，就必须不断探索教书育人的规律，科学地、艺术地、灵活地、创造性地开展工作，否则，就驾驭不了复杂的局面，而被"婆婆妈妈"、"琐细"的班级工作弄得焦头烂额。

最后，班主任工作跟一切教育工作一样，还具有很强的示范性。班主任的言行举止，许多时候，必须是一切先进、正确、优美、崇高事物的化身，从而用以说服人、启发人、引导人、熏陶感染人。

（四）班主任的地位

班主任一职，在现代学校教育系统里具有十分突出的地位。

首先，从班主任角色的定性来看。我国《中学班主任工作的暂行规定》（1988），称班主任是"班集体的组织者、教育者和指导者"，是"学校领导实施教育、教学工作计划的得力助手"。一般的文章著作，称班主任是"班级社会的核心人物"、"家长代言人"、"学生人生的导师"。人们的日常口语则称班主任为"小校长"。

其次，从班主任角色的权威性来看。学校、家庭和社会，要是有人遇到学生犯事，所谓"走，找你们的老师去"，

这里的"老师",常常是指班主任。学生毕业离开学校多年,相邀去探望老师,也往往是去探望班主任老师。这说明,班主任对学生的影响要比一般老师强烈持久得多,班主任在学校领导、任课老师、家长和社会各界人士的心目中,具有较高的、特殊的地位。

再次,从班主任选任条件和待遇来看。以我国为例,我国《中学班主任工作的暂行规定》(1988),对班主任的任职条件要求是:"热爱教育事业,教育思想端正,工作责任心强;作风正派;有一定教学水平和组织管理能力。"对班主任的待遇和奖励规定是:"享受班主任津贴","建立班主任表彰制度"。同时,我国中央和地方各级政府,包括各级教育行政主管部门,每年会"对成绩突出、贡献卓著的优秀班主任予以表彰和奖励"。班主任工作经历和业绩,也常常作为"考核晋级、评定职称、评选先进的重要依据"。

(五) 班主任工作的职责

先看我国的规定。我国《中学班主任工作的暂行规定》(1988),对班主任工作的基本职责规定是:按照德、智、体、美全面发展的要求,开展班级工作,全面教育、管理、指导学生,使他们成为有理想、有道德、有文化、有纪律、体魄健康的公民。

具体职责(内容)是:

(1)向学生进行思想政治教育和道德教育,保护学生身心健康,教育学生热爱社会主义祖国,逐步树立为人民服务的思想和为实现社会主义现代化而奋斗的志向,培养社会主义道德品质和良好的心理品质,遵守《中学生守则》和《中学生日常行为规范(试行稿)》。

(2)教育学生努力完成学习任务,会同各科教师教育、帮助学生明确学习目的,端正学习态度,掌握正确的学习方法,提高学习成绩。

(3)教育、指导学生参加学校规定的各种劳动,协助学校贯彻实施《体育卫生工作条例》,教育学生坚持体育锻炼,

养成良好的劳动习惯、生活习惯和卫生习惯。

（4）关心学生课外生活，指导学生参加各种有益于身心健康的科技、文娱和社会活动，鼓励学生发展正当的兴趣和特长。

（5）进行班级的日常管理，建立班级常规，指导班委会和本班的团、队工作，培养学生干部，提高学生的自理能力，把班级建设成为奋发向上、团结友爱的集体。

（6）负责联系和组织科任教师研究本班的教育工作，互通情况，协调各种活动和课业负担。

（7）做好本班学生思想品德评定和有关的奖惩工作。

（8）联系本班的学生家长，争取家长和社会有关方面配合，共同做好学生教育工作。

从世界各国的教育文件和论著来看，各国对班主任工作职责的规定与表述，差异很大。但归纳一下，至少在以下三个方面是相同的：

第一，维护正常的教育教学秩序。各国的班主任都有检查和保证学生的出勤、维护校纪校规和课堂秩序的职责。

第二，对全体学生进行"人的教育"。各国的班主任都有对学生进行人性的教育（第一层次）、一般道德品质的教育（第二层次）和公民的社会政治教育（第三层次）的职责。

第三，指导学生发展。各国的班主任都有对学生进行教育咨询指导（指导学生学会学习）、职业咨询指导（指导学生学会选择）、个人生活咨询指导（指导学生学会生活）的职责。

在差异方面，世界各国的情况大致如下：英国注重关怀、教育与指导的职责，德国与法国注重理性主义的评估与定向指导，美国则注重心理的矫正、预防和健康发展等等。

值得我们注意的是，在面向 21 世纪的发展需要时，世界各国关于班主任工作职责的规定和要求，明显出现了以下两个特点：

第一，更加强调班主任工作要善于整合学校、家庭、社

会的各种影响力，培育良好的班集体（一个合作的组织），塑造完整人格。

第二，更加强调班主任工作要加强"从人生"出发的"完人"教育和"导师的作用"，班主任要充分地担负起帮助、指导、促进学生"学会认知、学会做事、学会共同生活、学会发展"的职责。

（六）班主任工作过程

班主任工作过程一般由计划、实施、总结三个步骤或环节构成。

1. 班主任工作计划的制定

班主任工作计划的制定，首先要明确计划制定的依据：一是学校主管领导对学期（年）或当前班主任工作的要求；二是本班学生生活、学习、工作的实际；三是本人教育教学工作经验和有关教育学、心理学原理或法则。

其次，要明确计划的内容，包括概括说明本班的情况，制定本计划的指导思想和工作目标，主要的工作内容、步骤、措施、时间及检查、验收、评估的标准和方法等。

再次，还要熟悉了解有关计划的种类，包括学年计划、学期计划和学时计划，综合计划和单项计划等等。

2. 班主任工作的实施

班主任工作的实施，主要应该做好以下工作：

（1）做好动员，明确任务。一个学期或一项重要工作开始之前，班主任一定要以满腔热情向学生交代任务，明确目标，要让学生充分理解和接受班主任工作打算，积极配合班主任完成工作。

（2）合理组织，适当分工。每项工作都要有明确的组织、分工，充分发挥学生干部、学生社团和学生活动积极分子的作用。

（3）搞好协调，加强指导。班主任在班级工作活动中，主要是发挥组织、指导、协调作用，而不是事事亲力亲为。

（4）修正调整，灵活机动。班主任工作一方面要有计划

约束，另一方面又要灵活机动。要随时根据发展、变化了的情况，对计划的内容和时间表作出调整或修正。

3. 班主任工作总结

班主任工作总结分主动和被动两种。主动总结，就是班主任自觉进行的总结，这是一种非常好的工作方法和习惯。被动总结，就是应学校领导的要求而进行的总结，它是一种工作制度和需要。班主任工作总结，根据其规模和内容，可以分为全面总结、专题总结，学期总结、学年总结、阶段总结，班级总结、个人总结等等。

班主任工作总结也是一种特殊的教育研究活动，其过程包括选题、收集资料、分析提炼观念、成文等，往往就是一个完整的科学研究过程。

优秀班主任的工作经验一般具有如下特征：一是内容上具有先进性、代表性、独特性和新颖性；二是学术上具有科学性、规律性、可操作性和可推广性。好的班主任工作总结要力求使之具有上述两个特点。

（七）班主任工作原则

班主任工作是一项十分艰巨、复杂、细致的工作，其中蕴涵着非常丰富的规律、原理和法则，了解并遵循这些规律、原理和法则去开展工作，就能事半功倍。

人们在长期大量的班主任工作实践中，总结、发现了许多规律，形成了十分丰富的理论，因而有关班主任工作的原则概括和表述非常多。此处，特别强调和推荐以下几条供学习参考。

1. 全面性原则

班主任工作要始终坚持面向全体学生，关注每个学生的每个方面，一切为了学生。这是教育民主化时代的需要，也是现代社会培养具有健全人格、健康个性、和谐发展的人的需要。国际教育界将这一教育理念表述为"全纳教育"。我国教育工作者将它通俗化为"三个一切"：为了一切学生（对象）、为了学生的一切（内容）和一切为了学生（过程）。

2. 正面性原则

班主任工作要始终坚持正面教育引导学生，这主要是基于对人性的基本信任和对学生的基本了解。人本主义心理学告诉我们，每个积极健全的生命个体都有积极向上、"自我实现"的需要。教育工作者的任务，就是创造适合个人"自我实现"的条件，提供适宜学生主动、愉快成长的土壤。这就要求教育工作者，必须始终坚持积极对待、正面引导、树立榜样、确立目标、表扬先进、宽容过错、以理服人的工作原则，充分挖掘学生自身的潜力去解决问题，发扬学生的主动精神和创造精神去争取最好的发展，而把批评和惩罚降到最低限度，杜绝压制学生和简单粗暴的工作作风，严禁体罚、变相体罚和侮辱学生人格、伤害学生自尊的事情发生。

3. 情感性原则

如果说坚持正面教育原则是"以理（自然之理、人性之理）服人"的话，班主任工作还要求坚持"以情感人"的原则。人本主义心理学家认为，具有积极向上、自我实现倾向的人，同时也是脆弱的、需要帮助的人。所以，教育工作者的另一项职责，就是关怀、尊重、理解成长者。让受教育者在感到孤独无助的时候，能得到帮助；在感到忧愁沮丧的时候，能得到抚慰；在感到愤懑绝望的时候，能得到疏导；在一意孤行、固执己见、一时不能接受正确的劝慰和引导的时候，能得到理解和包容。班主任工作应该努力把对学生的严格要求和耐心帮助、热情关怀结合起来。

4. 表率性原则

坚持表率性原则，这是教育工作的一条基本准则，班主任工作也不例外。"学习是从模仿开始的"，"榜样的力量是无穷的"，学生常常把宣讲正确道理、提倡优美与崇高思想行为的教师看成是正确、优美与崇高的化身，模仿学习也往往是从最眼前的教师开始的。所以，教师的思想言行，在学生的视野中，总是具有"行动着的教科书"的作用。班主任

由于承担着教育管理学生的专门职责，所以班主任的思想言行在表率性作用方面，显得尤为突出，而坚持这项工作原则也总是非常有效。

（八）班主任工作方法

班主任工作方法是广大班主任工作者，遵循班级教育管理原则，结合个人工作实际，创造性开展班级教育管理的智慧结晶。它千变万化，丰富多彩，其丰富性和多样性简直是无限的。这里选择最普遍、最基本的几种略作描述。

1. 说理教育法

这是最普遍、最经常、最基本的方法之一。班主任工作总是要诉诸理由，"以理服人"。学生应知应会的，班主任常常要"晓之以理"；学生不明白或有疑惑的，班主任常常要"循循善诱"；学生固执己见或思想一时转不过弯的，班主任常常要"苦口婆心"。总之，目的都是要给学生把道理讲明白。诉诸理由，不仅是一种有效的教育方法，也是培养"守规矩、明事理"的具有健全理性的人的需要。

2. 陶冶教育法

陶冶教育法是相对于说理教育法的另一种工作方法。班主任工作有时讲一箩筐的大道理，不如给学生讲一个故事、听一段音乐、唱一首歌或者组织学生读一本书、看一部电影、开展一次有趣的活动的效果好。说理教育法主要是诉诸人的理智，属于作用于学生认知结构的明示教育，它"彰显大道"，犹如阳光普照；陶冶教育法主要是诉诸人的情感，属于影响学生性情气质的暗示教育，它"寓教于乐"，犹如雨露滋润。二者一刚一柔，犹如钱币的两面，分别使用，异曲同工，具有同样精妙的育人效果；如能结合使用，珠联璧合，效果更佳。

3. 实际锻炼法

班主任工作职责中的许多内容，诸如"学会学习、学会关心、学会审美、学会健体"等等，不仅要求学生"知"，

明白其中的道理，还要求学生通过"行"达到"会"。这就要求运用实际锻炼法，就是有组织、有计划、有目标地开展很多课内外活动，创造许多让学生切实参与、感受、体验的机会，丰富学生的阅历。古人说："纸上得来终觉浅，绝知此事要躬行。"又说："天将降大任于斯人也，必先苦其心志，劳其筋骨，饿其体肤，空乏其身，行拂乱其所为，所以动心忍性，增益其所不能。"如果说说理教育法是一种"坐而论道"的静态工作方法，陶冶教育法是一种"动之以情"的情景化工作方法，那么实际锻炼法就是一种"导之以行"的活动工作方法；如果说说理教育法、陶冶教育法主要是着眼于学生认识和性情的改变，实际锻炼法则主要是注重学生综合能力素养的养成。

4. 奖惩激励法

学生是行动着的、发展着的主体。一方面，他们自尊自爱，具有强烈的上进心，会积极学习，主动进取，做出成绩，取得进步，这需要得到家长和教师的认可。班主任应该对学生的优良表现给予肯定与奖赏，以勉励其更加努力，同时也起到号令和鼓舞他人的作用。心智和人格健全的学生总是在家长和教师的积极欣赏与肯定中成长起来。另一方面，由于天赋和成长环境的差异，学生的发展也不是一帆风顺的，总是有学生会出差错、犯错误甚至屡教不改，这也需要家长和教师给予提醒和告诫；问题严重的时候，甚至需要给予适当的惩罚，以引起其特别关注，并起到警告他人的作用。"没有惩罚就没有教育"，这是有道理的。奖励与惩罚、表扬与批评都是激励，一正一反，两种方法结合使用，就能够为上述说理、陶冶、实践方法的运用提供一个有力的管理机制方面的保障。

5. 心理疏导法

这是一种新型的管理教育方法。学生成长与发展中的很多问题，表现为心理层面的问题。或者认识不到位，一时固执己见；或者情绪低落，一时喜怒无常；或者心情悲痛，一时悲观绝望。遇到这种情况，教育工作者不要鲁莽决断，就

事论事，而要摸清情况，找准根源，三思而后行，坚持"心病要用情来治"的原则，使用心理疏导的方法，工作就比较有效。学生心理问题增多，这既是现代学生成长环境复杂化的反映，也是学生发展要求提高的表现。心理疏导法的运用十分依赖教育学、心理学知识。目前许多教育工作者对此尚不熟悉和习惯，需要一定的专门训练和学习来掌握。班主任在使用上述种种方法管理育人时，如果再加上心理疏导的方法，那么他所使用的方法就比较全面了。

二、叙事研究与班主任工作案例教学

班主任工作研究方法，跟一般教育科学研究方法并无二致，一般包括文献检索法、观察调查法、教育实验法、教育统计与教育测量法、经验总结法等等。但是，随着教育研究范式的反思与转向，近年来人们越来越重视那些直接面向教育过程、教育情景和教育实际工作者的研究方法。其中，叙事研究就是越来越引起人们关注的一种研究方法。

（一）叙事学与教育叙事研究

叙事，是人类一种古老的行为，也是一种特有的本领。最初，人类是以体姿、动作来言事传情的，所谓"被发而舞"、"投足以歌"是也。口头语言的产生，使古老的神话、史诗、民间故事等集体口头叙事作品得以流传。而作为叙事最强有力工具的书面语言的产生，则使人类的叙事热情空前高涨，其叙事活动和叙事本领也发展到极致。时至今日，在人类无法计量的口头和书面作品中，叙事作品大概占到十之八九。

但是，一个以"叙述学"命名的学科的产生，还是20世纪的事。叙事学在西方曾热极一时，20世纪80年代中后期传入我国。最初，人们用它来研究小说，渐渐有人突破文学的范畴，将其引入文化学范围。更有人主张将其扩展到人类的一般叙事领域，诸如历史、哲学、一般应用文体等等。

据说，最早将叙事研究作为研究方法运用于教育领域

的，是 20 世纪 80 年代加拿大的课程学者。他们认为，教师从事实践性研究的最好方法，是不断地说出一个个"真实的故事"。① 目前，这种方法已经受到国内越来越多的教育理论工作者和实践工作者的注意。

叙事，无论是作为一种文学样式，还是一种交流方式，早已发生和存在于人类的教育生活领域，并且发挥着不可估量的教育传播与探究价值。就世界范围来讲，一方面人类的许多叙事作品本来就具有教育学的价值，一直发挥着广义的教科书的作用，诸如各个民族的神话、传说、寓言、史诗以及不同国家不同时期的历史、文学、人物传记和宗教故事等等。作品的数量，可以说是汗牛充栋、数不胜数。另一方面，在人类教育史上产生过巨大影响并且还在继续发挥影响的许多教育言论、教育著作，本来就含有丰富的叙事性，或者就是有名的叙事作品，例如我国孔子的《论语》，西方柏拉图的《理想国》、拉伯雷的《巨人传》、卢梭的《爱弥儿——论教育》、裴斯泰洛齐的《林哈德与葛笃德》、亚米契斯的《爱的教育》等。

叙事的教育价值在于它通过时间、地点、情景、场面、事件、人物及其心理、言语、行为、处境、命运等叙事要素构成生动直观的生活画面，作用于人的感性知觉，熏陶、感染、塑造人的性情、气质，进而起到改变一个人的思想、行为的作用。

教育叙事的价值在于将本来打算直接诉诸人的理性知觉的教育思想、观点、意见、原理和法则，通过"叙事"包装，变成人们喜闻乐见的"故事"，供人们听闻、阅读，再通过叙事的教育价值，进而起到传播教育知识和真理的作用。

教育叙事研究的价值在于，既关注叙事的教育功能，用以改进教育，又关注教育叙事的功能，用以改进教育研究。教育学范畴的叙事研究与文艺学范畴的叙事研究，最大的区

---

① 参见：岳龙. 教育叙事：走进教师的真实生活. 福建教育，2003（11）

别就在于，前者关注的是教育叙事的学术意义，后者探究的是文学叙事的形式规律。

（二）班主任工作故事与案例教学

教育研究转向叙事研究之所以成为可能，除了因为近代以来的科学研究开始追求"抽象"和"概括"，从而导致现代学术研究包括教育研究对传统"叙事"方式的集体遗忘和轻慢，因而现在出现了对"叙事"研究方法的回归外，还跟人们天生就爱听故事、讲故事并爱在听故事、讲故事中成长、探究、学习有关。

故事，一般是把它作为一种文学体裁。而我们这里所说的班主任工作故事主要是指学校系统中班主任在履行其职责时发生的事情，它是一种"史料式"叙事、"文献体"故事。

第一，它应该是与学校班级教育管理有关的故事，而排除发生在学校内外但与班级教育管理无关的事情。

第二，它应该是发生在班主任身上且是其履行职责时的故事，而排除发生在班主任身上但与其职责无关的事情。

第三，它的讲述者，可以是班主任老师自己，也可以是学生、家长、新闻工作者、作家或任何叙述者；叙述的方式可以是口述或书面；叙述的人称可以是第一人称、第二人称或第三人称；叙述的角度可以是正面或侧面；叙述的风格可以是平实朴素的或生动华丽的等等。

第四，可能也是最重要的一点，它应该是真实发生的。虽然教育叙事并不排除虚构，教育叙事研究不仅不否认而且重视虚构作品的教育知识价值。但是，由于教育叙事研究的初衷就含有回归生活（历史）真实以反哺理念（逻辑）空疏的动机，所以，运用教育叙事研究方法而展开的班级教育管理叙事，要求所述之事必须是真实的，不接受任何虚构、杜撰、想象、假设推理的"教育文学"，也反对在原有的线索、细节、真事、本事、旧事、经历的基础上，经过夸张、放大、变形、补充、拼凑做成的"文艺性教育叙事"。

案例教学属舶来品，为美国哈佛大学所首创，几乎成为

哈佛商学院 MBA 教学法的同义词。据说，美国 500 家最大财团的决策经理中，2/3 是哈佛商学院的毕业生，而这家学院最为人称道的，便是它独具特色的"案例教学"。学生在校两年学习期间，大约要讨论 1 000 个案例。

直到 20 世纪 80 年代后期，大多数中国教育工作者，尚不知道案例教学为何物。今天，几乎所有的中国商学院都引进了案例教学。

案例一词源于英文 case。早期的案例是非常简单的，凡是教师能找到的，可以拿来作课堂讨论的材料都被当作案例。现在，用于教学的案例则有诸多限制或定义。据了解，案例教学的典范哈佛商学院拥有专业的案例编写队伍，一年大约要生产 800 个案例。而我国极缺案例资源，主要是因为案例编写费用高而又缺乏案例编写人才。据说，国内曾试图投资 1 万元人民币编写教学案例，结果以失败告终，以至于有关院校所使用的哈佛教学案例所付费用是每个案例 1 万美元。

典型的案例教学做法是：教授负责编选真实公司的案例印发给学生；学生在课下阅读材料和参考资料；教授在课堂上不讲课，只简单介绍情况，主要让学生发言讨论；教师对学生的见解、风度和能力作记分考核；学生考试的内容也是案例分析。相对于我们最为熟悉的"原理教学"来说，"案例教育"最显著的特征，是没有唯一正确的答案，"同一个问题，100 个人就有 100 个答案"。"案例"是具体的，对它的求解也必须拿出具体的对策，不能说出几条放之四海而皆准的"原理"就完事。案例不是没有答案，特别是那些久经推敲的案例，总会隐含着教授和企业家们所共同认可的一些行动或对策，对学生起着某种提示或引导的作用。但这些答案都不具有唯一性，更不能说是最优答案。无论教授的意见，还是企业家的成功实践，都只不过一种参考。因为谁都没有理由否定，还可以"有更好的解决办法"。即使大家都赞成某一方案，具体操作起来也会不一样。因此，案例教育的宗旨不是传授"最终真理"，而是通过一个个具体案例

的讨论和思考，去诱发学生的创造性思维。它甚至不在乎能不能得出正确答案，而真正重视的是得出答案的思考过程。在某种意义上说，案例教学培养的是解决问题的"实践先生"，而不是解释问题的"理论高手"。案例教学更表现为一种智慧教育。

将案例教学运用于教师教育或培训，目前国内方兴未艾。而作为案例教学的一种初级形式，将班主任工作故事应用于班主任工作理论与实践研究，则是本书的一个尝试。

三、本书编写体例与使用要求

（一）本书编写体例

班主任工作故事是客观存在的，而且是时时刻刻发生的。

仅就见诸媒体的部分来讲，保守估计，我国现在每年要产生 1 000 个以上班主任工作故事。今天能够提供给人们讲述班主任工作故事的空间也大大扩展了。全国不仅办有专门的德育和班级教育管理方面的报纸杂志，许多教育类报纸杂志和非教育类报纸杂志也设立栏目，刊登有关班级教育管理故事，甚至专门的班主任故事写手也已出现。

在长期、大量的工作实践中，广大的班主任教师创造了数不清的班级教育管理故事。这些故事既是他们辛勤劳动的真实记录，也是他们广博的教育智慧的集中体现，更是教育知识宝库里一笔巨大的宝贵财富。这些故事既能印证迄今为止所有精彩复杂的教育理论，有很大的范例价值，可供一切有志于教育工作实践的人认真地研究学习，同时也蕴涵着异常丰富的教育理论内涵，有很大的学术价值，可供广大的教育理论工作者好好地加工提炼。

但是，毋庸讳言，一方面可供阅读的班主任工作故事很多；另一方面，众多的故事所涉及的面往往很窄，大多局限于班级教育管理的日常内容，或者集中于热门话题、焦点问题和流行观念的展示，较多重复，较少新意；较多表彰、肯定或"成功故事的讲述"，较少失败、困惑或复杂问题的深

度探究。总之，许多故事所包含的知识"含金量"不高，学术价值不大。

当然，编者更愿意强调的是，在当前所能搜求到的班主任工作故事中，也不乏"好作品"，甚至有可以称为"经典之作"的东西。有时编者甚至想，就是单单为了向读者推荐这几篇"经典之作"，也值得去编一本书。

本书选择了按照"班主任学"或"班主任工作原理"的体系来编排这些故事，是基于这样两点考虑：其一，本书通过故事来诠释班主任工作原理，主要是站在班主任工作研究的角度，其结构内容应该体现"学科性"，具有科学理性色彩；其二，按照"班主任学"或"班主任工作原理"的体系来分配、布局纵横交错的班主任工作问题和内容，更有利于读者以一种开阔的、系统的视野来关注班主任工作的方方面面。

除参考文献和后记外，本书主要是由绪论和主体两部分组成。

绪论，包括班主任工作概述和教育叙事研究方法与本书编写体例。

班主任工作概述简介班主任学或班主任工作原理的基本内容，以提供学习研究班主任工作所必备的"共同的基础知识"。教育叙事研究方法与本书编写体例则指出本书所运用的研究方法和使用要求。

主体部分主要是由班主任工作故事及其学习研究问题构成。全书共四编35个主题70个故事。四编概略勾画出班主任学或班主任工作原理的学科体系，35个主题具体反映了班主任学或班主任工作原理的研究内容，70个故事则是用来"诠释"这些研究内容的。

诚如标题所示，本书着重编选了以下四类故事：

第一类故事（本书第一编中的故事），是那些最富爱心和创造性的故事。这类故事，是想让其发挥对正确有效的教育情感、态度、信念和智慧的彰显与传承作用，可主要供"收藏之用"，具有获得经验和智慧的价值。

第二类故事（本书第二编中的故事），是那些最能体现现代先进教育理念的故事。这类故事，是想让其发挥对期待中的理想教育或新教育的宣传、鼓动和倡导作用，可主要供"观摩之用"，具有获得新教育启蒙或洗礼的价值。

第三类故事（本书第三编中的故事），是那些较好地包含了当前教育课题的故事。这类故事是想让其发挥对当前和今后一个时期都需要我们面对的许多显性或隐性、浅层次或深层次教育问题的揭示作用，可主要供"探究之用"，具有审视、观察、思考与批判的价值。

第四类故事（主要出现在本书的第四编），是具有综合性学习与研究价值的故事，可兼作"收藏、观摩、探究"之用。

当然，严格地说，每个故事都是"综合"的。现在把它们编在不同的"主题"和"类别"里，主要是出于编者的需要，读者也可以不受这个限制而自由阅读使用。

还需说明的是，虽然原则上我们希望每个故事都紧扣一个主题，并能够比较贴切地反映该主题，但是有些故事非常难求甚至根本找不到，结果只能选择一个"大致相关"的叙事作品来充任，主要起到一个提出问题的作用。这种情况较为集中地出现在本书的第三编、第四编和第二编的某些主题中。

每个单元除故事外，还包括以下内容：

先行知识　对跟单元主题有关的基本概念、原理、方法或者问题的背景、理念的出处等，作必要的交代或阐释以引领故事，是学习和研究单元主题的重要先行知识或条件知识。

单元提示与问题探究　概略指出单元内容的性质、特点或价值，以引起读者的注意。同时，紧扣单元主题，提出一个具有实用性或思辨性的问题，请读者联系实际，同编者或故事作者进行"对话"。

点评　紧扣单元主题，对故事的内容或问题作些微阐发以引领阅读，或同读者一同分享故事。点评各有侧重，不求

面面俱到。

（二）本书使用要求

　　尽管编入本书的故事都不是严格意义上的案例，但是我们仍然建议使用本书的教师或读者，从案例教学的角度去理解和利用这些叙事作品。

　　有人说，好的案例犹如一盘美味佳肴，"尝上一口"或"吃上一顿"，可以发挥"关照原理"、"观摩现状"、"体验奥妙"、"拓展思维"、"激励示范"等多方面的作用。

　　为了教好案例，对于教师来讲，主要应做好课前准备、课堂管理和教学评价与反馈三个环节的工作。

　　课前准备　主要是做好案例课程设计，包括确定案例教学目标，选择学习与研究主题，推荐介绍一些必要的读物或参考文献，补充说明相关知识或背景，要求学生做好预读工作。选择案例和学习研究主题，可多听取学生的意见。为方便教学，可以按一般班主任学的体系将本书内容适当重组，具体教学内容和时数可根据需要随意增减。为此，本书向读者提供了一个 30 个学时的教学内容提纲供参考（见表 1）。

表 1　教学内容提纲（30 个学时）

序号	教学内容	范围	时数（节）
1	班主任工作对象	第一编主题 1、2 第三编主题 21、24	2
2	班主任工作内容之一： 班集体建设与班级管理	第一编主题 3、4、10 第二编主题 14、15	4
3	班主任工作内容之二： 德育与美育	第一编主题 5 第二编主题 16 第三编主题 22	2
4	班主任工作内容之三： 学习教育与学业指导	第一编主题 6 第三编主题 27	2

（续上表）

序号	教学内容	范围	时数（节）
5	班主任工作内容之四：综合教育（1）	第一编主题7 第二编主题17	4
6	班主任工作内容之五：综合教育（2）	第一编主题12 第二编主题18、19 第三编主题23	4
7	班主任工作方式：集体教育与个别教育	第一编主题7、11	4
8	班主任工作方法	第一编主题11 第二编主题20 第三编主题25、26	2
9	班主任工作原则	第一编主题13 第三编主题28	2
10	班主任成长与发展	第四编主题29～35	4

课堂管理　主要是做好课堂讨论的组织管理工作。案例学习讨论的一般程序是：布置预读—教师对相关知识或案例做简要说明—学生重温案例—学生分组交流讨论—全班交流讨论—教师评价小结。其中小组和班级交流讨论的时间应该占学习时间的主要部分。讨论要求学生把自己融进去，而不是作局外人，讨论也不是为了追求终极真理或正确答案，而应该重视"虚拟体验"的过程。讨论要求做好发言登记，学生的发言次数、态度和水平是对其学业成绩进行评价的重要依据。

教学评价与反馈　既包括每一次的学习与讨论情况的评价与反馈，也包括一个阶段或学期的教学情况的评价与反馈。教师可适当设计一些方便教学评价、管理与反馈的表格，以便将案例教学各环节的实质性教学要求落到实处。教师尤其

要关注和听取学生对案例教学的意见、建议或反映。

如何学好案例，对于学生来讲，主要从读案例、讨论案例和藏案例、创案例等几个方面努力。

读案例 主要是做好参加小组或班级讨论的个人准备。读案例，要求明白案例五个方面的内容：主题，事件（问题），处理事件或解决问题的过程、方法、结果。要求做好必要的阅读笔记，如勾画、圈点、概括归纳要点等。

讨论案例 主要是积极参与小组和班级讨论发言。讨论发言的内容实际上主要就是你对案例的体验、感受和评价，包括以下三个方面的内容：你对案例表示赞成与肯定的意见，你对案例表示不赞成与不肯定的意见，你对案例表示质疑与困惑的意见。要大胆、坦诚地说出你的所思所想，也可以挑战或反驳别人的观点。讨论也要做好笔记，如记下自己或别人发言、质疑的要点。

藏案例、创案例 在案例学习和未来的教师职业生涯中，注意收集、整理、推荐、收藏有关案例，以备自己或他人学习研究之用，不失为一种好的教育行动和叙事研究方法。至于创造你自己的故事并把它写下来，或者记录你感兴趣的、具有案例价值的故事，均不失为一种好的案例学习研究方法。

第一编

班主任工作智慧

1

青少年学生的特点

【先行知识】

我国心理学界一般将青少年学生的小学阶段 6～12 岁，称为童年期或学龄初期；初中阶段 12～15 岁，称为少年期或学龄中期；高中阶段 15～18 岁，称为青年初期或学龄晚期。有时也将 0～14 岁的未成年人，统称为儿童。现在有专家建议，应该将我国儿童的年龄界面扩展为 0～18 岁。我们这里所说的"青少年学生"泛指我国一般中小学阶段的学生。

"青少年学生"是一个包含了"人"、"儿童"、"学生"多重含义的概念。

作为"人"，他们具有一切人所具有的自然或社会的属性，如对饮食、安全、自尊和爱的需要，丰富的情感，独立的人格，能动性等等。

作为"儿童"，他们精力充沛，生命力旺盛，上进心强而又稚嫩脆弱，摇摆不定，发展潜力大，可塑性强，且对成年人具有依赖、崇敬、疑惧等心理。

作为"学生"，他们是一个以成长、发展、学习、探究为"主旋律"的特殊社会群体，且具有很强的向师性。

关于不同年龄阶段的青少年学生身心发展的特点，各种读物和教科书已经讲得很充分，概括起来有以下要点：

1. 小学生的年龄、生理、心理特征

6～7 岁，处于身心发展的第二高潮。脑重量已达成年人的 90%。11～12 岁，处于身心发展的第三次高峰期，身高、体重猛增，女生已进入青春发育期。

小学生的感知觉无意性和情绪性比较明显，注意力不够集中，不易持久；以具体形象思维为主要特点，机械记忆占优势，擅长具体形象的记忆；情感易外露，自制力差；自我意识发展明显。

2. 初中生的年龄、生理、心理特征

12～15岁，处于青春发育期、"发身期"或"生长突发期"。身高体重迅速增加，性器官开始发育成熟，第二性征出现。

心理发展上有人称之为"第二次心理发现"、"心理断乳"、"第二反抗期"（相对于第一次三岁时）。抽象逻辑思维开始成为主要思维形式，思维的独立性和批判性特点较为突出，但还很不成熟；开始关注自己的身体和"自我形象"，自我意识和独立意识增强，但是情感的两极性及脆弱性特点也很明显；开始建立友谊和产生异性之爱的需要。

3. 高中生的年龄、生理、心理特征

身体迅速成长，性腺机能日趋成熟，到18岁，身体发育已接近成年人水平。

抽象逻辑思维的辩证性、批判性有了进一步的发展，其批判性与独立性也有了更高的要求；自我认识更自觉、更深刻，要求也更严格，责任感和义务感也迅速提高；独立性更强，自制力也更强；处于人生观、世界观初步形成时期。

"理解他们！"

"根据青少年学生的特点开展工作！"

这是现代教育区别于过去一切时代教育的一个最主要的特点。

"传统教育"（或曰"东方式教育"、"中国式教育"）和"现代教育"（或曰"西方式教育"），无论从观念、制度层面，还是从课程、方法层面，区别很多，但最根本或最重要的一条，就是青少年学生在其生活、学习、发展过程中所处的地位不同。一般来说，在传统教育中，儿童被当作"客体"，处于从属、被动、服从的地位；在现代教育中，儿童被当作"主体"，处于中心、主动、自由的地位。

从"成人本位"、"知识本位"或"社会本位"到"儿童本位"的转变，人类在后代教育问题上，也是经过一番漫长的痛苦的实践和抉择的。现在的结论是：青少年教育要充分体现和尊重青少年的特点。不是说"成人"、"知识"和"社会"就不重要，只是相对于"儿童"这个要素来说，儿童本位观对教育的成效和质量，更具有决定性，更有利于产生良好的教

育效果，培养出优秀的人类后代。

我国是一个封建社会漫长的国家，教育形态目前正经历着由传统向现代的转变。当前我国学校和家庭教育中的许多问题，如课程、方法、态度、效果等等，集中到一点，就是对儿童的不理解、不尊重、不信任，人们——包括那些最重视和热心孩子教育的人们，还普遍缺乏现代科学的儿童学和儿童教育学的知识或观念，这必须引起我们的高度警觉和关注。

【单元提示与问题探究】

谁积极、主动、科学、准确、灵活、机智地把握了青少年学生的特点，谁就找到了开启"成功教育"的钥匙。

试着从本单元的几个故事中看看，青少年学生都具有哪些特点？故事中老师的成功或失败，是怎样跟这些特点发生联系的？

1.1　一封要自由的信

朱玲珑

早读课的铃声响了，教室里响起了琅琅的读书声。我是高一（3）班的班主任，还教两个班的语文。我先到（4）班，看了看（4）班学生读书的情况。过了一会儿，又来到（3）班教室门口，一件奇怪的事情发生了：教室里的读书声戛然而止，五十五双明亮的眼睛一齐望着我。正当我感到奇怪，要张口询问之时，坐在前排的一位女同学指着讲台对我说："老师，信，信……"我顺着她手指的方向，看到讲台上放着一封没有封口的信。走近一看，信封上写着几个挺大的字："朱老师启。"我随手抽出信笺，看完以后，只觉得一股凉气侵袭全身。这时，我暗暗给自己下了一道要沉着冷静的命令，便笑着对同学们说："我们师生之间关系真不错，天天见面，还有同学有悄悄话向老师说。这封信里的问题，等到下午班会课再讨论，现在大家安心读书好吗？"

教室里已恢复了正常，可我的心却很不平静。信里那几行刺眼的字，在我眼前晃动："朱老师：我们已经长大了，请不要再用条条框框束缚我们。我们要砸碎身上的枷锁，我们要民主，我们要自由！高一（3）班部分同学。"这封信促使我冷静地回忆、思考班里学生最近的思想动态。开学初，当组织同学学习《中学生日常行为规范》时，有些同学显得很不耐

烦，认为以前已经学过了；后来结合班里的实际情况制定班级公约，有个别同学在周记里流露出不满情绪，认为规矩太多了；更为严重的是有几个同学对地理课不感兴趣，干脆旷课去玩……对于这些情况，我仅仅当作个别现象，只是找个别同学谈话进行教育。而现在从这封信来看，这些问题并没有真正解决，而且这些错误思想在班里还是有一定"市场"的。思想问题不解决会直接影响班级的风气，影响同学们的学习。想到这里，我又很庆幸他们能毫无顾忌地向我打开心灵的大门，使我能及时把握他们的思想脉搏。

下午，班会开始了。我说："同学们要民主、要自由，这并没有错，班级生活应该是民主的、自由的。对一些问题有不同看法我们可以彼此交换意见，最后取得一致的认识。如果是老师做错了，我保证虚心接受批评并立即改正；如果是同学错了，你们能否有这样的胸襟呢？"不少同学情绪高昂，回答："有！"我接着说："下面请大家畅所欲言，但有一个条件——一定要讲自己的心里话。"

我刚讲完，一位男生率先站起来说："我觉得我们班里制度太严，上课不准迟到，下课不准调皮吵闹，连随地吐口痰都不行，一点自由都没有。"另一个戴眼镜的男生抢着说："我姐姐在大学里可自由呢，高兴上课就进教室，不高兴就不去，哪像我们学校管得这样死，缺一节课都不行。"一个女生附和着说："我家一个亲戚是个体户，有时成天在家玩，照样挣大钱，家里都富得要冒油了！"接下来发言的几个同学都是列举社会上的例子，大谈特谈如今社会上一些人不受纪律约束，活得挺潇洒，羡慕之情溢于言表。

我正想启发教育他们，只见一位挺活泼的女同学站起来说："人不能离开纪律的约束，如果每一个人想干什么就干什么，那么整个社会不是都乱套了？拿我们班级来说，岂不成了一盘散沙，还成什么集体？如果真是这样，我们的学习任务怎么能完成？什么理想、希望岂不都成了肥皂泡？"一个小个子男生接着说："其实，大学里纪律制度也很严，我表哥上次来信说，他们学校的一个学生因违反校纪校规受到了开除学籍的处分。"这样一开头，下面接二连三不少同学都发了言，有的同学说："老师对我们严格要求是好的，没有规矩就不成方圆。"有的同学说："今天你不守校纪校规，明天就有可能不遵守国家法律，这样发展下去非常危险。"又有几位同学直截了当地批评那几个经常违纪的同学，希望他们能改正缺点，严

格要求自己。讨论的气氛非常热烈，有些平时很少发言的同学也开了口。

我看大家意见发表得差不多了，就站起来，首先肯定了大家能谈出自己的心里话，然后说："刚才大家的讨论有两种不同的意见，一种意见认为纪律是保证良好的教学秩序、提高教学质量不可缺少的必要条件，学生应该严格遵守。一种意见认为纪律束缚人，表示不愿受纪律约束，要民主、要自由。这两种意见谁是谁非，我不下结论，结论由你们自己下。下面我想和大家谈谈不少同学感兴趣的话题。在正式谈之前，我想请大家讨论一下什么叫民主？什么叫自由？"一石激起千层浪。大家纷纷发表自己的意见，我在综合大家意见的基础上阐述民主、自由的内涵后，就向大家讲解了社会主义民主与法制、民主与集中、自由与纪律的关系，强调必须坚持民主与法制、民主与集中、自由与纪律的统一。接下来我又进一步指出，实际上，民主和自由是相对的、具体的，任何社会都不存在不受限制的绝对的民主和自由。班会结束时，我要求大家以今天在讨论会上的感受为题，写一篇日记交上来。

日记交上来后，我欣喜地发现大多数同学体会深刻，见解正确，少部分同学也扭转了以前不正确的看法，提高了认识。过了一天，那几个写信的同学主动找我坦诚地交换意见，我也鼓励他们轻装上阵，做既活泼开朗又遵守校纪的好学生。从此以后，班里没有一个人迟到，自习课基本做到老师在和不在一个样，集体活动步调一致，班风明显好转。

一封信的风波已经平息，但留给我的教训是深刻的。中学生正处于青春期，他们的思想很不稳定，既能接受新的正确的思想观念，又很容易被种种"时髦"的错误的社会思潮所左右；他们既能接受正确的引导，又极易是非不分、走向极端。对于他们中间出现的一些问题，一些错误的看法和想法，教师不能操之过急，不能采取简单粗暴的办法批评一通了事，而要与他们平等讨论、交流思想、讲明道理，引导他们朝着正确的方向前进，使他们沿着正确的轨道茁壮成长。

（原载《中学班主任工作优秀个案》，有改动）

【点评】

青少年时期是人的自我意识快速发展的时期，要独立、要自由就是这种意识萌动的表现。一方面，他们对各种影响个人意识发展的事物明显具有比成年人更积极、更主动、更热情的态度；另一方面，他们又缺乏有效

的辨别事物的能力，面对纷纭复杂的世界，不能全面、正确、辩证地看问题，这就难免"真假不分，好坏难辨"，而且很容易"吃亏上当"或者"学坏"。加之他们热情敏锐，对契合个人成长需要的东西往往既理解接受得快，又具有一种非常执著坚定的态度。这就要求教育工作者在引导和说服他们选择什么和拒绝什么、坚持什么和放弃什么的时候，必须充分考虑到这些特点，不能"强迫"、"硬来"，而要以耐心、细致、说服、诱导为主要工作策略。面对学生要民主、要自由的举动，故事中的老师明白学生的意思，也知道有些不妥，但是没有采取简单粗暴的方法，一骂一训了事，而是采用一种理解、尊重、说服、引导的方法，真正使学生们既好好地上了一堂"关于民主自由"的课，一下子"长大了很多"，同时又避免了由于"把简单的问题复杂化"之后所带来的"逆反"、"不服"等后遗症。

1.2　音乐课上的风波

周济莉

"周老师，正要找你！"怒气冲冲的连老师直冲我过来，接着气愤地说："今天，你班的课根本上不下去——全班起哄；让人试唱打分，居然有人拒唱；说了他们几句，更是起哄，下课时还踢门。太不像话了！无法无天！"

听了连老师的一番话，我没有说什么。心里想，这班学生不至于如此可恶吧，肯定事出有因。

"一定要狠狠教训他们！"连老师向我，又向围拢过来的老师诉说。

"太过分了！""太狂了！""哪个班的？不管管还行？"办公室里的老师们议论开了。

我又委屈又羞愧，老师难做，班主任更倒霉，我心中的疑问渐渐被愤怒代替，恨不得马上冲到教室去，把这帮小鬼头好好教训教训！

我和这班学生是同时跨进这所学校的。我平时忙于教学，班主任工作抓得不紧，一直怕任课老师来告状。唉，越怕就越有麻烦找上门，而且是很大的麻烦！

我冲到教室外，这时捣蛋鬼们正在安静地上课。哼！我替他们受气，他们倒若无其事！

刚回到办公室，连老师就进来了："我现在就要求解决！"我稳定一下情绪说："学生正在上课，请让我待学生下课后解决。"

办公室里其他的老师好奇地追问，连老师又开始了刚才的"控诉"。我如坐针毡，下课铃一响就跳起来去把那几个"罪魁祸首"带到了办公室。

劈头盖脸地先狠狠训了一通，再问："认不认错？"

一片寂静。我火冒了上来——啊，还死不认错？一转眼，门外几个小脑袋一晃不见了，嘿，还有人侦察情况。

"柳明，你上课为什么私换座位？"我抓重点，连珠炮般"轰炸"过去，"方向，你是班委，唱不出来为什么还顶撞老师？""陈强，你一贯自由散漫，这次又带头起哄！"

连老师也过来连连喝问。再看学生，他们却个个昂首挺胸，满不在乎地直视我，就是不吭声。这时，我倒后悔自己发火了，我意识到，单纯地靠批评和责骂是解决不了问题的，可我又无法向连老师交代。幸亏上课铃响了，我才发令："全部回教室！"

我拉住走在最后的方向，问道："怎么回事，方向？你一向自尊自爱蛮懂事的，今天怎么这样不懂事？"刚才还不服气的方向，这时眼泪哗地流了下来。她断断续续地说，音乐课上的纪律是不好，老师讲了还是乱哄哄的，老师就骂了我们；有人还顶嘴，老师十分生气，并且骂了难听的粗话，同学们感到受了侮辱，心中极其反感，结果全班一致和老师作对……唉，原来并不是什么了不起的事。

走进教室，我感受到一种委屈和不满的氛围，我知道"小侦察"已带回了情况，同学们对我也产生了不满情绪，如果不先排除他们的对立情绪，我是无法处理好这件事的。

我平静地说："我想先了解一下上一堂音乐课详细的经过。"几乎全班学生都举起了手，我特地挑了几个不同类型的学生来讲，他们个个激动、委屈加愤怒，各人语气不同，但说的内容大体相同。我这才说："这件事的经过我知道了，我相信你们不是故意捣乱的学生，但你们有没有错？"

"有！"声音低，但很清晰。

"那么错在哪里？"

"带头起哄！""私换座位！""破坏公物！"大家七嘴八舌地讲。

"你们认为连老师错在哪儿？"我又问。

"老师怎么能骂粗话？""老师不尊重我们。"

我点点头，又问："连老师管你们对不对？是不是为你们好？请你们好好想一想，今天就讨论到这儿。后天班会，我有一个安排。"大家因惑地盯着我，他们一定在想：周老师怎么转话题了？当我宣布是准备请一位心理学专家来给大家做一次"青春期心理知识讲座"后，同学们开始兴奋地小声议论开了。

周末班会上的讲座，同学们都专心地听讲。放学前我布置了写周记，要求结合"音乐课事件"写听讲座后的感想。

星期一，周记交上来了。我就一本本仔细地看，并摘抄部分内容。我还发现七八本周记本里都夹了检讨书。下午放学了，全班居然都留在教室里，班长来请我去，我知道他们等我去继续处理音乐课的事。我看完最后几本周记后，快步来到教室。我一段段地读他们的周记，全班同学静静地听着，最后引用陈强的周记来作总结："正如心理学专家林教授讲的，我们的逆反心理太强，又冒失又莽撞，其实连老师是为我们好，但正如林教授所说'要想别人尊重自己，首先要自己尊重别人'，音乐课事件正说明我们还没有真正学会尊重别人。不过，我希望老师也能尊重我们，我们犯错误时，老师应该批评教育，但不要用辱骂的方式。"

我说："我真高兴，你们能够认识到自己的错误，能够冷静全面地思考问题。"全班报以热烈的掌声，并一致表示要向连老师当面道歉。班长站了起来说："我代表全班去作检讨。我认为上好每堂音乐课，是对连老师最好的道歉，也是我们改正错误的实际行动。"全班鼓掌赞成，同学们说："我们要少犯错，少惹麻烦，给周老师争气！"我心头一热，对学生说："我也会去和连老师谈谈，我要为我开始的态度向你们道歉，但我想告诉你们，做老师真难，老师不是神，是人，也有缺点，也会做出处理不当的事来。"好多学生笑了，一个学生大叫："老师，做学生也不容易！"

"那以后遇事我们都换个位置为对方想想！"热烈的掌声让我再次感动。

上音乐课时，我悄悄地站在门外，班长交给连老师一沓检讨书，又代表全班作了保证。连老师似乎挺高兴的。在响亮的歌声中我悄悄离去。

又快到上音乐课的时候了，一直想和连老师谈谈，可我总犹豫着不知如何开口。

"周老师，谢谢你，也谢谢你的学生。"连老师却来找我了。

"这两次课……"

"蛮好，蛮好！小家伙们蛮懂事，蛮可爱的！"我还没问完，连老师就抢着说："上次也怪我不冷静，只一心想管教他们，却没注意方法，我们当老师的要多研究研究心理学，要使冲动的学生冷静下来，老师更要冷静。"

我连连点头称是，过去总强调学生要尊敬师长，这次风波的处理使我懂得老师也要尊重学生。

几天后我正在备课，班长和方向冲进来，兴奋异常，说："周老师，周老师，音乐课上连老师向我们道歉了！"

啊！可爱的学生，可敬的老师。

（原载《中学班主任工作优秀个案》）

【点评】

由于青少年单纯热情，再加上他们处于积极生长、向上的阶段，所以在有关自尊和面子的问题上，一如对待那些十分契合他们的成长需要的事物一样，他们往往具有一种非常执著坚定的态度。但是另一方面，也是由于上述原因，青少年一旦明白确认是自己"错了"或者"不对"，他们又能虚心接受批评，勇于承担责任，承认并改正错误，是最具有虚怀若谷、从善如流的情怀的。"最通情达理的是儿童，最讲道理的是孩子。"倔犟和逆反，一方面在他们那里表现得很普遍、很顽强、很充分，另一方面，也是最容易化解的"心结"。这里的关键就在于成年人处理问题的态度和方法。本故事中的老师，一开始简单了事于事无补，后来根据青少年心理特点开展工作，结果不仅"大事化小，小事化了"，而且还增进了师生之间的相互尊重和感动，"不亦乐乎"？

1.3　一种花开两样红

徐　妍

"铃——"本学期的期末考开始了，马上就要进行第一科的语文考试了，同学们都匆匆走进课室。突然，有人在后面叫住了我，我回头一看，是班主任朱老师，他正向我走来。我叫了一声"朱老师"，也向他走去，心里却很紧张。我很少有被老师找的经历，现在老师在考试前来找我，不知有什么事。我拼命在脑子里搜索我最近是否有什么不当的行为，老师却

已先开口了："怎么样，都复习得差不多了吧！"我稍稍松了一口气，可是对于这样的问题，我向来不知该如何回答，只好对老师笑了笑。老师接着说："好好考，我相信你期中考时没有发挥好，这次考试你一定可以考得更好，争取进入前三名。"（我期中考只取得第八名的成绩）听了老师的话，我顾虑顿消，同时心里充满了力量与感动。

我是本学期才转来就读的，对老师同学都感到生疏，一个学期下来，在班里都是默默无闻的。可是想不到，我竟一直被老师关注着，而且他对我是那样信任，那样寄予厚望。老师话语中肯，笑容亲切，我相信是发自内心的，我从他的话里感受到了真诚。霎时，我的内心充满力量，我感到自己是真的有能力，而且，做了这么多年学生，还是第一次有老师对我说鼓励的话。

我带着老师的期待，带着对自己更高能力的肯定，带着心中那份无限的感动进入了考场。那次期末考，我的成绩真的进入了班里前三名，在这高手如林的学校，这是连我自己都想不到的。

还没从朱老师带来的那份感动中完全脱离出来，新的学期就开始了，自己转眼就变成了初二的学生，班主任也换了一位黄老师。黄老师和朱老师一样，把班级管理得井井有条，而且他的课上得很好，我最爱听，我一直认为他是一位极好的班主任，可是那次我对他的看法完全改变了。

那一天，黄老师把我们全部班干部叫到办公室，讨论班里的学风及学习情况，并让班干部带好头。他拿出刚刚期中考完的排名表，逐个对照分析我们班干部的学习情况。当轮到我时，我见他看着我的成绩沉默了好一会儿，我以为他会像对前面的同学一样给我一点学习上的意见。他终于开口了："××，你的成绩一直都是在那个阶段，（上初二后我的成绩一直排在第六到第八名之间）我怀疑你以前的成绩是怎么来的。"我愕然了，我想不到他竟说出这样的话，我原是希望从他那里得到肯定、鼓励和帮助，可他却怀疑我的能力，怀疑我所取得的成绩，原来他是那样不信任我。一种被怀疑的愤懑与无奈支配了我，我说不出话，当了这么多年好学生，第一次有老师认为我的"好"是假的。

我想起了朱老师。同样都是老师啊，在相同的事情上，朱老师做得那么漂亮，他激励了他的学生，相信她还有潜能，还可以做得更好。而我，也真的做到了。而黄老师呢，他的做法太伤害我了，为什么我那时的成绩不如现在，朱老师都可以那么信任我、鼓励我，而黄老师却那么不相信

我。他不应该怀疑他的学生。

从此，我对黄老师的看法改变了，对他也产生了抵触情绪，既然不相信我，我们之间也就没有信任可言了，班干部工作我也不做了，你不能让一个你不信任的人做你的班干部吧。每当遇见黄老师，我也将我的不满写在脸上。黄老师对这种变化也有所察觉，进行过一次家访。这一次，他表现得很真诚。虽然事后我重新担任了班干部，但心里始终还是有一块疙瘩，不知道黄老师清不清楚他的学生的这种变化完全是因为他的那一句话呢。

（来自网络）

【点评】

青少年的心思情感特别敏锐细腻。诸如在乎细节、追求完美，"杯中容不得异物，眼里容不得沙子"；喜欢真实、诚恳和坦率的东西，讨厌虚假、欺骗和矫揉造作的东西；接受热情鼓励、关怀称赞的话语，拒绝漠不关心、冷嘲热讽的态度等等，都是其情感方面的典型特征。如果谁能获得他们的信任和尊重，他们就能够做到"为朋友两肋插刀"，"赴汤蹈火，在所不辞"；反之，对情感上表示拒绝的东西，他们则会"义无反顾"地表示"疾恶如仇"。所谓"感情用事"，的确是青少年待人接物、为人处世的一大特点。而这在很大程度上，又会影响到他们对待学习的态度，包括对待家长和老师对他们的期望和教诲。有时，从理智上他们也知道家长或老师是正确的，但是从感情上他们又拒绝接受帮助和教育。对此，成年人啊，你注意到没有？故事中两位老师对学生的影响不同，在学生心目中的地位就不同，居然仅仅是因为他们不经意的一句话。这绝不是一种个别和偶然的现象。经验丰富的老师都经历过，某某学生长大成人后，常常喜欢对老师说："就是您当时（年）的一句话，影响了我一辈子！"

2

了解学生的艺术

【先行知识】

了解青少年学生是根据其特点开展工作的前提。

首先要从一般教科书或读物上获得有关青少年学生身心发展的系统知识，然后才是在具体的生活、工作情景中对具体学生的了解。前者使我们获得普遍的共同的原理性知识，后者使我们获得具体的个别的实用性知识。两种知识的结合才是关于儿童的完整知识，两种了解的结合才是对于儿童的完整了解。舍其一端或偏执于一隅，都是片面的、不完整的，都是会出问题的。

"世界上没有两片完全相同的树叶。"这句用来形容人的复杂性和多样性的话，同样适合用来比喻青少年学生。了解具体的学生，包括了解他的遗传、禀赋、天资、性格、习惯、兴趣、爱好、品德、能力、潜质及促成和影响这些特质形成的家族背景、生长环境、教育条件以及他的成长史等等。

了解学生的艺术，首先是了解"人"的艺术。一般人际沟通应该遵循三条基本原则：平等相待；理解、尊重、包容；互惠互利。以上三条做到了，一般少有打不开的"心灵之锁"。

了解"儿童"，具有不同于一般人际沟通的便利：成年人只要放下架子，俯下身子，通过语言的诱导、态度的亲近，帮助儿童解除恐惧，打开心理防线，争取儿童的信任，便能走进儿童的世界。

了解青少年"学生"，更具有不同于一般人际沟通的优势：教师只要充分利用其做"老师"的有利条件，激发学生的"向师性"，就能帮助学

生打开"心灵之窗"。

对青少年学生有了正确的认识，才能更好地发挥"望闻问切"（观察、交谈等等）、"设身处地"、"将心比心"、"换位思考"等方法的作用。方法可谓层出不穷。根据不同的需要，每次了解的侧重点不同，方法也就不同。可以说，有多少种理解的需要就有多少种理解的方法。方法的掌握和运用，关键在于理解者是否"目中有人"，能否做到"为了这一个"，尊重、理解、重视"这一个"的"个别性"和"独特性"。

了解学生，是一门高超的艺术，它是决定我们正确的教育思想和方法能不能得到有效贯彻落实的关键。然而，就是在这个最具有决定性的前提问题上，许多成年人"败下阵来"。究其原因，一是缺乏系统的儿童知识，二是缺乏耐心和诚意。成年人普遍疏于自律，不肯花更多的心思在理解儿童方面。对儿童要求严，对自己要求宽；孩子大人，不能一视同仁。表面上是不肯放下架子，说到底还是"成人中心"的观念在作怪。

【单元提示与问题探究】

了解学生的方法层出不穷，方法的掌握和运用关键取决于教师关注学生的程度。

试着归纳一下本单元几篇故事中的教师采用了哪些了解学生的方法，尤其是那些"意想不到的方法"。

2.1　这不是同性恋

邹铁良　王银娟

夜，静悄悄的夜。我凝视着手中的纸条，怎么也想不出个究竟来，一个才步入花季的女孩，怎么会产生这样奇特的心理？我似乎要在字里行间寻找出秘密来，于是我又细细地读起这纸片上的字。

"王老师，我信任你，因此我经再三考虑，要把这难以启齿的事告诉你，以求得你的帮助。我知道做得不对，但我已陷入了情感的泥淖而不能自拔。上课时，我总痴痴地盯着那令我日夜陶醉的倩影；打开书本时，书本上映出的又是她甜美的笑靥，我寻找着一切机会和她在一起，哪怕是默默地跟在她后边……

"王老师，我现在这样的心态，是不是就是那在书中描写的'同性

恋'？我害怕这魔鬼般的字眼，但一想到她，我又什么都不顾及了，因为我一旦离开了她，就似乎会活不下去。就这样，理智和情感上的矛盾纠缠得我痛苦万分，帮帮我吧！"

是不是"同性恋"，我不敢妄下结论。我做班主任工作20多年，已记不清有多少学生向我打开过心灵的窗户，向我诉说过他们心底的隐私，但这种情况还是第一次碰到。我没有太多这方面的知识，也想不出解决这个问题的办法，但她是我的学生，她信任我，向我喊出"帮帮我"的肺腑之言，我一定要帮助她。多年做班主任养成的韧性，使我有了解决这个问题的信心。

于是我翻阅了关于她的家访记录："黄××，父母在外地工作，她和奶奶生活在一起。她奶奶出于责任心，对她管束严厉，每天回家后，把她关在家里，家务由奶奶单独承担，她只要求孙女捧着书就安心了……"合上家访记录，我深深地思索起来，作出了这样的推断：父母长期不在身边，她缺乏一般家庭的温暖；奶奶在生活上照顾她，却只要她专心读书。进入初三后，班集体活动减少了，学生处于紧张的学习生活之中。而她（他）们正处于心理"断乳期"，渴望着友谊、温暖和他人的理解。她性格内向，受到家庭的严格管束，不敢和男同学交往。就这样，人际交往的迫切需求与人际交往的不成熟交织在一起，使她产生了心理困惑，又由于她性意识的觉醒而产生了心理偏差。

第二天放学后，我也写了个纸条，邀请她到我宿舍里来。

她很爽快地来了，穿了一身牛仔服，那个"假小子"发式很引人注目。看到她的装束，我若有所悟。我真是个粗心的班主任，现在才想起，这学期以来她一直是这样打扮的。

我把门锁上后，一边让座，一边给她泡了茶。她环视着幽静的宿舍，突然急切地说："王老师，你得给我保密，你一定能帮我。"她眼里满是企盼。

"喜欢一个人，这是正常的。"我单刀直入，先解除她的顾忌，"就是稍过头一些，先说说你是什么时候有这种想法的？"我小心试探着问。

她告诉我，自从进入初中以后，一直感到自己很孤独。她本来是个内向的女孩，小时候可以和伙伴们一起玩，但发现自己长大以后就习惯把自己关在房里，看看小说或者浮想联翩。这个学期进入初三以后，和××很要好，一起上学，一起吃饭，放学一起回家，慢慢地就发现自己有这种奇

怪的心理。××说喜欢看穿牛仔服的男孩，说那是潇洒，于是她就一直穿牛仔服，并理了个男孩头。最后她满脸忧郁地说："王老师，最近我读到一本提到'同性恋'的书，我是不是已陷入了'同性恋'了呢？"

我深深地意识到，问题不是她过头去"爱"着××，倒是她这样妄下结论，在她心里留下了可怕的阴影。

"××也这样'恋'着你吗？"我问。"她很关心我，学习上也帮助我，但我不敢说她有和我一样的情感。""那对了，这不是'同性恋'。这只能说明你的依恋情感，能叫'同性恋'吗？"她默默地微笑了一下，又轻轻地摇了摇头。我安慰她说："我们生活在社会上，生活在集体中，每个人都希望得到人间的温暖，也都希望有个知心朋友，你把她当妹妹看待，而你是比她大三个月的姐姐，这也就无可非议了。"

"王老师，可我心里却时刻想着她，不跟她在一起，就闷得发慌，该怎么办呢？"她抬起头，望着我，脸上已少了刚来时的忧郁。

我心里有了办法，但我对她说："别急，做任何事都需慢慢来。明天是星期天，我邀请你去城里的公园玩。"我决心用我对她的关怀去转移她的"情感"，让她爱大自然，置身于班集体中，更爱班集体，提高学习的兴趣。

星期天，我自己也认认真真地打扮了一下，穿了一条比较漂亮的裙子。

公园里很热闹，正在举办菊花展览。我发现她东张西望，心不在焉，便拉着她的手，指着一团菊花扎成的孔雀开屏图案说："这只孔雀多么漂亮，那开屏的羽毛特别美丽。"这时我发现她在凝神细看。

来到草坪上，我们席地而坐，对面是郁郁葱葱的小山，山下是一个平静如镜的小湖，我让她看山，看湖，我知道她的作文水平较高，于是要求她描绘一下看到的景物。她眼望着前方，慢慢地描述着："山，青翠欲滴，几只山鸟盘旋其上，发出啾啾的叫声，小湖宁静如一块翠玉……"我也不禁沉醉于她富有诗意的描述之中。突然，她轻轻地说："我似乎是第一次发现大自然如此美好。"我会心地一笑，说："大自然的美好是令人陶醉的。而我们，特别是你这样年龄的人，不是更美吗？你文章写得好，过去的各科成绩也一直比较好，我信任你，只要把心思集中到学习上，不愁成绩上不去。"她听着，先是下意识地注视着我的花裙，后是微笑地轻点着头。

星期一，她很早到了学校，并且穿了一条漂亮的学生裙。

从此以后，我注意经常开展班级活动，时而也找她谈心，她的成绩有了上升。在班级文艺活动前，我有意安排她参加了班级舞蹈队。为了纠正她的舞姿，我还陪她在我房间里学跳舞。后来，她竟也能出一些主意，如舞蹈动作如何改进，配什么样的音乐才好。同学们都说她心情开朗了。

在班级文艺活动中，她的舞蹈得到了同学们的一致赞扬。在周记上，她写了这样一段话："这次班级活动中，我的表演获得了意想不到的成功。王老师，你为我倾注了大量的心血，我不能再让你操心了，我要用像学跳舞一样的信心和热情去学习，争取能升入高一级学校。"

后来，她终于以较好的成绩毕业了，并且升入了高一级学校。将要去学校报到的那天早晨，她来到我家，一身洁白的连衣裙把她打扮得亭亭玉立。她送我一张精美的"尊师卡"，上面写着："尊敬的王老师，灵魂的工程师。"我异常高兴，倒不是她的赠言，而是她的成功。

（原载《中学班主任工作 100 例》）

【点评】

莫里斯·比格说："如果他要有效地教学生，教师就应该以同样的心理去理解那些个性不同的学生，并应确切地了解他正在教的这些学生的生活空间真正起了什么变化。要了解每个学生和他的认知世界，教师必须发展一种有训练的朴实天真的素质 (指儿童期的朴实、天真的童心)；他必须了解学生的个性和他的环境，正像学生了解他自己和他的环境一样。为了成功地透彻了解一个学生，教师必须通过学生本人来了解这个学生。"了解一个学生其实就是了解学生的心灵，所以苏霍姆林斯基也说："教育者应当深刻了解正在成长的人的心灵……只有在自己整个教育生涯中不断地研究学生的心理，加深自己的心理学知识，才能够成为教育工作的真正的能手。"对于感觉自己有同性恋倾向的学生，班主任通过翻阅家访记录和谈话等方式进行了解，帮助解除学生心里的疙瘩，说明了解学生的确是帮助和教育学生的重要前提。

2.2 美在生活中

王志斌

"父亲是个烟鬼、酒鬼兼赌徒，年轻时因为某些历史原因一直在遥远的甘肃省工作。我曾经问过父母亲是为什么而结合的，后来，我自己弄清了原因：母亲是为了在那个社会生存下去，而父亲是为了摆脱爷爷奶奶的指定婚姻而随便地与母亲结婚了。为此，我鄙视过他们，我甚至自卑，怨恨他们。为什么这样？难道我就是一个随随便便组合成的家庭的结晶？"

这是一篇学生习作《我的家庭》中的一个片段，这里没有其他学生文章中所充溢的家庭温馨。我没有想到这是一个13岁女孩所拥有的家庭，我更难以想象这样一个小女孩能对她的家庭作如此剖析，也许正是这一篇学生习作使我与她有了更多的接触。

这是一个相貌平平的女孩，戴着一副深度近视眼镜。我看了她的小学毕业鉴定：语文成绩出色，写作能力很强，对数学颇感头疼。又听同学说她视书如命，性格喜怒无常，有时又很孤僻。我根据她的这些特点，有意识地向她推荐了一些青少年修养方面的书籍，她虽然收下了，可反应很冷淡。

又是一次作文课，作文题目是《美在生活中》，课代表收齐了作文本后，我迫不及待地抽出了她的本子。本子是空的，一个擅长写作的同学交了白卷，中间还夹了一张纸条："老师请原谅，对这一类题目我毫无灵感。"作文讲评课上，同学们的一篇篇优秀习作没能激起她对生活的热爱，在她看来，现实充满了虚伪，课后她竟说："这一切都让我感到是这样的肉麻。"

一般的教育方式在这位同学身上毫无作用，究竟该怎么办？我决定进行一次家访。由于想看一下她真实生活的一面，我事先没有和她打招呼。对我这个不速之客，她表情很复杂。屋里家具简单，看来只有她一人居住，桌上散乱地放着她的书籍和作业，一碗方便面，一个荷包蛋，还冒着热气。她好不容易理出张椅子让我坐下了。我问她是否每顿晚餐都吃这些，她说一个人过日子简单些。我又问她上海是否还有其他亲戚，为什么不和他们一起住？她不想再回答我的任何问题。我又提出帮她收拾一下东西，再添些菜，她都一一谢绝了。

在以后的一篇练笔中我读到了这样的文字："我没有亲人，奶奶也很自私，叔叔阿姨们不顺心就拿我出气，他们用扫帚打我，用脚踢我……我现在一个人过得很好，真的很好。"每个人看到这些都会有所触动的，何况我是她的班主任呢？

以后她的每次作文、练笔我都用心改，每次作业讲评课上我都读她的习作，作文成了我们师生感情沟通的桥梁，一本作文本常常没写几篇文章就用完了。她的作文在同学中也产生了强烈的反响，她身边的朋友多起来了，她开始变了：语文课上发言次数多了，课间活动有了她的欢声笑话，办公室里也能常常听到数学老师对她的表扬。为了解决她的吃饭问题，我和食堂联系，并帮她买了饭菜票。她的作文内容已不再是灰色一片，露出了一丝生活的曙光。

正当我为一个学生的转变而喜悦时，一件意想不到的事情发生了：她突然一连三天没来上课。临近的同学去她家里也没有找到她。我猛地想起上个星期我所布置的 14 岁系列作文——给父母写封信，并请父母写一封回信，祝贺他们的 14 岁生日。是啊，老师的关心、同学的关怀她有了，可她有双亲，却过着孤儿般的生活，我还以为为她做了很多，可对这最重要的一点却忽视了。游荡三天回来的她，生了场大病，望着她瘦弱的脸庞，我的心在抽动。

在以后的日子中，我一边在学习上、生活上给予她更多的关心，一边又鼓励她给父母写信。当她收到母亲为她 14 岁生日写来的信、寄来的礼物时，她当着全班同学的面号啕大哭起来，并将母亲这封语句并不通顺的信激动地读给大家听。

"二十年后来相会"主题班会进入高潮，她欣喜地和同学们唱起了《明天会更好》。初三的升学考试要到了，她告诉大家她把原来报考中专的志愿改了，在第一志愿栏填了自己的母校。她说她舍不得母校的同学、老师，她对未来从没有像现在这样充满信心。发榜了，她以高分被本校高中录取了。同学们除了惊讶、羡慕外，更为她欣喜。她告诉我她想把这个消息亲口告诉她的父母。我看时机成熟了，为她向学校请了假，她拿着老师和同学凑起的钱起程了。

新高一军训前夕我收到她寄来的厚厚的一封信，里面还夹着两篇作文，一篇是《美在生活中》，另一篇是《母亲四十》。信是这样写的：

"……王老师你老是夸我作文写得好，其实我是一个不懂作文的人，

我虽然看起来很正常，可跟盲人没有什么两样。……老师还记得我有两篇作文没交吗？我现在写好了，您说得对，生活中并不是没有美，而少的是发现。……爸爸妈妈待人很好，今年我赶上了母亲40岁生日。……后天我就要回上海了，想想新生活又开始了，心里很激动。哦，对了，我还给你们带了很多礼物，老师，到车站来接我好吗？"

对这件事，我事后想了许多。一个饱经心灵创伤的孩子，对现实看法有些片面是可以谅解的，但如果一个老师对这样的孩子也戴上了有色眼镜来看待的话，那他就枉为人师了。从这件事上，我感到时代发展、社会开放将必然给我们带来许多新的课题，然而我对教育的奉献精神、对学生的一片爱心将是永不褪色的万能钥匙。我做了一个老师应该做的事情。

（原载《中学班主任工作100例》）

【点评】

学生作文中的片段，引起老师的注意。随后老师有意地通过学生的作文、作文批语等方式了解并引导学生走出心灵的灰暗。如果看到作文的老师缺少了解学生的职业敏感，忽略作文中的信息，很可能又多了一位心灵不健全的人。苏霍姆林斯基说，教师的职业就是要研究人，长期不断地深入人的复杂的精神世界。教育是面对人的职业，教师对学生的情绪、心理、情感、行为的"风吹草动"和"阴晴圆缺"，应该具有一种近乎本能的好奇心和敏感性，"做有心人"并且"富有诚意"。这是及时正确地了解学生并有效地帮助教育学生的必要条件之一。

2.3 写诗促进一个留级生的转变

李庆友

新生入学的那一天，有位同事告诉我："你们班有颗'炸弹'！""他呀，扯谎、抽烟、爱打架，旷课、轧路都有他，大红灯笼高高挂，爹娘老师都不怕。"这高度的概括使我深感这可能是个不好教育的学生，心里沉甸甸的。周末交日记了，全班唯独他没交，找他谈话他搪塞，好不容易把日记催来了，打开一看，只有四行字：

老师逼我写日记，是我平生头一次。

腹中无货从何写？搜肠刮肚都是气。

看完此"诗"，我真是又好气又好笑。但随即冷静一想，妙！这几句写得不赖：其一他喜欢写诗；其二敢于直言不讳讲真话；其三一个"逼"字是对老师教学的批评。令人反思，值得琢磨。这个学生既然爱写诗，又肯讲真话，足以说明他的文化素质和思想品质并不一定差。机不可失，我何不捕捉这难得的教育机遇，顺其自然因势利导呢？于是我用其韵和了一首顺口溜：

后生且听莫生气，诗才横溢有见地。

真情实感明心迹，苦辣酸甜是日记。

真所谓"心有灵犀一点通"，三言两语竟沟通了师生感情。此后，他在日记中更直率地对我说："老师，当我留级到这个班时，就打听谁是班主任，有人告诉我，'一个老朽，可狠了'。当时我听了心里真不是滋味。时间一天天过去了，但我看'老朽'并非如此。"后来，他又在日记中写道：

远看满脸霜，无情无义样。

进门听教海，亲似爹和娘。

他的表现使我对同事的话产生了疑问：情感这般充沛，说话如此求实的人能那样坏吗？怀疑的云雾还在脑际萦绕，突然一位学生跑来告诉我："老师，××在球场跟人打架。"我铁青着脸站在他们面前，原来那位学生曾是他的好朋友，因打架罚款向他借过钱，这次因索要引起了斗殴。看来他不是一点道理没有，如果盲目批评，可能收不到良好的效果。我沉默了两天，只观察不谈话，看来他似乎比我还急，果然，他当着众人的面承认了错误。我未作任何批评，他猜不出老师葫芦里究竟装的什么药，直到看见我在他日记中的批语，才松了一口气。我还是抓住他爱诗的特点，劝他树立正确的人生观。我引用了李贺《致酒行》中的名句"少年心事当拿云"，即少年应立下拿下蓝天白云的大志，何必要让一些庸俗的琐事干扰自己的人生旅途呢？最后又送他两句劝学语"三更灯火五更鸡，正是男儿读书时"。

这次他提前交了日记，还在日记末作"诗"一首：

漫天阴霾蔽群山，太阳高照云雾散。

站在高巅看得远，吾辈心灵真可怜。

我把他的最后一句改为"吾辈奋发当向前"。为了表达我希望他在学习上有所长进的心情，我在他的日记本上引用了两句名言：

面壁十年图破壁，难酬蹈海亦英雄。

谁知周总理的诗句却触动了他的痛处，他显得十分烦躁不安。原来他期中考试成绩只居全班第37名，哪还谈得上理想抱负？但我认为这自卑心理未必是坏事，至少可以说明他已意识到自己的落后。我问他："你诗写得不错，为何在学业上低人一等呢？"他像针扎一般地受到了刺激，并迅速反驳："我晚上从来不看书，要不然……""天啊，哪有中学生晚上不看书之理！古人云：'吾尝终日而思矣，不如须臾之所学也。'你就从珍惜时间做起吧！"我在他的日记中又引用了两句古诗作为勉励：

> 书山有路勤为径，学海无涯苦作舟。

不久，他家长喜笑颜开地来校造访，一见面就对我说，这孩子近来简直变成了另外一个人了，晚上看书到10点。家长一个劲地追问我使用了什么"法宝"。我翻开他孩子的一篇新作给他看：

> 人生长河一流星，宇宙浩瀚漫无边。
> 愿驾大鹏横空跃，摘取星月照人间。

念完诗，家长脱口夸道："气魄还不小呢！"此后，我一步步提高要求，启发他"欲扫天下"必先"扫一屋"。写诗也好，立志成才也好，都必须先学会做人。他真的行动起来了。他从当好值日生做起，积极参加学雷锋小组美化校园的活动，还给求教的同学解数学题，不久又写申请要求入团。他的进步博得师生好评，却遭到个别同学的讽刺。为此，他在日记中向我吐苦水。我不假思索地批了："走自己的路。"还引用了陆游《卜算子·咏梅》的名句作喻：

> 无意苦争春，一任群芳妒。

第一学期期终考试成绩揭晓了，他位居全班第12名。这意想不到的进步，使他认识到人为什么一定要"做主宰自己命运的主人"的道理。第二学期两次大考他都跃居全班第4名。

（原载《中学班主任工作100例》）

【点评】

裴斯泰洛齐说："每一种好的教育都要求用母亲般的眼睛时时刻刻准确无误地从孩子的眼、嘴、额的动作来了解他内心情绪的每一种变化。"写日记不认真本应该批评，班主任却从几句诗中发现学生的可取之处，通过和诗这一特殊方式了解学生并引导学生发生转变。"眉头一皱，计上心来。"这真是别出心裁，神来之笔！由此可见，了解无处不在，只要我们用心去发现、去沟通、去启迪，就能无往而不利。

3

班集体建设与班级管理

【先行知识】

班级最初是人们高效利用教育资源并尝试分层（班）授课、分学科教学的产物。在实践中，人们发现班级对于学生的和谐发展与健康成长，也具有重大的意义。因为在"班级社会"里，年龄、资历、经验、情感大致相当的学生朝夕相处，可以产生"同伴影响"的积极效应。因此，人们就开始着意把"班级"作为一个"集体"经营，这样，"班级"这个概念也就演变出"班集体"这个概念来。

"班集体建设"与"班级管理"这两个概念的区别是：班集体建设是促使班级这个学习组织发展为理想状态的生产性行为，而班级管理则是发挥班级作为一级学习组织正常运转的行政性行为。班级不等于班集体，只有一个好的班级才等于一个班集体。

一个好的班级或者班集体，具有这样一些特征：有健全的组织和领导核心，有共同的目标、共同的荣誉感，有正确的舆论和良好的班风，有团结友爱、平等相待、相互帮助、和谐相处的人际关系，也有严明的规章制度和纪律。其中，共同的目标、正确的舆论和良好的班风，具有决定性意义。① 这也是班集体建设的主要内容，班集体建设主要应该朝上述目标努力。

班级管理的内容无所不包，但大致可以划分为两大块：日常管理和特殊管理。日常管理主要是指那些维持正常秩序的管理，诸如学生的出勤、

---

① 谭保斌. 班主任学. 长沙：湖南师范大学出版社，1998. 97~98

学习、劳动、操行，班级的纪律、活动、卫生，班集体的舆论、风气，等等。特殊管理主要是指那些不具全局性和经常性内容的管理，诸如学生干部的培养与使用、特殊群体和问题学生的管理、突发事件的处理等等。

班级管理与班集体建设也有联系。管理是建设的条件，建设是管理的延伸。管理和建设都是一种过程和手段，共同为学习、生活在班级和班集体中学生的健康成长、健全发展服务。管理侧重于提供规则、秩序、效率方面的保证，使班级有"序"，效能是其灵魂；建设侧重于创造体制、文化、氛围方面的条件，使班集体有"神"，凝聚力是其灵魂。

班级管理与班集体建设的理念及方法种类繁多，且各有招数，各奏奇效，但民主和科学的理念及方法是其精髓。

【单元提示与问题探究】

班集体建设的核心是要解决凝聚力和向心力问题，而班级管理则侧重于提供规则、秩序、效能方面的保证。

试看本单元所选的几个故事分别提供了哪些方面的例证？为什么？

3.1 蓝色的希望

陈 利

新学期，我接任了初一（1）班班主任。怎样才能在最短的时间内形成班集体呢？根据以往的经验，我试着从激发同学们的自豪感和集体荣誉感入手。围绕这个想法，我精心设计了第一次班会活动。

上课铃响了，像每次和新生见面一样，我总免不了激动。但我尽力保持镇定，微笑着走上讲台，用平缓亲切的语调向同学们问好：

"同学们，你们好！从今天起，我们就要朝夕相处在一块儿。在第一次班会上，我将送给大家一件礼物。"

"礼物？""真新鲜！在班会上老师给同学送礼物。""是什么礼物呢？"

在孩子们的纷纷议论声中，我打开了红绸裹住的小包，拿出一个镶有金边、绘着彩色图案的精致簿子，封面上写着几个鲜红的大字："初一（1）班荣誉簿"。我双手捧着它，沿着过道绕教室走了一周，孩子们发出了啧啧的赞叹声。

"同学们，我虽然不是诗人，但喜欢用诗歌来表达自己的感情，请允

许我献给你们一首诗，作为这本荣誉簿的题词吧!"

"老师，快念吧!"孩子们活跃了。

翻开扉页，上面写着一首小诗。望着一张张兴奋的面孔，我深情地朗诵着：

> 蓝色的希望，
> 我把它献给你们，
> 它默默地记下，
> 那属于你们的：
> 蓝色的希望，
> 洁白的心灵，
> 火红的光点，
> 翠绿的青春，
> 金灿灿的硕果，
> 玫瑰色的人生。
> 鼓起远航的风帆吧，
> 向着五彩缤纷的前程飞奔!

孩子们屏住了呼吸，那一双双对未来充满希望的眼睛，闪烁着纯洁的光亮。我的心热了。

"希望，怎么是蓝色的呢?"有人问。"同学们，你们喜欢万里无云的天空吗? 蔚蓝色的天空，象征着我们的理想远大，希望美好。'洁白'象征着纯净、美好、高尚，就叫'洁白的心灵'。"

有几个孩子重复念着：

> "蓝色的希望，
> 洁白的心灵。"

"绿色，象征着旺盛的生命力，而你们不正处在这个翠绿色的、旺盛的年龄阶段吗? 在人生道路上，往往会有许多值得称赞的人和事，你们每做的一件好事，都将是生命历程中的一个闪光点。在你们经过不懈的努力和追求之后，生活会给予你们回报，那就是秋天里金灿灿的硕果。到那时，人们会捧着玫瑰花来祝贺，称赞你们为人民作出了贡献。你们说，会有这一天吗?"

回答我的是孩子们跃跃欲试的表情。

"同学们，我为大家写下了第一页。后面的第一页由谁来写呢? 德、

智、体几方面都优秀的同学可以来写'三好'栏；心灵手巧的同学可以来写'智慧'栏；为公办事的同学可以写'品德'栏；乐于助人的同学可以写'团结'栏；在学雷锋、学赖宁的活动中成绩优秀的同学可以写'英雄的脚印'栏……同学们，争取吧！看谁在这个簿子上留下的名字最多。"此时此刻，我和孩子们都沉浸在向往的激情中了。

"将来你们长大后，还能从我保留的荣誉簿上看到你们留下的脚印。那时，你们或许是机器旁边的工人，或许是手握钢枪的战士，或许是碧空中银燕的驾驶者，或许是实验室中潜心研究的科学工作者，或许是贡献卓著的企业家，或许是自学成才的发明家……不管你们在什么岗位上，当你们看到自己在少年时代留下的脚印时，都一定会感到自豪，感到欣慰。"

"啪啪啪啪……"掌声经久不息。

在热烈的掌声中，我转身在黑板上奋力写下了几个大字："荣誉属于你们——初一（1）班的同学们！"

"叮当，叮当……"在不知不觉中响起了下课的铃声。

一学年过去了，孩子们已经在荣誉簿上记下了一页又一页闪光的事迹，教室里整整齐齐挂着6张班集体在学校各项活动中赢得的奖状。每当我翻阅荣誉簿时，常常有孩子告诉我：

"陈老师，第一节班会课给我们留下的印象太深了。"

（原载《中学班主任工作100例》）

【点评】

班主任是一个班级的组织者和管理者，他既是一班孩子的好朋友，更是一班孩子的"领头羊"。当好组织者，做好"领头羊"，形成和加强班级的凝聚力和向心力非常重要。第一次班会课，教师以赠送精美礼物——"荣誉簿"的方式，富有诗意地提出"蓝色的希望"，激励启发学生为班集体荣誉而共同奋斗。既写意又务实，真是太妙、太棒了！试问，还有什么比这（内容）更契合新生的心理需要呢？还有什么比这（形式）更符合天真烂漫、积极向上的青少年的心理特点呢？所以，陈老师的班会，群情激昂，掌声经久不息，是可想而知的。至于效果如何，自有一年后的结果可以印证。"蓝色的希望"是我们所能见到的少有的充满情趣与活力的班级教育管理故事。

3.2 我们班的《群言》

蒋念祖

  我这里所说的《群言》，是我们的班级日记。我们班从高一年级开学后第二周开始，每天都有一个同学当值日生，除扫地、擦黑板、关窗锁门外，同时负责写班级日记。日记的内容，当初规定记载《学生在校一日规范》执行的情况。后来，内容越来越丰富，大至议论国际国内的时政新闻，小至反映班级这个"微社会"中有关学习、生活的方方面面。其中有的言辞犀利，有的妙语连珠；有记叙说明，也有议论抒情，真可谓形式不拘，风格多样。它成了同学们的钟爱之物，辗转相传中，有时封面破损、脱落，随即有人装订好，用玻璃胶纸贴上。有人在封面赫然题上"群言"二字，于是我们的班级日记就有了一个响当当的恰如其分的名字。

  我班学生多数来自农村，但是任课老师普遍认为他们思想活跃，具有较强的自我意识和民主意识。从高一开始，我班就连年被评为文明班级。之所以如此，《群言》在其中起着相当重要的作用。

  《群言》及时反映了学生在学习、生活等方面的困难和他们的思想感情，成为师生之间交流信息的重要途径。"大市班"学生远离家乡，学习、生活、娱乐等几乎所有活动都在学校，难免会遇到这样那样的困难，如宿舍里门窗坏了，玻璃碎了，楼梯口要安装电灯，某某同学身体不好，食堂要添置些板凳，周末生活太单调……诸如此类的意见，两年来不下两百条。这些问题，能够解决的，及时地解决了；一时难以解决的，及时作了解释。学生从这里感受到学校的温暖，增强了对集体的信任和热爱。由于高年级学生性格渐趋成熟，一般不愿轻易袒露自己的内心世界，所以更容易掩盖存在的矛盾。在《群言》上，教师往往可以觉察到学生的某些思想动向，为有的放矢地开展思想教育提供了条件。比如有的同学在《群言》上画了一幅漫画，题目是《宿舍—食堂—教室》，流露出对"三点一线式"的学校生活的厌烦情绪。于是，我们组织学生写了一次作文，要求学生谈谈对学习生活的看法。这样，就进一步了解到，不少学生虽然在努力学习，但受到社会上知识贬值、"脑体倒挂"等现象的影响，心理上处于相当矛盾的境地。从《群言》上学生的片言只字中，我们还看出了少数学生对学校搞卫生大扫除、班级搞团队活动存在逆反心理，以为这是"装门

面"、"形式主义"等等。有些学生在教室里循规蹈矩、安分守己，在宿舍则表现得比较自私，为一点鸡毛蒜皮的事儿和同学争吵。这些问题，如果不及时了解，就根本谈不上解决；不解决，则很可能影响班集体的建设，对学生的成长也极为不利。在反映问题方面，《群言》给我们提供了极为宝贵的第一手资料。

《群言》上，每天除了值日同学做记录外，其他同学也喜欢拿来看看，在上面补充内容、添加批语，使它无形中成为班级里重要的舆论阵地。这当中有同学之间的相互批评，如"报纸被少数同学垄断，总要等到新闻变成'旧闻'大家才能看到"；"请不要熄灯以后很晚才回宿舍"；"物理老师提问后三分钟，才有人挺身而出"等。当然，也有对好人好事的赞扬和肯定，如"陈××同学生病，同学们踊跃捐款"；"门锁坏了，几个同学热心修理"；"这次文娱晚会别开生面，有重大突破"等。赞扬的对象，不仅有学生，也有任课老师，如"昨天听说张老师生病，今天见到张老师拄着拐杖来上课"；"范老师请假几天，今天提前来了，课堂气氛格外活跃"。虽然只有三言两语，却也是真情实意。舆论的影响是很大的，健康的舆论能够为全班同学指引方向，激励良好的个人行为，改变个人不正当的行为。有时候，它的影响力在某种程度上甚至超过老师的直接教育。

《群言》的内容到后来已经远远超出了建议、要求、表扬、批评的范围，出现了对时事政治的评论，对学校、班级建设的建议等。有的长达三四页纸，俨然是大块文章。有时为某个问题争论不休，你一言，我一语，唇枪舌剑，"火药味"甚浓。这中间，有对我们班在运动会上始终只拿到"精神文明奖"的原因分析；有对改变学校食堂买饭拥挤问题的议论。这些文章，文字自然有高下之分，但是就内容而论，都是有感而发，它反映了我们班同学的民主意识和创造精神。

总而言之，记好班级日记有助于师生之间的信息交流，形成良好的人际关系和健康的班级舆论，从而增强班级集体的凝聚力和战斗力。当然，师生之间存在着多种信息交流的方式，但通过班级日记交流，具有速度快、接触面广等优点，而且见诸文字，容量较大，能够很快形成舆论，这是其他信息交流方式所不可取代的。

以前，我们也曾要求学生记好班级日记，但是或者半途夭折，或者流于形式。对比之下，我觉得，记好班级日记尤其要注意两点：①明确指导思想。班主任应当怀有培养"四有"新人这个远大目标，不能把记班级日

记看成是控制学生的手段。否则学生就会把班级日记看成和自己"作对"的东西，甚至称之为"阎王簿"，其命运、效果可想而知。②尽快反馈信息。记载班级日记，是学生自我教育的重要形式，同时又是师生之间信息交流的重要渠道。发现问题要及时处理，使学生很快得到反馈信息，从而提高他们记录班级日记、参与班级事务的积极性。对班主任来说，还必须搞好与其他教育形式的配套工作，使思想教育和班级管理工作形成一个良性循环的"系统工程"。

（原载《中学班主任工作优秀个案》，有改动）

【点评】

班级信息管理与沟通很重要。做好班级信息管理与沟通的方式也是多种多样的，如班刊、班报、班级信箱等等。但是，无论运用哪种形式，能做得像故事中讲的班级日记那样有效的，确实不多。在这里，班级日记形成"轮型"滚动、速度快、信息量大、传播面广，十分有利于信息迅速交换，形成积极正面的班集体舆论，这恐怕是其他形式所不及的。尤其值得注意的是，它比"班主任信箱"一类的方式，更加具有现代性、公共性和公开性，所以它能得到同学们持久的珍爱。当然，要做好它很不容易。一是要有明确的指导思想和出发点；二是要及时反馈信息；三是要小心维护，持之以恒。许多中规中矩的班级信息沟通方式之所以半途而废、流于形式，恐怕就跟班主任做不到以上这几点有关。

3.3 在竞争中架起友谊的桥梁

金熙寅

学生升入初三以后，"两极分化"的现象越来越严重：约占全班三分之一的优秀学生，为了考上理想的重点高中，加足马力，只顾自己埋头读书，不关心集体，不关心他人；还有三分之一左右的学生，学习上困难越来越大，他们苦恼、沉闷，甚至失去信心。有的学生在日记中写道："……同学和集体不是那么可爱了，有人说，好学生都是自私的，越到关键时刻，越是如此……"

所有这一切，天天都在困扰着我，促使我深思：难道"两极分化"是教育的必然规律吗？难道那些优秀学生到了关键时刻真的都变得自私了

吗？作为一名班主任，应该做些什么？能够做些什么？

常言道：手大捂不过天。在学习吃力的学生当中，有的理科差，有的外语不行，也有的文理各科由于基础没打好，成绩每况愈下……这绝不是一个班主任或某一两科任课教师单枪匹马就能解决的。

"我们能不能开展互帮互学的活动，在竞争中架起友谊的桥梁，使学习有困难的同学赶上来呢？"

我试着在班会上就这个问题征求大家的意见。

然而，我想得太简单了——绝大多数同学用沉默回答了我，就连我最信任的团支部书记和班长，也用"嘟嘟囔囔"和"低头回避"表示反对。

会后，团支部书记对我说："老师您也太爱操心了！平时他们不好好学习，现在都什么时候了，又让人家好学生帮助，时间耽误得起吗?"我愕然了：一个"三好标兵"、团支部的带头人竟然是这样想问题的。看来，不能操之过急，需要深入、细致地做思想工作。

一连三天，我耐心地同团支部书记谈理想，谈友谊的重要和美好，谈一个共青团员的义务，谈雷锋所说的"一花独放不是春，万紫千红春满园"的深刻含义，谈老子的名言"既以为人己愈有，既以与人己愈多"的辩证道理……

她笑了，思想通了。我们又分头做好了 13 名"三好学生"的思想工作……

教育干部，教育骨干，是开展活动、奠定基础必不可少的第一步。

经过引导，团支部作出决定：为了最大限度地防止"两极分化"，人人争做优秀的初中毕业生；为了增进友谊，争做心灵美好的共青团员，在初中最后一学年开展"在竞争中架起友谊的桥梁"的经常性活动。

我们立即组织了"在竞争中架起友谊的桥梁"的主题班会。会上，按照团支部的事先分工，优秀共青团员们主动伸出友谊之手，和学习有困难的同学结成"对子"，组成"友谊小组"，互相谈心，并且制订了学习计划……

从此，每天放学后或假日里，你都会在教室，在凉亭，在假山，在湖畔，在校园的各个角落，看到我们"友谊小组"的同学们在谈心，在思考，在研讨，在攻关……

随着时光的流逝和学习的进展，同学之间的友谊也在与日俱增。寒假过后，我收到一位同学的父亲写来的一封信，信里介绍了他的女儿和另一

名同学在团支部书记的帮助下，成绩有了明显进步，赞扬了团支书在寒假期间主动热情、风雪无阻、坚持助人的高尚精神，并且在信中讲述了一个动人的故事：

团支书在"友谊小组"里，对同学诚恳帮助，严格要求，而且严于律己，以自己的模范行动影响、带动同学。小组里规定：小组成员每天必须按时完成作业和"补漏练习题"，而且一定要保证质量，违反"规定"者，要"面壁"10分钟。一次，小组里互查作业之后，团支书竟然出人意料地由于没有完成作业，表示要"面壁"10分钟。同伴和在一旁的家长都劝她："你学习那么出色，一次没写完作业没什么关系……"可她还是坚持"面壁"了。事后，家长和同伴得知她当时患了重感冒正在发着高烧的情况，更为感动。

就这件事，我及时组织同学们进行评论、思考。从此，团支书又得了一个"面壁书记"的雅号。榜样的力量是无穷的。优秀共青团员们纷纷以自己的支部书记为榜样，自觉地检查了自己在"在竞争中架起友谊的桥梁"活动中的不足之处，更加热情地去帮助伙伴，促进友谊了……

我又抓住每一个机会做思想工作，为这一蓬勃开展的活动推波助澜：我和被帮助的同学谈心，启发他们树立高标准，帮助他们改进学习方法，鼓励并赞美他们点滴的进步，使他们充满必胜的信心；我经常在班上朗读他们的充满赞美和感激之情的作文或日记，促进美好感情的交流；在家长会上，我向家长们介绍"友谊小组"的动人事迹，争取家长的有力支持……

友谊的种子终于开出了绚烂的花朵。"友谊小组"里的15名被帮助对象，纷纷以"美好的心灵、高尚的情操"、"友谊给了我力量"、"集体的温暖促我上进"为题写作文介绍自己的进步，感谢伙伴的帮助，赞美友谊的力量。小谢同学在一篇作文中写道："……每天放学后，我不愿回家，总想在'友谊小组'里多讨论几道题，多说几句话。这里比我的家还温暖啊！父母说我进步了，老师说我聪明了，同学说我热情、开朗了，我要对所有的人大声说'是友谊使我获得了神奇的力量，我要终生珍惜这纯真的美好的友谊'……"另外，这些同学都不同程度地补上了知识的漏洞，有了长足的进步。在升学考试中，有13人考入了自己的第一志愿学校——市属重点高中或中等专业学校；而那些热情助人的优秀共青团员们，也都实现了自己的美好愿望，高高兴兴地接到了"北京大学附属中学"、"北京

师范大学实验中学"、"清华大学附属中学"、"北京师范大学附属中学"等
重点高中的录取通知书，他们陶醉在"万紫千红春满园"的幸福之中。一
位同学深有感触地说："我们开展的'在竞争中架起友谊的桥梁'的活动
真是太有意义了，我感到凡是给同学讲一遍的问题，比自己看五遍印象还
深刻，真是'教学相长'啊！"

在孩子们毕业分手前夕，我们举办了"珍惜集体荣誉、友谊，不负母
校培育、期望"为主题的最后一次班会。会上，大家淌着热泪缅怀了幸福
的初中时光，赞美了纯真的同窗友情，衷心地感激老师的辛勤培养……大
家纷纷表示：要让无比珍贵的、在竞争中培育出来的友谊，始终伴随着我
们在成才之路上迈出更加坚实有力的步伐……

孩子们毕业了，和我分手了，但他们却给我留下了宝贵的财富和深刻
的启迪：任何一项有意义的活动，班主任都不应把它强加于学生的身上。
如果你遭到学生的抵制（无论是行动上的还是心理上的），你必须冷静下
来，在自己身上找原因，并且耐心地寻找并打开"突破口"，努力把自己
的教育意图转变为每个同学的自觉行动。当活动搞起来之后，你还要善于
抓住"教机"，积极疏导，呐喊助威，推波助澜，争取达到最好的效果。

（原载《中学班主任工作100例》，有改动）

【点评】

班级最初的意义就在于它是一个学习的组织。那么多经历、学历、年
龄相当而气质、性格、天赋、情趣各异的男女混编在一个班级里，既是一
件奇妙的事情，也是最值得重视和珍惜的一笔宝贵的财富。故事中的班主
任，根据减少或消灭学习上"两极分化现象"的工作需要，成功地组织开
展了"在竞争中架起友谊的桥梁"的班级活动，可以说，他是将班级的功
能和作用发挥到了最大限度。生活在这个班集体中的学生和参加这个班集
体活动的同学，最终收获到的，绝不仅仅是学业上的进步，还有品格的锤
炼和精神的提升，而这正是学校班集体建设最孜孜以求的"双重功效"。
"看花容易绣花难"啊！请注意金老师最后的工作体会。

4

班干部的培养与使用

【先行知识】

班干部是班主任实施班集体建设和班级管理、开展各种班集体活动的有力助手，班干部的存在也是"班级社会"实行学生自治和自我教育的必要条件。

班干部的产生和管理、培养和使用，是班集体建设和班级管理的重要内容。

班干部的产生，具有正规的程序。传统的做法，一般采用任命制，谁做谁不做、做什么、做多久，一般由班主任在调查研究的基础上，根据实际工作需要自主决定。现代民主时代，一般采用选任制，即先由教师或学生提出合适的人选，或者由有意参选的学生自己报名，经全体学生投票产生后，再由班主任任命决定，并且规定任期（一般至少是一个学期或者一个学年）。班干部的培养与使用，已经不仅仅是班级存在与管理的需要，也要考虑给每个学生"锻炼成长"的机会。所以现在一般采用轮换制。

班干部的培养与使用，不仅包括班干部的轮换与产生，而且包括对他们的教育、指导、督促、约束、关心、爱护和帮助等一系列的内容，是班主任日常工作内容的一个有机组成部分。

对班干部的培养与使用，也跟班干部的存在一样，具有双重意义：一方面是正常有序开展班级教育管理工作的需要，另一方面也是班主任在特殊的教育情景下教育帮助每一个学生健康成长的需要。

【单元提示与问题探究】

班干部是班主任的有力助手,是"班级社会"建立健全的重要标志。

然而,学校的"班干部"跟一般社会组织的"领导干部"具有不同的地方,你能说说他们二者的区别吗?

4.1 如何让新选的班委会亮相

王宗征

按照惯例,班委会是经班主任提名,学生选举产生的。班委会是班集体的核心,通常由班长、宣传委员、学习委员和生活委员等组成,它在班级工作中起着重要作用。如何让新选出的班委会在全班同学面前亮相?传统做法,只是由班主任公布新当选的班委会成员名单和分工情况,这样虽说简捷,但不免呆板平淡,掀不起波澜。根据多年的工作实践,我倒是有一个自以为不错的方法,就是在班主任的指导下,由新任班委会成员出面组织,在班里举行模拟记者招待会。

提起记者招待会,我们并不陌生,而在班里举办模拟记者招待会,却是一件新鲜事。唯其新鲜才不平淡,才能引起学生的兴趣。

模拟记者招待会,应在新班委会产生之际及时召开。班主任要亲自部署,作出周密安排;新任班委成员都要献计献策,充分做好会前准备工作,并出面进行组织;班里其他同学也可以就如何开好模拟记者招待会提出自己的建议。

模拟记者招待会,在掌声中开始。首先,由主持人公布会议程序;紧接着,班主任公布新任班委会成员名单;随后,班长代表本届班委会全体成员发表"就职演说",宣布本届班委会的奋斗目标、工作方针和具体措施。

然后,由班上同学扮演的"记者"轮番地向班委会成员提出问题。比如,怎样才能成为受学生信赖和佩服的班干部?班委会成员怎样履行自己的职责?班委会的奋斗目标是怎样制定出来的?怎样才能实现?宣传委员怎样为班里搞好宣传工作?学习委员如何成为学习上的表率?生活委员怎样为同学们服务?班委会成员如何处理与一般同学的关系?班委会成员犯了错误怎么办?等等,围绕着班委会工作进行灵活多样的提问。

对"记者"的提问，班委会成员应立即予以回答。在回答"记者"提问时，要尽量避免学生腔，回答既要简洁明快、入情入理，又要生动有趣、含蓄幽默。这样，才可能给"记者"留下良好的印象。否则，如果在回答"记者"提问时讲空话、套话、大话、假话，就会引起"记者"的反感。

模拟记者招待会不宜开得过长，最好选在例行班会课时召开更适宜。会议要在活泼而紧张的气氛中进行，并选择适当时机，宣布结束。

某学期初，我校高一（3）班曾举办了一次模拟记者招待会，让新任班委会成员当众亮相。结果，这次尝试在班里引起了较大反响，许多同学在日记中作了记述，写了感想。其中一名同学写道：

"我们班举行了'模拟记者招待会'。'记者'由班里同学担任，接受'记者'提问的是经选举产生的班委会成员。我很荣幸，是这次模拟记者招待会的主持人。

模拟记者招待会一开始，先由班长代表班委会成员发表'就职演说'。然后，'记者'们便争先恐后地提问题。一名'记者'问：'班长，你认为怎样的班干部才算够格？'另一名'记者'问：'你有信心做一名够格的班干部吗？'班长答：'我有信心！但也需要同学们的理解和支持。'又有一名'记者'问：'如果你的班干部工作没有什么成绩，你怎么办？'班长答：'我将团结班委会成员，努力为同学们服务，我想是不会做不出成绩的。'班长直率的回答，引起'记者'们的兴趣和赞叹。其他班委会成员也都分别回答了'记者'们提出的问题。

这次模拟记者招待会，自始至终洋溢着热烈、活泼的气氛，最后在掌声中结束。"

（原载《班主任锦囊妙计》，有改动）

【点评】

如何让新选出的班委会亮相？传统做法，只是由班主任公布名单和分工情况，的确显得呆板平淡了些。像故事中的做法，在班里举行新闻发布会形式的模拟记者招待会，不失为一种有益的尝试。通过这种形式，至少可以产生"一举四得"的效果。一是让新选的班委会在班里亮相，有利于督促每个班委会成员严格要求自己，努力做好本职工作；二是向同学们宣讲新的班委会的工作思路和"施政纲领"，有助于同学们监督班委会工作；

三是有利于增进同学之间的相互了解，融洽同学之间的关系，营造一个同心同德建设班集体的良好氛围；四是可以锻炼包括班委会成员在内的所有同学的组织能力、应变能力、社交能力以及思维能力、听说问答能力等。

5

德育与美育

【先行知识】

德育与美育，是我国教育工作者最熟悉的两个主题。"德、智、体、美、劳""五育"，既是我国学校教育内容的一般概括，也是学校班级教育的基本内容。

五育之中，"德育"为首。德育，一般来说，它是"思想品德教育"或"思想政治道德教育"的简称。学校或班级的德育内容十分丰富，有分为"思想政治观点教育"和"道德品质教育"两大块的，也有分为"思想品质、政治品质和道德品质"三大块的。广义的德育通常将理想教育、纪律教育、法制教育、劳动观念教育等都作为班级德育内容；有的甚至将青春期性道德教育内容也纳入德育的范畴。归纳起来，人们强调得最多的几项内容是：爱国主义教育、集体主义教育、科学人生观教育、文明礼貌教育和中小学生行为规范教育等等。显然，目前人们采用的是一个泛化的"道德"概念。

美育，作为一个单独的教育主题，特指对受教育者进行审美知识、审美能力和审美观念的教育，它也是人类最基本的重大的永恒的教育主题。美育的内容，大致来说，包括对自然美、社会美和艺术美等三个方面内容的接受、欣赏和创造。自然美，包括大自然中一切优美的东西，如皎洁的月光、明亮的星星、青山绿水、鸟语花香等等。社会美，包括个人文明优雅的举止、接人待物的正确态度以及人与人之间、社会组织或团体之间的友好往来与和谐关系等等。艺术美，包括人们通过艺术形象创造的一切艺术形式，如音乐、图画、舞蹈、文学、建筑、园艺、美食、服饰等等。

人既是一种道德的存在，也是一种诗意的栖居（审美存在）。美育与德育既有区别又有联系。二者的区别是，德育作用于人的道德良知，唤醒人的是非判断，铸就人的世界观，塑造人的高尚行为；美育作用于人的审美天性，唤醒人的美丑判断，铸就人的审美观，塑造人的优雅行为。二者的联系是，共同塑造道德完善、精神高贵的人。

德育与美育，既是两个相互独立的教育主题，彼此的联系也非常紧密。德育偏重于灌输说教，美育偏重于熏陶感染；德育强调遵守共同的道德准则，美育偏向于尊重不同的审美需求；德育注重行为的继承发展，美育强调行为的个性化创造。德育与美育相结合，更有助于塑造"崇美尚德"的青少年。

德育的方法，在我国，以说教灌输、榜样示范、表扬批评或激励惩戒等使用得最为普遍，而感染熏陶、实际锻炼的方法（班集体活动、社会道德实践或游戏），较少受到人们的重视；而后者往往更具有潜移默化的作用，更富有实效，也更为广大青少年学生所青睐。

美育的方法，可以直接通过大量的艺术形式和手段，结合生活、学习，置于大自然或美的情景氛围中进行，如唱歌、跳舞、绘画、演剧、摄影、手工制作以及举办这些艺术活动的创作竞赛、作品展览、影视欣赏、旅游、野营等等。相对于德育的方法，美育的方法更具有形象性、可感性，更为青少年所喜闻乐见。

美育方法和德育方法的结合，一定会使美育和德育相得益彰。

【单元提示与问题探究】

德育与美育，是两个相互独立的主题，它们彼此的联系也非常紧密。美育方法和德育方法的结合，一定会使二者相得益彰。

结合本单元的几个故事，谈谈你对上述观点的看法。

5.1 唤起爱心

牟林华

那双藏着忧郁的眼睛消失了，那个瘦小单薄的身影不见了。而同学们快乐依然，根本不曾注意到丹丹已经几天没来上学了。我为学生们的冷漠而感到担忧。怎样才能唤起他们的爱心呢？

周一的班会,我把题目改为"让我们去发现……",同学们兴致勃勃地畅谈自己在学习、生活中的发现。最后,我问:"你们看看自己的周围,还能发现些什么?"学生们东张西望,满脸狐疑。我走到讲台前,掀起桌布问:"看到了什么?""脏了!"学生齐声说。我又走到窗户前,指着玻璃问:"看到了什么?""脏了!"学生的声音变小了。我继续问:"为什么脏了?"班级里一片沉默。片刻,生活委员站起来说:"以前,这些都是张丹丹在擦。"同学们的眼睛齐刷刷地投向张丹丹的座位,可那里是空的。

这时,班级里最爱捉弄人的一位同学站起来说:"丹丹每天上学来,头发乱蓬蓬的,衣服上还有脏东西,她不讲卫生。"我说:"但是,她把班级的桌布洗得干干净净,把玻璃擦得一尘不染啊!"这位男同学挠着头,眨着一双困惑的眼睛。

我笑了,对同学们说:"我们一起去丹丹家看看她这几天为什么没有到校吧。"孩子们欢呼着:"好!"

在一间破旧的平房里,我们见到了丹丹,她正吃力地洗着堆得像小山一样的衣服,床上卧着一位瘫痪的病人。我把学生领到门外,对他们说:"那是丹丹的爸爸,在工地上摔伤了腿,每天都是丹丹喂饭……"

学生们静静地听着,眼里含着泪。

那位说丹丹不讲卫生的同学忍不住对丹丹说:"你为什么不告诉我们?对不起,我们还嘲笑你。"

我拍拍这位同学的肩膀,对他说:"丹丹不想让大家同情她,她要做一个坚强的孩子。"

同学们纷纷挽起袖子,与丹丹一起搓起了衣服,丹丹脸上荡漾着幸福的笑容,小院变成了欢乐的海洋。

望着眼前的一幕,我深深地感到:我们的班集体,一个都不能少;我们的学生,知识与爱心,一样都不能缺。

(原载《德育报》)

【点评】

苏霍姆林斯基说:"每个人都是一个完整的世界,一个思想、感情和感受的世界。个人怎样'影响'集体,集体又怎样'影响'个人,对此我们是无权视而不见的。让学生感到孤独,感到对他的痛苦和欢乐无人作出反应,这是教师的道德所不容的。"陶行知也说:"根据孩子们愿意帮助别

人的倾向，透过集体生活，我们培养和引导他们对民族人类发生更高的自觉的爱。"在班会课"让我们去发现……"上班主任引导学生发现缺席的同学，进而发现缺席背后的故事，使同学们受到"爱的教育"。"爱的教育"，包括"被爱"和"爱人"的教育，是教育的主旨，学校教育永恒的主题，也是任何国家、任何时候最实实在在的德育！这个故事特别值得注意的是，作者把对学生的"知识与爱心"教育置于具体的情景之中，显得十分自然、贴切。教师向学生灌输爱的理念，没有停留于空洞的说教，而是十分注意联系学生不经意的日常生活实际。

5.2 《水浒传》的启示

吴 炜

我曾经担任过全校出了名的乱班的班主任，该班学生纪律涣散，还总是爱对老师指指点点。一次上语文课，班上有名的闹将之一于东旭在字词比赛中获得了满分，我在全班对他提出表扬，由于我刚接这个班，对这名闹将的"本领"只是耳闻，从未目睹过，今天，可真是让我大开眼界。只见于东旭听到表扬后，迅速地从座位上跳起来，从后面跑到讲台前，手舞足蹈，引起全班同学哄堂大笑。我"耐心"地把他请回到座位上，并语重心长地说："人高兴就会用各种方式表达自己的喜悦心情。于东旭，你为什么不选择更好的方式表达自己的喜悦心情呢？"于东旭听后，脸涨红了，不好意思地低下了头。本以为这件事已经解决了，而且也看出于东旭已经接受了老师对他的教育。可谁料到，半路杀出个程咬金，于东旭的"同党"王纯站出来拔刀相助："这种表达方式有什么不好？每个人喜悦的方式不同是正常现象，都一样还有什么意思？于东旭并没有错！"这个"程咬金"的一番话，令我震惊。

王纯这个学生可不简单，虽然年纪不大，却很有主见，在班内的"四人帮"中排行老二，在同学中很有威信。在大家心目中，他是一个"行侠仗义"之人，因为前任班主任有些问题处理不当，王纯便受同学之托到校长那儿要求换班主任。面对这样一个人物，如果一味地指责、批评，不但会使师生之间的矛盾更加激化，还会使王纯和他的"同党"不服，这样不但收不到良好的教育效果，还会引起副作用，降低老师在学生中的威信；如果对此事置之不理，听之任之，不但会使已受教育的于东旭又产生"回

头"之念，还会让王纯继续不分是非，"拔刀相助"。那么，健康的集体舆论和良好的班风又如何树立呢？看来这件事必须要解决，而且解决方法要巧妙，不能急躁，不可硬来。

我心平气和地对王纯说："你的问题，我们课后再来探讨好吗？""当然可以！"他神气十足地坐下了。事后，我并没有急于找他，而是先向教过他的老师了解他的为人。经过其他老师的介绍，我对王纯有了一些了解，对他当天的行为就不足为怪了。王纯是一个很聪明的孩子，很爱较真，但这种较真意识没有用到学习上，而是用在同学之间、师生之间的是是非非上，所以他的学习成绩在班内只处于中下等水平。他爱看历史名著，在四五岁时，他的爸爸就总爱给他讲《三国演义》、《水浒传》……他很爱听，也被书中那些义士们路见不平、拔刀相助的精神所折服，尤其是对《水浒传》中的武松、鲁智深更是佩服得五体投地，于是在生活中效仿他们。在班里，谁要是欺负别人，第一个挺身相助的就是他，逐渐在同学中树立了威信。但因为他年纪小，生活阅历浅，对以前的老师在教育学生中或许有过的严厉的管教，错误地理解为老师是与学生为敌。他便不分青红皂白，时时处处与老师对着干，以"维护"同学的尊严，于是我决定找他进行一次长谈。

那天，我把王纯叫到办公室，先和他闲聊，以缓解他的敌对情绪："王纯，听同学们说你很爱读历史名著，比如《水浒传》，我也很喜欢看。《水浒传》里你最喜欢谁？"话题由此展开了，他一听到《水浒传》，就津津有味地谈论起来："我喜欢鲁智深、武松，因为他们为了朋友可以两肋插刀、拔刀相助……""如果他们所帮助的人是个为非作歹的人，那岂不是帮助他们作恶吗？"我不禁插话了。"当然不会，他们是正义的化身，怎么会帮歹徒作恶呢！"听到他不假思索的回答，我又问道："如果他们的朋友因本身的错误与别人发生冲突，他们还会不会拔刀相助呢？"只见王纯皱了皱眉头，沉思了一会儿，坚定地回答："不会！""为什么？"我又追问道。"因为他们是正直的人，我相信即使是他们的亲人犯了法，他们不但不会拔刀相助，更不会包庇，一定会把他们送到衙门去的。"看到他那一本正经的样子，我会意地点了点头："王纯，《水浒传》中的义士们确实令人敬佩，刚才我听了你的一番话，觉得你也很令人佩服，你是个正直、讲义气的孩子。"他不好意思地笑了。我看到师生之间的敌意已经消失了，便转入正题："那天，老师表扬于东旭时，他由于过分激动，而不顾课堂

纪律，做出各种怪状，引得大家哄堂大笑。他在字词比赛中获奖，是一件可喜可贺的事，他也对这个前所未有的成绩感到惊喜，这可以理解，同学们更是为他高兴，但当他手舞足蹈时，这种气氛便消失了。于东旭在大家眼中不再是获奖者，却成了一个小丑，大家对他的态度也由为之高兴转为拿之取乐，他的努力、进步、成绩都被嘲笑掩盖了。你是他的朋友，你希望有这种结果吗？换一种方式表达是不是更好呢？"一番话后，王纯想了想，诚恳地说："老师我错了！"我又接着说道："《水浒传》是我国历史名著，为众多人所喜爱，正是因为被书中那些义士们强烈的正义感折服，先有正义，才会路见不平，拔刀相助，在你身上，可以看到你力求效仿他们，但还应知道他们令人敬佩的根本原因……"还没等我说完，他就迫不及待地说："老师，我知道我该怎么做了！"他跑出了办公室，冲向操场，在人群中找到于东旭，不知在说些什么，只看到于东旭不住地点头。我深信，王纯不再是那个是非不分的"侠义之士"了，因为经过师生之间的长谈，他真正从《水浒传》中得到了深刻的启示。

（来自网络，连瑜珊　推荐）

【点评】

是非观的教育和是非判断力的培养，是德育的重要内容。故事中的王纯是一个很聪明的孩子，很爱较真、打抱不平。但因为他年纪小，生活阅历浅，便常常不分青红皂白地与老师对着干，替同学"维护"尊严。怎么办？老师经过一番调查研究，巧妙地从该生喜欢的《水浒传》入手，主要运用谈话的方式，引导学生判断是非，完成了一场"入情入理"、"进心进脑"，然而并不轻松的个别德育教育。我们和这位成功的老师一样，深信王纯不会再是那个是非不分的"侠义之士"了，因为经过老师的指点，他已经从《水浒传》中获得了某种有益的人生感悟。

5.3　课前陶醉在一支歌里

魏书生

我们班学生爱唱歌，一届又一届的学生都爱唱。每年都唱，每月每周每天都唱，甚至每节课前、每次自习前都唱一支歌。

关于唱歌的班规班法也越来越具体。较早的时候，课前一支歌，学生

在座位上愿意怎么唱就怎么唱，有的坐直了唱，有的伏在桌子上唱，有的边写作业边唱，有的一心一意地唱，有的三心二意地唱。

后来文娱委员说这样唱不好，太随便了，歌唱得也没劲，大家也觉得不好。再后来便定了一条班规：课前一支歌，从文娱委员起歌开始，全班同学都要停止别的活动，在座位上坐直，手不能放在桌子上，更不准翻书和写作业，谁如果在大家唱歌时写作业或是手放在桌子上，便要写500字的说明书。

再往后，我多次强调：唱歌要一心一意，才能达到唱歌的目的，既使大脑得到短时间的休息，又使人陶醉在美好的歌词境界和悠扬的旋律中，使身轻松，使心愉悦，使人更热爱生活，更热爱学习，也使人大脑两个半球更容易沟通。我想试一试提出更具体的要求。

姿势同原来一样，还要求唱歌时坐直。坐直之后，目视前方的黑板。目视整个黑板不利于集中注意力，要求目视黑板的中缝；中缝长了些，也不利于集中注意力，又要求注意中缝的中点。

文娱委员刚一起歌，全班同学立即坐直，都把目光集中在前面黑板的中缝的中点位置。教师从外面进来，一看十分整齐，就像一个大合唱队在剧场里把目光都对准了指挥。

长时间对准中缝一点容易疲劳，也使人感觉无味。我便要求学生，把视线与想象力结合起来；要把前面那一点看成一个面，变成一个图像，甚至变成一个小宇宙；那里面有江河山川、日月星辰、花鸟草虫……总之，你唱什么歌，那里面便放映什么图像，那图像是歌词内容的再现。打个比方，那一点就像电视机屏幕，唱什么歌，便像放入了那一首歌的录像带，一张口便打开了电视机开关。

"五星红旗迎风飘扬，胜利的歌声多么嘹亮……"中缝那一点，便映出红日蓝天白云下的五星红旗正迎风飘扬的画面，紧接着工农兵学商，各行各业的人们唱着嘹亮的歌声，赞美我们伟大的祖国。

"越过高山，越过平原，跨过奔腾的黄河长江……"那一点上显现出巍巍青山、宽阔的平原、咆哮的黄河、波浪翻滚的长江等画面。这画面不该是黑白的，色彩越绚丽、越逼真越好。

过了一段时间，我进一步要求学生，不仅把一点看成画面，看成彩色的图像，最重要的要调动身体更多的感觉器官，把那图像变成生动、具体、可感知的某种境界，或者那境界从点中走出来，来到我们的身边，或

者自己进入那境界中去，参与那境界中人们的活动，和他们一起喜怒哀乐。

"越过高山，越过平原……"感觉高山就在我们身边，就在我们脚下，我们正登山。我们正在广阔的大平原上纵马奔驰。

"我爱祖国的蓝天，晴空万里阳光灿烂。白云为我铺大道，东风送我飞向前。金色的朝霞在我身边飞舞，脚下是一片锦绣河山……"唱着这样的歌，看着黑板上的电视，越唱越入情，神游广阔的蓝天，俯瞰祖国大好河山，怎能不豪情满怀，心旷神怡，宠辱皆忘，喜气洋洋？全身心地投入，一心一意唱一首歌之后，确实能使人产生精神焕发的感觉。

"几度风雨，几度春秋，风霜雨雪搏激流。历尽苦难痴心不改，少年壮志不言愁。金色盾牌，热血铸就，危难之处显身手，显身手……"同学们唱着，就像自己同便衣警察一起执行任务，一起无私无畏地同恶势力搏斗，一起品尝打击、误会的痛苦，一起经受风霜雨雪的侵袭，重重困难更激发了他们压倒困难的豪情。待回到现实中时，才更感觉自己学习生活的幸福和宝贵，从而更珍惜学习生活。

有同学说："以前我唱歌总心不在焉，三心二意，唱跟没唱一样，有时边唱边想着明天的任务，结果歌没唱好，烦恼滋长了，明天的事也没干成。现在全身心地唱歌，我进入歌的境界，才感受到诗歌美、音乐美，真的感到陶醉于诗歌中、音乐中，情操得到了陶冶，灵魂得到了净化，全心全意地投入一支歌以后再上课，心情特别好，听课的效率也提高了。"

学生全身心地投入课前一支歌中，好处应该是多方面的。

至于我所使用的让学生唱歌前都注意一点的方法，是不是唯一的方法？肯定不是。是不是最好的方法？肯定也不是。随着教学改革的深入，我和学生一定能想出更多、更好的课前陶醉在一支歌里的方法。

（原载《班主任工作漫谈》，有删节）

【点评】

花样年华正是如歌的岁月。青少年爱唱歌，这是毋庸置疑的；唱歌对于人的身心具有多方面的益处也是众所周知的。然而，故事中的魏老师如此这般地抓课前一支歌，真是出乎我们的意料！从随随便便地唱到要求一心一意地唱，从要求视线与想象力的结合到强调进入歌词和音乐的境界中去，教师一步步将学生带入唱歌的审美世界。效果是不言而喻的："情操

得到了陶冶，灵魂得到了净化，全心全意地投入一支歌以后再上课，心情特别好，听课的效率也提高了。"

6

学习教育与学业指导

【先行知识】

学习科学文化知识是青少年上学的主要任务。过去强调"学会",现在更加重视"会学"。"教育要基于学生的一生,教给他们获得终身发展的知识和能力",已经成为当前一般教育工作者的共识。指导学生"学会"并且教会学生"会学",既是全体任课教师的工作,更是班主任的职责。班级原本就是一个"学习组织",因此,学习教育可以说是班级教育最重要的内容。

学习教育,简言之,就是学会学习的教育。学业指导,就是指导每一个学生学好学校开设的各门功课。学习教育落到实处就是学业指导。

学习教育首先要面向全体。面向全体的学习教育内容包括班级共同学习目标的确立、学习纪律的规定、学习原则的制定、良好班风学风的建设以及共同的学习方法、学习经验的创造、交流与分享。学习教育落实到个别就是学业指导。

面向个别的学业指导内容包括监控每一个学生在各门功课的学习理想、学习态度、学习基础、学习条件、学习风格、学习方法、学习习惯(包括科学用脑)、学习效率等方面的具体表现,并帮助他们随时作出调整或改变。

学习指导的方法层出不穷,以动机激发、榜样引路、学习知识传授和学习经验总结、交流较为常用有效。

中小学生应试课业负担过重,根本无法顾及那些对他们终身学习发展有用的东西。这是当前我国基础教育正在努力摆脱的困境。

那种单纯认为学习就是为了"升学考试"、为了进"名校"、将来找"好工作"的功利性学习观,必然会导致学习内涵的窄化、教育功能的扭曲甚至师生人格的变态。这是当前班级学习教育和学业指导面临的挑战。

【单元提示与问题探究】

本单元的一组故事,向我们展示了一些精妙绝伦的学习指导方法,让我们感到这些故事中的老师,实在是"足智多谋"的"高手"。

请具体分析故事中老师的学习指导"妙"在何处呢?

6.1　研究自身生物钟

魏书生

我喜欢给一届又一届的学生讲人体生物种奥秘,讲人脑的奥秘,讲整个人类还处在年轻的时代,还有许多更诱人的奥秘远未被人类发现。

使学生从小便建立人类还很年轻的观点,会使学生变得目光远大,变得不那么急功近利。

不要说人类对客观世界、宇宙的研究远远未到达顶峰,就是对地球、对人类社会,乃至对人类自身、人体自身的研究也远远没有到达顶峰。

我们平时都有一种感觉:体力有时充沛,有时并没有病,却感觉浑身无力;思维有时敏捷,有时反应迟钝;情绪有时极好,遇到许多不顺心的事,也不烦不躁。科学家们发现人体生物钟每天都有高潮低潮的区别。另外还发现,人体体力每23天、情绪每28天分别发生周期性变化。他们称23天的变化周期为体力节律,28天的周期为情绪节律。奥地利的特里舍尔在教学中发现,不少学生的智能和考试成绩也与节律周期有关,经研究发现这个周期为33天,并把这个周期称为智力周期。

三个周期的变化,称为人体的三节律(体力、情绪、智力节律),一般说来,人从出生之日开始,这三台生物钟便开始运转了。

当一个人的体力处于高潮时,就体力充沛,朝气蓬勃。情绪处于高潮期,则心情舒畅,意志坚强。智力处于高潮期,则思维敏捷,注意力集中,记忆力强。如果这三节律处于低潮期,则情况恰恰相反。

人体在一天24小时之内也有变化规律,称为生命日节律。一天之内有4个高潮,4个低潮。高潮时间为6时、10时、17时、21时;低潮时

间为 4 时、14 时、19 时、24 时。

我给学生介绍了生物钟的资料，那时，我们还不会生物钟节律的具体计算方法，盖东同学便画了一张大图表，根据他自己的细心体验，画出了自己三节律的曲线图，处于低潮期、危险日时，提醒自己理智地分析烦躁不安的情绪的由来，安排一些兴趣较浓学科的作业练习内容。当处于高潮期时，则抓紧有利时机，增加学习任务。

后来，有关单位出版了生物钟三节律的计算卡，我便引导学生根据自己出生的年月日，计算出自己的当年体力、情绪、智力生物钟的起始时间，然后查表，对照一年中每天三节律的变化情况，据此安排自己的学习。

丛劲松同学有一天效率特低，自己弄不清什么原因，我分析可能是他那天处于情绪危险中，便说："你随随便便、自自然然地写下自己的心理状态，写完之后，进行分析，原因就找到了。"他写道：

"昨天真没意思，一整天的心情都那么坏，昨天也许是我的危险日，无心学习。这可能是次要的，主要还是主观控制自己的能力差。早晨到校后，便想按计划学习，突然一下想起《曹刿论战》还没有背，便背起课文来。可是怎么也背不进去，于是到教室外去背，到了外边看看这，看看那，把背课文这件事忘掉了。早自习就这样过去了。中午，我很早就来到了学校，因为下午要外语测验，想利用午休看一看，可拿出书来一看，这一大本儿从哪看起呀？这一会儿时间，看也来不及了，既然看不完，就干脆不看了。又拿起语文作业来做，写了一会儿，又想，马上要考试了，看一点是一点，便放下笔又看起外语来，东一眼，西一眼地扫了一遍。外语考试时，思前想后，静不下心来，外语答得很差。晚自习，似乎满脑子烦恼要呕吐出来似的，便跑到操场上又喊又叫，又蹦又跳……折腾了一会儿，心静了，才回到教室坐下来。晚上入睡，心情很好。"

学生处于情绪危险日时，这种心态我也有过，明白了生物钟三节律的道理之后，处于这种心态时，便不会莫名其妙，以致加深烦躁不安，而能够想办法，尽可能挑感兴趣的、较易完成的实事，一件接一件，不停地做下来，烦躁便减轻了。

我和同学们一起商量度过危险日的办法，从而使一部分同学提高了控制自己的能力。

研究自身生物钟使学生又朝着理智、自立的方向迈出了一步。

（原载《班主任工作漫谈》）

【点评】

古希腊阿波罗神庙上镌刻着"认识你自己"的至理名言，昭示着人类认识自我的重要性。学习教育任务中一个很重要的内容，就是引导学生认识自我，学会自己教育自己、自己管理自己。认识自我，包括认识自己的身体、智力、情绪和生活、工作、学习习惯等等，这些都跟有效的学习组织、决策、行动密切相关。人类关于自我认识的知识理论成果很多，故事中的老师引导学生关注人体生物钟理论，用来指导学生学习，增强学生个人学习的计划性和自觉性，提高学习效率，既有科学依据，又符合时代社会发展对人的"学会学习"的素质要求，真可谓视角独到、匠心独运。

6.2 保护一个鸡蛋

侯守斌

有一段时间，我班的学生普遍有点"眼高手低"，办一件事，说得头头是道，但做得却不怎样。为此，我想了一个启发教育他们的方法。一天快放学的时候，我对同学们说："今天给你们布置一个特殊的作业。明天早晨，每个人都从家里带来一个鸡蛋，这一天里你要保护好它，放学以后再把它带回家去。"大家听了觉得很纳闷，都用疑惑的眼神看着我。一个同学说："这还不容易吗？"大家附和着。"这确实是一件很容易的事，希望你们都做得很好。"我说。

第二天一大早，就有人在教室里显示自己的那个鸡蛋，大家正说着自己的鸡蛋如何如何，只见提着一个塑料袋进入教室的男生，塑料袋里的那个鸡蛋已经成了"蛋汤"。他懊恼地叫着："都快下车了，让一个叔叔的屁股给挤碎了。"听到的人多少有点幸灾乐祸。话音刚落，"啪"的一声，又一个鸡蛋掉到地上。原来，一位女生怕别人碰坏了自己的鸡蛋，下课的时候把鸡蛋放在裤兜里，结果坐下的时候还是不小心弄掉了。上语文课的时候，大家都听到"啊呀"一声，不用问，又有一个鸡蛋破了。

到了下午放学的时候，有一多半人的鸡蛋破了。我询问了情况后说："能说一说这一天里你们的体会吗？"有的说，我的鸡蛋虽然没有碎，但我的心情很紧张；有的说，那么小心可鸡蛋还是碎了；还有的说，看着简

单的事做起来是很难的呀！保护一个鸡蛋多不容易啊！"是啊！"我告诉同学们："不管你们是否保护好了手里的鸡蛋，你们都有了很深的体会。请记住，一件看起来简单的事，做起来却很不容易。"

（原载《德育报》）

【点评】

如何端正学生的学习态度、解决学风不良的弊病呢？这是很多老师面临的棘手问题。侯老师没有正面地讲一套大道理，而是采用一种亲身体验的自我教育方式，让学生带一个鸡蛋上学上课，并当作一项作业，让学生有兴趣、有压力。在一天的体验中，无论是成功还是失败的学生，都深刻地体验到：学习像保护一个鸡蛋一样，看起来简单，做起来却不容易，从而收到了奇特的学习指导功效。好一个聪明的老师！他使用"捉迷藏"的教育策略启迪学生自觉，并且成功了！这真是一种"天才"的育人智慧。

6.3 巧用标点招

张万祥

期中检测结束，各科老师针对期中检测的情况已进行了总结。按照惯例，应该召开一次总结期中检测情况的班会了。

这天班会开始，作为班主任，我一言不发，默默地在黑板上写下"。"、"？"、"……"、"！"四个标点。同学们你瞪我瞪你，大眼瞪小眼，莫名其妙。我开口说："同学们，这节班会围绕期中检测情况，请你们揣摩这四个标点的特殊含义。"一石激起千层浪，同学们三三两两展开了热烈的讨论。

卢佳站起来，大大方方地说："我先分析一下这个'。'号。它蕴涵着期中检测已经结束的意思。另外，还有一层意思是期中检测虽然结束，但决不能表示学习任务已经完成；相反，期中检测结束何尝不是预示下个战役的开始。从这个意义上来讲，一切要从零开始，这个'。'号就是'零'字。张老师多次教育我们说，胸怀大志者必定把某个阶段的结束看作是下个阶段的起点，从不因为看作终点而马放南山、刀枪入库。今天张老师让我们揣摩的这个'。'号含义深远、耐人寻味。"不少同学为她头头是道的分析而兴奋地鼓起掌来。

郑丽站起来接着分析"？"号："张老师提示我们要注意从这次期中检测中找出存在的问题，不要只是盯住分数不放。的确，现在我们应该抓住'？'号，应该考虑我们的学习有什么漏洞？为什么不少同学的成绩不尽如人意？今后我们应该怎么办？这一系列问题难道不值得我们思考吗？我们应该尽快从盲目悲观、盲目乐观的情绪中走出来，做学习的主人。"我赞许地点着头。

然后我点名让绰号"机灵鬼"的岳盛解释"……"号。岳盛出语不凡："这六个点儿，像六只小脚丫，又像六只小燕子，还像六个小音符。六只小燕子甩动小脚丫唱着优美的流行歌曲，欢快地飞呀飞！"大家被逗得哈哈大笑。待平静下来，岳盛又补充说："刚才，我是鸭子开会——无稽（鸡）之谈。咱言归正传吧！其实，这个省略号寓示着前面道路漫漫无止境的意思。张老师是想启发咱们诸位同学要坚定不移地走下去，不仅要把学习搞好，而且还要做到德、智、体、美、劳全面发展。张老师，弟子这次猜得八九不离十吧？"

最后，团支书阐释了"！"号。她说："'！'号表示惊奇、惊讶、惊喜的感情。父母对我们寄予希望，老师辛勤培育我们，国家建设大厦亟待我们添砖加瓦，今天我们要勤奋学习，提高修养，做学识丰富的大写的人，明天取得优异的成绩，给父母、老师一份惊喜，让他们自豪地说：'接力棒交给你们，我们一百个放心！'"我笑着说："真不愧是团支书，真是做思想工作的一把好手。你的分析一语中的、入木三分，我只能当一回进曹营的徐庶了。"

这个班会在掌声与笑声中结束，这个班级又踏上新的征程。

（原载《班主任工作创新艺术100招》，沈志伟 推荐）

【点评】

检测结束，各科老师针对检测中的情况都要进行总结，班主任也要围绕这个召开主题班会，这是惯例。但是气氛和效果，往往会因班主任工作所采取的策略不同而有天壤之别。故事中的老师，在考试后总结时，让标点"说话"。学生的思想活跃了，班级气氛活跃了，小小标点引发学生浮想联翩，学生成了学习教育的主人，发挥聪明才智，在柔风细雨中不知不觉地完成了深刻的期中检测总结与反思。小小标点也能发挥巨大的作用，班主任工作经验与智慧就是如此神奇！

7

青春期引导与"早恋"问题处理

【先行知识】

青春期，即指从人的第二性征出现到性成熟及身体发育完成的时期。在我国，大约是女孩子在 11～20 岁，男孩在 13～22 岁这段时期。青春期是一个人在一生中体质、智力、性格、心理发育的关键时期。在这一时期，在身体发生重大变化的同时，男女青年的心理和情感尤其会发生剧烈变化，充满了兴奋、烦恼、困惑和焦虑，在性的方面，开始出现好奇、冲动和性需求。

青春期是青少年学生身心发展的一个"多事之秋"，因此，特别需要呵护。正确地教育、引导和帮助青少年顺利度过青春期，就是青春期教育。

青春期的教育内容，包括青春期生理心理发展的基本知识、青春期生理心理健康知识以及有关社会伦理道德、法律知识教育，重点是性心理、性道德、性安全指导、自我控制、自我调适能力训练以及异性间正常交往引导等。对已经出现和存在的问题要给予正确的帮助和疏导。

"早恋"则属于青春期男女学生正常交往中的一种现象。"早恋"问题处理，属于青春期引导内容的一部分。

处于青春期的青少年学生，男女之间发生恋情，是客观的、自然的，有其不可避免的一面，对此不必视为"洪水猛兽"，"严厉禁止"，但是也不能放任自流、听之任之。"早恋"是青少年步入青春期后的一种"成长需要"（有人称之为"操练"，不无道理），对青少年的成长有利有弊。是弊大还是利大，关键取决于成年人的态度和引导。对于没有发生"早恋"

的同学，教师要勉励他们专心致志地学习，避免"早恋"发生；对于已经发生"早恋"的同学，教师要引导他们正确处理恋爱与学习的关系，学会将美好的感情珍藏到将来条件允许"恋爱"的时候；对于已经处于"早恋"困惑而不能自决、陷于"早恋"泥沼而不能自拔或遭遇"早恋"痛苦而不能自救的那部分同学，教师一定要热心地伸出援助之手，帮助他们早日走出"早恋"的困苦。

　　青春期教育关系到青少年学生的健康成长，甚至涉及他们一生的幸福。这项工作做好了，家庭和学校期许的许多教育内容和要求就有了落实的可能；这项工作没做好，家庭和学校十分卖力追求的那些内容诸如学业、健康、美德等，就很可能落空。尤其是当今社会，青少年的性早熟、性开放及其所带来的问题，已经成为人们关注的焦点。另外，我们的学校和家庭性教育落后，处理青少年"早恋"问题的原则和方法也普遍不正确，都远远不能适应今天中小学生身心发展要求，这是值得我们高度关注的。

【单元提示和问题探究】

　　不必讳言，当下我们的学校和家庭性教育落后，处理青少年"早恋"问题的原则和方法也普遍不正确，都远远不能适应今天中小学生身心发展的要求。

　　请结合本单元的故事，谈谈你对这个问题的认识。

7.1　青春的困惑

焦巧珍

　　他，16岁，正值多彩的花季。

　　他身高1.78米，长得英俊潇洒，充满了青春的活力。

　　他是一位篮球健将，时常活跃在学校篮球场。他那轻捷动人的身姿，漂亮的腾跃，出色的投篮曾赢得师生们的喝彩。他真可谓是"篮球王子"。

　　有一段时间，我发现这位"篮球王子"忽然变得沉默了，而且精神委靡不振，学习心神不定，成绩亦有滑坡的现象。起初，我以为出现这些现象是初三学习任务太重的缘故。后来经过观察、了解、分析，觉得原因并不在这里。是什么原因困扰着他呢？正在我疑惑不解、欲寻根究底之时，

班里发生了一起打架事件……

　　一天下午，我正在办公室批改作业，一位家长满脸怒气，带着受了委屈的孩子闯了进来。她毫不客气地说："我的孩子是来学校学习的，不是来受欺负的。"我心中一惊，他被谁欺负了呢？我请这位家长坐下慢慢说。经过了解，原来是在自修课上，仅因为一点口角，那位"篮球王子"竟动手打了这位同学一个耳光，于是，他们俩打了一架。这位同学很气愤，就跑回家，把家长给请来了。面对这种尴尬的局面，我一面向家长赔礼致歉，一面立即把那位"篮球王子"请进了办公室。这时他满脸羞愧，但似乎又有难言的苦衷。我正想斥责他的错误行为，不料他开口就说："我错了。"我强压怒火，严肃地对他说："你们同窗三年，如今即将毕业，友谊更显得珍贵。你又是班干部，应该关心、爱护同学，怎么可以这样粗暴地对待同学呢？你说，这事该如何处理？"他的脸涨得通红，略一思索，转过身，向那位家长鞠了个躬，又同那位同学握握手，说了声"对不起"。我在欣赏他的聪明爽快之余，继续寻思他打人的原因。送走家长后，我并没有过多地批评他，只是语重心长地告诫他遇事要冷静，待人要宽厚。我让他回去好好想想，再在班会上检讨，尽快处理好这件事。他点头应允了。然而他却不肯走，只是愁眉苦脸，欲言又止。这时，我不免忧心忡忡——这孩子的心理负担可不轻呀！今天他为什么这么冲动？我决心顺藤摸瓜，寻找问题的症结所在，帮他放下包袱，排除心理障碍。

　　于是我请他坐下谈谈。我的诚心和宽容使他大为感动。他说："老师，我也早想跟你谈谈了。这几天，我心里不好受。"我心中一喜，说出来，也许问题就解决了一半。我便亲切地对他说："你有什么心事，尽管讲出来，不要憋在心里。我可以替你保密，帮你解忧。"于是他向我透露了最近为追求一个女孩而搞得心烦意乱的秘密。他说："我心里烦得很，打人只是一种发泄。我上课想入非非，晚上睡觉总是做梦。与她单独相处的时候，既感到惊喜，又有些紧张，更怕老师和同学发现。有时两人之间还会产生些矛盾，又让人心烦。我明知这样下去不好，但又无法克制。昨天爸爸发现我学习成绩退步，骂了我一顿。今天情绪不好，所以同学对我说了一句不好听的话，我就动了手。"

　　面对学生这种青春期的困惑、迷惘的痛苦，我感到对学生进行青春期的教育显得更为必要了。我以师长的爱心，详细询问了他和那位女同学交往的时间和经过。我认为青春期的少男少女，在接触之中产生好感以至爱

慕之情，本是情理之中的事，但如果不能保持理智，便会走上"早恋"的迷途。"篮球王子"正处在这种青春期的误区，辨不清自己的感情正确与否。作为师长要积极引导，决不可冒冒失失进行粗暴干预，给他们造成心灵的创伤。本着这一认识，我丢开手中的工作，与他进行了一次倾心长谈。我先告诉他，别烦恼，更不要紧张，不必回避已经萌发的情感。接着，我帮助他分析了目前的情况，诚恳地向他指出，他与这位女孩由好感到约会已出现"早恋"的苗头，他的精神状态和学习情况已经说明并没有处理好男女同学之间的关系。交谈使他认识到爱情与友谊的天平砝码掌握在自己手中，让天平倾斜于哪一方，就要看自己的理智和修养了。而中学生早恋是青春期的一个轻微的闪失，是一种感情的失误。在我们的交谈达到默契以后，我便鼓励他确立并追求自己的奋斗目标，注意培养自己的高尚情操，勇敢地走出青春期的误区。最后我与他约定，这件事将成为我们俩心中的秘密。这时，他舒心地笑了，轻松愉快地走出了办公室。

事后，我时刻注意观察他的情绪发展，经常与他谈心，首先要求他勤奋学习，全力以赴投入迎考复习，逐渐淡化那朦朦胧胧的情感，走出甜蜜而心悸的梦境；其次，我还鼓励他积极参与班级管理和班级活动，让他在主题班会上表演节目，让他组织球赛，帮助他转移兴奋点，升华情操。在集体活动中，促进了男女同学的正常交往，使他看到自身的价值，得到了情感的满足。

后来，他考上高中后，曾腼腆地告诉我："想想那时，我真幼稚，真盲目！"这时我感到十分欣慰，他终于摆脱困惑，走向成熟了。

（原载《中学班主任工作优秀个案》）

【点评】

处理青春期学生的困惑，对教师的知识、人格和工作经验都是一个挑战。从知识准备上来说，教师对青春期学生的身心发展特点必须具有科学的了解，对处理青春期困惑如"早恋"、"爱慕"、"单相思"等问题，必须具有正确的指导思想和教育原则；从人格修养上来说，教师不仅要有爱心而且还要细心、耐心，既不能漠不关心也不能简单粗暴；从工作经验上来说，教师必须能够给需要帮助的学生提供切实可行的意见和建议，既善于"诊脉"，还要有很强的开"处方"能力。故事中的老师可以说是个"好郎中"，所以能做到"药到病除"。

7.2　一块手帕的故事

蔡梅铮

"蔡老师，这块手帕不知是谁放在我课桌里的！"我接过班上"英俊少年"小A递给我的一条女孩子的手帕，只见上面写道："I Love You!"底下还有一个大红的唇印。我想，这是谁干的呢？我轻轻地关照小A，叫他别声张出去。

次日，当我批阅小W的周记本时，手帕之谜解开了："蔡老师，我想告诉你一个心中的秘密：最近我对班上的小A产生了好感，想与他交朋友。而我爸却竭力反对，但这个朋友我是交定了。有人认为交异性朋友就是早恋，那太不理解我们了。照这样下去，封建社会的阴影何时才能消失？据报道，师长对学生交异性朋友处理不当而导致早恋的有86.45%……蔡老师，你同意我们交异性朋友吗？"

此刻，在我眼前浮现着一个身体壮实、胖墩墩的少女形象，红扑扑的圆脸上闪烁着一对明眸，笑起来两腮的酒窝深深的像含苞欲放的花蕾。她接近花季的年龄，但又过早地成熟。刚进中学时，学习成绩还比较好，最近明显下降，上课常常心神不宁，时而托腮沉思，时而低头疾书，不时回头望望小A，下课也爱与小A交谈、打闹……正处在青春发育期的小W，思维敏捷、感情丰富，但思想简单、感情用事，自我意识强而自控能力差，加上影视、书刊等外界信息的影响，使她对异性交往的需求日益增强。在这人生的关键时刻，她与同龄人一样需要理解，需要爱护，需要帮助，需要引导。我决定在尊重人格的基础上与她站在同一平台上进行交谈，力图架起与她心灵沟通的桥梁。

放学了，我约小W在校园的芳草地上漫步谈心："首先感谢你对我的信任，能将心中的秘密向我倾诉，我一定为你保守秘密。"她微笑着看了我一眼，我继续说："你周记本上写着对小A产生好感，想与他交朋友，这种对异性朦胧的情感和无形的吸引力，是青春期的正常生理、心理现象，这不是早恋。"老师的尊重、理解，使她消除了紧张的心理。我又说："小W，我看你平时挺关心报纸杂志，挺注意综合分析的，你看看班上有几种异性交往的情况啊？"她笑着说："蔡老师，我听您讲。"我说："班上绝大部分男女同学交往动机单纯，不带有专一性，交谈的内容是学习、工

作和生活，时间和场合也都在校内，这种交往增进了男女同学的了解，有利于取长补短，是健康、正常的。但也有少数同学在异性交往中存在着趋于成人化的心态，比如想单独交往，时间是课余、周日，场合在家中或校外僻静之处，力图以成人化的方式进行模仿和尝试，其结果是学习分心，成绩下降；追求打扮，学会说谎。上述两种情况，你属于哪一种呢?"她低头不语，两手不停地绞拧着手帕。我又说："瞧，手帕被你拧坏了，我赠你一条。"我把小 A 交给我的手帕递给她，她一看，头埋得更低，脸也涨得红了。在她有了初步认识后，我因势利导："你现在只是初一的学生，各方面还很不成熟，应当把主要精力集中在学习上，切忌分心，你看你最近成绩下降了不是?"我把"I Love You!"塞在她手心里："小 W 啊，小船可不要过早地靠岸哪!"

天渐趋寒，我见她穿着单薄，就将一件羊毛衫送给她穿上，又与她深入交谈："你父母离异，你跟着身患癌症的父亲生活，他将全部希望都寄托在你身上，自己舍不得吃营养品，都把'太阳神'留给你吃；自己穿着褪了色的旧军装，却为你买了一件件新衣，这是为什么? 当你进步时，他感到欣慰；当你退步时，他昼夜难眠，甚至流泪，这又是为了什么? 你说他不理解你，反对你交异性朋友，态度粗暴，但他都是为你好啊! 而你目前所做的一切，都是你父亲所不愿看到的，你不能再让他伤心失望了。一旦父亲被你气得病情恶化，你怎么对得起生你养你的父亲呢?"说到这里，她已泣不成声了……

此后，我又陆续借了《人生价值的要素》、《人性的优点》、《青少年修养》等书给小 W 阅读，并引导她参加市、区艺术节演出及各类竞赛，与男女同学广泛接触，在集体活动中使她的身心得以健康发展。

在这期间，我又与她父亲谈心，指出小 W 已步入青春期，除在物质生活上予以适当的关心外，还应细心地观察她的生理、心理上微妙的变化，处理异性交往问题的关键在于引导，要"冷处理"，切忌简单粗暴。并表示希望学校与家庭携起手来，共同努力做好她的工作。

在"当我们步入青春"的主题班会上，小 W 作为节目主持人，请市三好学生介绍怎样让青春闪光；请教卫生课的老师介绍青春期卫生，并放映了《十六岁的花季》片段"小船不要过早地靠岸"。小 W 声情并茂、满怀激情地朗诵她最喜爱的诗篇："……从今天开始就让我们扬起生活的风帆，像瀑布那样勇猛，像流萤那样自珍，像大海那样奔放，像小草那样顽

强……"

学期结束了，在班级表扬先进的大会上，当小 W 含着激动的泪花，用颤抖的双手，从我手中接过成绩进步的奖品——一块写着"青春无悔"的手帕时，迎接她的，是全班同学热烈的掌声……

(原载《中学班主任工作 100 例》)

【点评】

处理异性交往问题的关键在于引导，引导的最好方式是个别交谈，而有效的交谈，要诀在于理解与尊重，"在尊重人格的基础上与她站在同一平台上进行交谈，力图架起与她心灵沟通的桥梁"。沟通的内容也即交谈的内容，无非是利用青少年爱父母、爱家庭、爱自己、爱学习等积极上进因素，"晓以利害，明以大义"。而巩固交谈的成效，还要辅以其他策略，如推荐阅读、引导参加集体活动，必要时甚至还要与学生家长携手合作，共同做好工作等等。这就是这个故事中老师的成功经验。

7.3 引导他们迈好青春第一步

鹿彦龄

教师节的前一天，我同时接到了两封来自大学的信。信中感激的言语，使我感到无比欣慰，同时两年前的情景像放电影一样一幕幕呈现在我的眼前……

他，班长，活泼开朗，热情大方，英俊潇洒，学习成绩平平。

她，学习委员，性格内向，矜持庄重，温柔漂亮，学习成绩优秀。

因工作关系他们俩单独接触的机会较多，起初大都是一本正经地谈工作，渐渐地也常在一起讨论些学习上的问题，间或发现他们在一起说说笑笑。

高一下学期，我发现她的数学作业开始出现差错，课堂上回答问题也不如以前思路开阔、反应敏捷，有时甚至呆呆地坐在那里两眼出神，面容也较以前憔悴。原先我以为高一数学难度大，她可能有点不适应。其他学科怎样？我向别的任课教师询问她的学习情况，老师们都说她不如以前好。

本着班主任的责任感，我开始细心观察她的表现。我发现她越来越注

意穿着打扮，课堂上她的目光时不时地向"他"瞟去。我注意到她与"他"每天频繁接触，不是在花园旁，就是在屋角边；有时竟在校外碰到他们相伴而行。

我意识到，处于青春期的少男少女，他们之间的交往与感情的变化虽属正常，但也不能否认其中可能隐含着早恋的成分。

于是我便以谈班级工作为由，多次找她谈心，而且有意不接触实质性的问题，和她谈生活，谈学习，谈琐事。有一次，我看她思想情绪较为轻松，便从关心她的角度，试着问她最近的身体状况如何？班级工作对她的学习有无影响？能否适应高一的学习生活？她都说没有问题。当我问起她成绩退步的原因时，她先是脸上泛起了红晕，继而含糊不清地说了几句后，便匆匆离去。我明白时机尚未成熟，还需进一步做耐心细致的工作。

女孩子的内心世界是神秘莫测的，她们将秘密深深地锁在心底，不会轻易向别人袒露，更何况她又是一个性格内向的小女孩。

为了缩短我们师生之间的距离，我借助自己是个女教师的优势，一个星期天，邀她到我家里来玩。我和她同看电视，共拉家常，我又找了一些有关教育青少年健康成长的书籍让她看。一天的共同生活，使我们师生之间的感情沟通了，关系融洽了。我开始打主动仗。我从社会上的书刊、电影、电视对青少年的影响，谈到中学生的早恋现象，又从早恋对学业和身心的危害，说及人生的前途与理想。我看她有些开窍，然后以开玩笑的口吻说："我似乎觉得你在早恋。"也许是事实胜于雄辩，她既没有反驳，也没有承认，只是低着头，下意识地在地上搓着脚。

我抓住时机进一步开导她："我们虽是师生关系，但你作为班干部，是我得力的助手，平时相处犹如知心朋友，朋友相交应诚心相待，你有什么心里话，不应该瞒着我，我比你年龄大，阅历深，经验丰富，也许我能给你出出主意。"沉默了片刻后，她有点不好意思地看了看我。然后喃喃地说了起来："鹿老师，实不相瞒，我现在确已陷入感情的深渊而不能自拔。我与'他'由谈工作开始，到共同讨论学习上的疑难问题，有时也谈点生活中的琐事，长时间的单独接触，不知从哪天起，我似乎觉得'他'就是我理想中的白马王子，渐渐地我对'他'产生了爱意，每天有事没事总想在一块待一会。节假日也常去公园，在树林中，谈理想，谈人生，爱慕之情与日俱增。现在我觉得像中了邪，一时看不见'他'就觉得心里恍恍惚惚的。上课不想听，作业无心做，吃饭没胃口，晚上睡不着，几次梦

中惊醒。我没有勇气向'他'表白，心里苦闷极了。老师你说，我应该怎么办？"

听了她的话，我没有训斥她，而是和颜悦色地劝导她："谢谢你对我的信任，向我道出了心中的隐秘。说实话，你们这个年龄阶段，正处在如花的季节，情窦初开是正常现象，出现这种感情并不异常，不足为怪，可以理解。感情这东西像一团乱麻，'剪不断，理还乱'。如果处理不当，将贻误终身。你们都才读高一，正是长知识、长身体的黄金时期，前途无量。不能过早地考虑个人问题。"我又列举了现实生活中许多因早恋而一失足成千古恨的例子，她听得心悦诚服。

最后，我郑重其事地与她约法三章：第一，务必快刀斩乱麻，立即摆脱感情的纠葛，集中精力搞好学习，以实现自我价值。第二，将两人之间的感情暂时冷冻两年，作为心中"芳草地"，保留到高中毕业以后再说。第三，以后再与"他"接触时，只准谈学习，谈工作，在学习和工作上来个比、学、赶、帮、超，绝不能再涉及感情方面的问题。

她点点头，表示坚决按我们的约定去做。

第二天，我找到了"他"，开门见山地对其进行了说服教育，重申了我对她提出的三点要求。

事后，我细细地观察了他们之间的交往，并不失时机地表扬鼓励他们。

"他"，工作勤恳踏实，成绩提高幅度大，在高二年级，被同学们推选为学生会主席，毕业后考入了重点大学。

"她"，工作认真负责，成绩直线上升，跃居全年级之首，在高二年级当选为班级团支书兼任校团委委员。年底，县政府授予她"十佳青年"的光荣称号，毕业后被重点大学录取。

中学生的"早恋"现象时有发生，这是一个非常敏感而又十分棘手的问题，如果处理不当，效果往往会适得其反。对于他们既不能嗤笑、讽刺、挖苦，也不能草率地让他们在班上"曝光"，更不能轻易地告诉他们的家长，而应该同他们促膝谈心，真诚地帮助他们认识"早恋"的危害性和不现实性。只要对他们晓之以理、动之以情，循循善诱地做好疏导教育工作，就能引导他们迈好青春的第一步。

（原载《中学班主任工作优秀个案》）

【点评】

中学生的"早恋"现象时有发生,这是一个非常敏感而又十分棘手的问题,如果处理不当,效果往往会适得其反。对于他们既不能嗤笑、讽刺、挖苦,也不能草率地让他们在班上"曝光",更不能轻易地告诉家长,而应该同他们促膝谈心,真诚地帮助他们认识"早恋"的危害性和不现实性。只要对他们晓之以理,动之以情,循循善诱地做好疏导教育工作,就能引导他们迈好青春的第一步。故事中的老师是这样想的,也是这样做的。为了帮助一对好学生迈好青春第一步,她本着高度的责任心,小心翼翼,寻找时机,创造机会,先极力转化矛盾的主要方(学习委员),对她"约法三章",然后再解决男生一方(班长)。对两位当事人,她则运用了不同的谈话策略:对性格内向、矜持庄重的学习委员,她"和颜悦色",循循善诱;对热情大方、性格开朗的班长,她则"开门见山",提出要求。

8

集体教育：班会与班集体、班团队活动

【先行知识】

集体教育，是指以班集体全体学生为工作对象的教育，它是相对于个别教育而言的。

班集体作为一级学习组织，本身需要建设。班集体建设好了会对学生的成长与发展发挥巨大的影响作用。班级作为"学生社会"，是学生学会学习、学会做事、学会共同生活，获得初步社会化体验的良好场所和"实验基地"。集体教育就是利用班集体这种存在形式及其可能发挥的作用而开展的教育。

集体教育的内容，首先是那些有关班集体建设和班级管理的内容，诸如集体意识、凝聚力、班级目标、正确的舆论导向、良好的班风学风、班内良好的人际关系等等。其次是那些可以利用班集体影响对每个班级成员所能进行的教育，诸如理想教育、纪律教育、学习教育、品德教育、健康教育等等。

集体教育的形式，可以是说教式的，即由班主任独立面对全体学生进行一定的道理灌输；也可以是言语互动式的，即由班主任组织全体学生通过班集体交谈、讨论、辩论、对话来解决问题，达到教育目的。

在集体教育形式中，班会和主题班会、班集体和班团队活动为人们普遍采用。

班会是一种管理班级事务、处理班级问题、开展班集体教育的形式，主题班会则是为了克服一般班会单向灌输、单调乏味的弊端，在一般班会的基础上发展而来的。二者的区别在于，主题班会更加具有内容专题化、

方式情景化、参与活动的主体多元化的特点。

班集体和班团队活动，则是教师最熟悉、学生最"喜闻乐见"的集体教育形式。

集体教育最好的形式是开展班集体活动。班集体活动是班集体的生命。一方面，良好的班集体建设的目标、理念，需要通过全员参与的班集体活动加以落实和体现；另一方面，也只有在这种全员参与的活动中，班集体才能充分发挥其对每个成员的凝聚、教育作用。"活动"能够影响人的关键，在于它是直观的、情景化的、潜移默化的、非强制性的。

班集体活动内容可以无所不包，形式可以多种多样，诸如游戏、歌咏、跳舞、打球、下棋、读书、办报、吟诗、绘画、学习竞赛、郊游、野炊、义务劳动、社会实践、社区服务等等。相对于班集体活动来说，班团队活动的主题受班团支部和少先队组织性质的局限，因而更加具有专门性。

在丰富多彩的班集体活动形式和内容中，社会实践和社区服务在我国各级各类学校受到重视的程度要轻一些。当然，班集体活动都具有社会性。此处所说的社会实践、社区服务，是特指脱离了学校情景、融入其他社会群体或生活情景中去的班集体活动。

社会实践，作为一种学习方式，它是对学校的课堂教学和书本知识学习的一种极其重要的补充。青少年"爱玩"，青少年具有高度发达的整体的、直觉的、行动的思维，加之社会实践的内容新鲜，且常常伴有成人生活的性质，因而青少年在高度活动化、情景化、模拟性的社会实践中，最觉得心情舒畅，感到"有使不完的劲"。社会实践同样具有获得知识、发展智能、增益品德的作用，除此之外，它还会带来诸如健康的体魄、良好的情绪、开朗的性格、良好的睡眠和胃口、合作精神、动手能力和人际交往能力等许多书本上"学"不到的东西。

社会实践在我国目前的应试教育的文化氛围中没有得到应有的重视，我国青少年的社会实践方式、内容和次数，明显不能满足和适应现代教育培养健康体魄、健全智能和健康个性等"全面和谐发展的人"的需要。社会实践不足，应视为对儿童获得全面健康的学习权利的侵害，是对儿童获得童年幸福的心理需要的剥夺。

社区服务是社会实践的一种，它更加强调对人的牺牲奉献精神的培养。

集体教育十分强调有计划、有组织地开展。集体教育活动计划，一般是在开学之初，由班主任根据学校工作要求，针对本班实际来制定。计划要交学校备案，活动要经学校批准同意后执行，并接受学校监督管理。

【单元提示与问题探究】

班级作为"学生社会"，是学生获得初步社会化体验的"实验基地"。"班集体活动是班集体的生命。"请结合本单元的故事，谈谈你对这个问题的认识。

8.1　历时十载的班会

侯志扬

大年初二，10年前毕业的一位学生，约我参加他们的春节恳谈会，并说全班52人除4人出差，2人迟到外，其余都来了，地址选在当年的教室，就等我这个班主任了。我问有无主题？他以狡黠诡谲的神情对我耳语说："进教室一看黑板便知。"我怀着好奇心走进教室，"高二（1）班万岁"的闪光金字赫然映入眼帘，随即响起一阵长久热烈的掌声。顿时，我激动得难以自已。我哪里会料想到当年向他们提出的这个口号，竟然有如此长久的魅力！以至于他们步入社会后仍念念不忘，这大概就是我们常说的凝聚力所起的作用吧。

那是10年前的事了。学校开始文理分班教学，我担任文科班的班主任。该班由4个班学文科的同学组成，集体观念淡薄。上课虽在一起，下课就分成四个小圈圈，而且还不时发生摩擦；女生寝室只搬进了三个人，大部分仍栖身于原班宿舍；个别男生甚至上课间操还站在原班的队伍里；周末班级举办小型同乐会，一个同学竟然"走穴"，不愿参加这个班的节目。针对这些情况，经过冷静分析和周密准备，我决定开一次主题班会，以唤起他们对新集体的热爱，形成新的凝聚力。

班会一开始，我先让原4个班的同学各推举一名擅长书法的代表到前面来。他们纷纷作揣测性的议论。然后我让"代表"按原班顺序板书"高二（1）班"4个大字（一人写一个）。他们实在摸不透我这个新班主任的意图。4个仿宋体的闪光金字在黑板上出现了，我带头鼓掌后便问"代表"："你们为什么要写同样的字体呢？"他们异口同声地说："字体不统一

就不协调，难看。"我立即语重心长地对大家说："看来，红军歌中的'步调一致才能得胜利'是有道理的。物理学上所说的'大小相等、方向相反的两个力同时作用于物体，物体则保持相对静止；这两个力方向相同，物体则出现运动'也是这个意思。看样子我们这个班如果想运动、发展、腾飞，还得靠咱们这 52 个作用力形成合力团结起来啊！"其实，这是我事先想好的，如果他们写得大小体例不一，我就会说这好像我们高二（1）班的大花园，由 4 个班组成，百花齐放，争奇斗艳，令人陶醉啊！

接着，我也拿起粉笔添上"万岁"两个大字。待一阵喧闹过后，我走上讲台，严肃宣布，"高二（1）班万岁"就是今天班会的主题。这几个字以繁体计算，连标点在内整整 52 画，代表着我们班的 52 位同学。少一画也不行，就构不成一个整体。这时，同学们都激动了，脸上泛起了笑容，几乎都用手在桌子上计算着笔画。

过了一会，我略微提高了声音，走下讲台接着说："这个口号的内涵有四点：第一，它是我们班的最高纲领，即最高原则，是我们的班标、班训和班歌。第二，它是每个同学的行为准则，是判断我们班是非曲直的唯一准绳。高二（1）班的利益高于一切。它要求每个同学的一言一行必须服从高二（1）班的整体利益，为集体奉献出自己的光和热。凡玷污或有损于这个口号的言行都应该受到谴责和否定。第三，它是我们班最大的统一性和最大的凝聚力。它要求我们班的每个成员都要在理解的基础上做到互助友爱，互谅互让，求同存异，荣辱与共。那种对他人漠不关心、冷若冰霜，甚至以邻为壑的错误态度是我们所不该有的。第四，它是我们的座右铭。它要求每个同学把对原班的情感封存在记忆中。应该承认，对原班的留恋是一种健康的感情，正是集体主义观念的另一种反映，是正确的。但是，现在应该转化为归属高二（1）班的意识，时刻牢记你是光荣的高二（1）班集体的成员，应该为此而感到骄傲。因此，从现在起，谁也不要再有'我们×班如何如何'的怀旧情调。否则（此时我故作嗔怒），我决不答应。"这番话引起了同学们的欢笑和经久不息的掌声。

后来我宣读了政教处制定的优秀班集体评选条件，并在分组酝酿的基础上拟定了班规、班约。最后班长建议，让大家合写"高二（1）班万岁"的口号，文艺委员还领唱了《团结就是力量》这首歌曲。在歌声掌声的交融中，全班同学依次按顺序重新书写了这 6 个大字。我相信，这不仅仅是写在黑板上，而且还深深地镶嵌在每个同学的心里！

这次班会书写的虽是"高二（1）班"这几个字，但"集体"的深层内涵，却会伴随同学们的一生。

（原载《中学班主任工作100例》）

【点评】

集体对个人具有凝聚效应。凝聚效应是指集体对成员的一种吸引力。集体之所以具有吸引力，是因为它能满足人们"聚族而居"的需要。班集体也是这样。一个优秀的班主任要善于建设一个班集体。只有整个班形成一个高度和谐向上的集体，这个班才是可爱的，才具有吸引广大青少年在这里愉快地生活、工作和学习的魅力，"班集体建设"的任务才算完成。故事中的班主任从引导学生认识和书写班级名称入手，指出团结一致对于一个班级的重要性，提出班级利益高于个人利益的要求，激发学生心中的凝聚力，从而很好地解决了新建班级"集体观念淡薄"的问题。既有对学生怀旧情怀的肯定，也提出要为新建班集体而骄傲；既有中肯的分析，也有激情洋溢的宣言，其方法、策略、智慧，真令人"叹为观止"！

8.2　游　戏

李兆德

游戏，也是一节课，是堂堂正正地排在魏书生班级的课程表上的。以一般眼光来看，这简直有些新奇。但一经老师提议，同学们衷心欢迎、举手通过，他们就这样做了，并一直做下去。

魏书生教的第一届学生从小学刚刚升到初一，孩子们依然非常喜欢游戏的快乐，有一本学生日记是这样记载的：

下午第三节课时，老师领着我们又玩了一次游戏。有四个同学蒙上眼睛，分成两组，每人找自己的同伙。四个"瞎子"在层层障碍中互相寻找，不时发出信号，那跌跌撞撞的样子，逗得大家哄堂大笑。有一组，两个摸到一起，可是互相都放开了，继续摸索，原来两个人都以为不是本伙的，这一下，大家笑得更厉害了。几个人一听，又立即回来寻找，有的抓住观众不放，有的摸到老师猛扯……大家简直要把肚皮笑破了。笑声像江心的波浪，向四周一圈圈地散开来。后来，四个人都找到了自己的同伙，大家这才停止了欢乐的笑声。

在一堂又一堂、一天又一天的紧张学习生活中，每周安排这样一节游

戏，显得多么珍贵啊！孩子们玩得轻松愉快，可以尽情地笑，这笑声，正是他们所需要的"微量元素"之一。

有人说："玩具是孩子们的天使。"那么，游戏便是孩子们的天堂，在他们长大成人之前，为什么一定要把他们的生活弄得死气沉沉、根绝那"天堂里的笑声"呢？

魏书生同志作为班主任，也在研究玩的方法，领着大家玩，玩得花样百出。室内游戏还有"分组争画五角星"、"打电报"、"谁是星球来客"等等，室外游戏更是天地广阔任纵横。在这些游戏当中，培养了孩子们的高尚情操，发展了他们的智力，促进了他们健康成长。

"这不是不务正业吗？""看他学生毕业时怎么交代？"异议与指责相继出现了。好心人也在暗暗地担心："魏老师呀，别忘了'升学率'，到'揭榜'的时候，你不会'砸锅'吧？"

魏书生同志坦然面对。他在课程表上安排了音乐、美术、游戏的课程，组织孩子们长跑，带领孩子们郊游，让孩子们每天写一篇日记，抄一句格言，每周到社会上去做好事，讨论思想战线的形势，每学期读5 000页课外书……都是有深远意义的。而不理解的人进行的不科学的指责中最有力的一条理由是：这样做影响孩子们升学，影响他们智力发展，影响他们掌握科学知识。魏书生的回答是："不然。一个国家，并不因为要发展科学就取消了体委，解散了文艺团体，消灭了旅游，停止了音乐，焚毁了一切有色彩的装饰品。相反，这些也是科学，这些科学的发展促进了科学总体的发展。那么，轮到个人，怎么就不能全面发展呢？"魏书生同志坚持下来。直到他的第一届毕业生取得全县最好的"升学率"时，人们才停止了那些指责。

（原载《魏书生教育方法100例》）

【点评】

班级活动在一般老师眼里总是正儿八经的。我们可能会认为孩子一上学就长大了，就应当和大人一样懂事，不再玩游戏了；玩游戏是没出息的，是低幼儿童的需要。其实，游戏是人的天性。大人尚且需要，何况儿童？事实上，无论对于哪个年龄段的学生，他们都需要游戏。为什么要剥夺他们的游戏权？课堂上为什么就不能有游戏？在设计和开展班集体教育活动时，为什么不可以适当考虑学生作为一个现实的活生生的人的这种兴

趣和需要呢？这个故事说明了：游戏，培养了孩子们的高尚情操，发展了他们的智力，促进了他们的健康成长。在魏老师看来，孩子们喜欢游戏，就将教育的内容融进游戏。"寓教于乐"，不仅不是"不务正业"，恰恰是遵循教育的规律啊！

8.3　爱心购买，旧物拍卖

章　娟

每年元旦前夕，我校大队部都要组织全校师生开展一个有意义的新颖的献爱心活动：爱心购买，旧物拍卖。献爱心活动举办四年来，取得了较好的效果。

这项活动由少先队大队部宣传发起，各班班主任组织实施。从准备到"拍卖会"举行，历时一个月，此月主题就是"奉献爱心，我能行"。

活动分四周全面展开。各周安排如下：

第一周，设计爱心卡。学校少先队大队部通过校园电视宣传活动的目的意义和实施办法，鼓励学生首先设计好爱心卡。人人参与，每班选出一些优秀作品进行评比展览，然后，学校从中挑选一例，作为这次活动标志卡的正式图案。

第二周，制作爱心卡。学校发下设计图案纸，由学生自行涂色、剪贴，做成各种不同形状、色彩的悬挂式胸卡，其相同之处是都有一颗"爱心"在里面。

第三周，搜集整理用来拍卖的物品。主要是一些旧物，有工艺品、玩具、日用品、学习用品等等。

第四周，在家长和老师的协助下，给这些准备拍卖的物品标好价格。

献爱心活动的最后一天，拍卖会正式开始，活动也达到了高潮。那天一般安排在元旦前一天。

各班在班主任的带领下，纷纷到指定地点摆摊设位。大厅里、平台上、篮球场上到处是小摊，个个摊位货物品种繁多，琳琅满目。每班选派的五名事先培训好的小售货员和班主任一起负责售卖本班物品。

活动开始了，全校师生走出办公室、教室来到各小摊前。整个校园一下子沸腾了，到处是同学们往来购物的身影，到处是尝试买卖的叫声和笑声，甚至有一些家长也抽空赶来凑凑热闹。在两个小时左右的时间里，所有货物一售而空，同学们个个满载而归，喜笑颜开。大家不但买到了自己

喜欢的东西，更重要的是在这有趣的活动中献上了一份爱心。最后各班把拍卖得来的钱交给大队部。拍卖所得还真不少，多的班级有500多元，少的也有100多元。大队部张榜公布各班数额以示表彰，并用这些钱支援结对的贫困学校的孩子们和其他需要帮助的贫困学生。

（原载《班主任之友》，有删节）

【点评】

班团队活动是发挥集体优势，让学生在活动中得到锻炼、受到教育、获得健康成长的好形式。好的班团队活动，关键是要优选活动主题、精选活动内容，并且精心设计、组织活动过程。好的主题，不仅有利于培养学生自主自立和自我教育的能力，而且有助于提升他们的团结精神和团队意识；而精心设计、精心组织则有助于吸引活动参与者全身心投入活动。"旧物拍卖"活动，从选题到设计组织，都符合上述要求。从内容上说它具有教育性，就形式而言它具有趣味性，因而活动开展得有声有色，且达到了预期的效果，学生在活动中得到了锻炼和提高。

9

个别教育："问题学生"转化

【先行知识】

个别教育相对于集体教育而言，特指在班级教育管理中以个别学生为对象的教育。

学生，依据不同的标准，可以分为各种"层"和"类"。过去所谓"超常生"、"优等生"、"中等生"、"差生"（后进生）等说法，属于一种"层"的分法；所谓"特殊心理学生"、"问题学生"、"残疾学生"、"弱智学生"等，则属于一种"类"的分法。

班级教育管理以学生为对象，没有个别学生也就没有班集体。换句话说，只有班集体里的每个学生都"可爱"，才有可能形成一个良好的班集体。所以，集体教育之外，还要经常做个别学生的工作。

个别教育比起集体教育更能体现教育的本质。因为从根本上讲，教育是因个体需要而产生的，只有一个个具体的教育对象得到了充分而自由的发展，教育才算实现了它的价值和使命。

个别教育在解决问题方面，尤其适用于对"问题学生"或"后进生"的帮助。

"问题学生"或"后进生"，依据不同的标准，也可以分为许多类。就造成"问题"或"后进"的原因而言，有属于天赋或智力原因引起的，有属于成长环境或教育方式引起的，有属于突发事件或生活变故引起的，等等。就"问题"或"后进"的性质而言，有属于学业不良类型的，有属于品行不端类型的，有属于心理、情绪、人格障碍类型的，有属于综合类型的，等等。

"层"和"类"是"学生"这个"个体"的个别性、多样性、丰富性、复杂性在教育认识和实践上的反映。学校教育具有"层"和"类"的意识，是教育专业化的结果，也是教育进步的表现。"因材施教"或曰"一把钥匙开一把锁"，是人类教育的永恒主题。因此，也可以说，教育和转化"问题学生"或"后进生"，历来是整个教育工作中"烦中之烦"、"重中之重"的事情。

教育转化"问题学生"或"后进生"的方法策略也是丰富多样的。迄今为止，汗牛充栋的人类教育经验智慧，多半就是有关"因材施教"的记录。至于"问题学生"的转化，先要诊断问题，摸清原因，再来对症下药，然后才能药到病除，这些一般工作过程和方法，我们在这里就不一一介绍了。概而言之，大凡尊重、理解、包容、感化、激励、帮助、关心、爱护等等，总是比较有效的。

【单元提示和问题探究】

因材施教是人类教育的永恒主题。试结合本单元的一组故事，谈谈你对个别教育转化"问题学生"或"后进生"的认识。

9.1　一次成功的教育实践

钟文颖

实习的第一天，原班主任给我们学生干部名单的时候就说："那团支书，明天我就要把她给撤了！"听那语气，好像"团支书"犯了什么不可原谅的错误。第二次向班主任了解学生情况时他才告诉我们撤她职务的缘由。我看得出，班主任对她已有些成见。

周属于那种个性极强、桀骜不驯的学生。成绩中上，聪明而颇有傲气，书法、绘画都不错。本学期之前一直任班团支书，工作负责，敢作敢当。也有人反映她自以为是，目中无人。这学期新班主任第一节班会课，她就很不给老师面子。当时班主任要每个原任班干部发言，她便说："在这个班是我的不幸，当这个团支书是我的耻辱！"她交际较广，但与人相处也较随便。有一次班主任正在发书，她竟过来拍拍班主任脑袋："没书啦！"班主任因此十分恼火，他对我说："像这样一个没一点家教的学生我没法管！以后只要她不犯错误，我便不去理她。"

　　我的心情有点沉重。我知道班主任的话的分量。一个学生到了班主任都放弃教育的境地，她的成长环境便会有许多不利因素。我想，我应该尽快地让这个学生转变过来，在实习期内尽可能地消除班主任对她的成见。但是要与这样一个学生沟通谈何容易！班主任她都可以不放在眼里，何况是实习老师。她会买我的账吗？与我同班实习的另外两个实习老师已多次碰过她的"钉子"，并已经放弃与她的沟通了，我要不要去"啃"这块"硬骨头"呢？责任心让我义不容辞：我一定要"征服"她！

　　我特地找来她的周记，里面有一篇随笔："我想打人，如果可以的话，我真想打人……""想打人"的原因却没有写。另一篇是她写给班主任的建议，建议上课时先复习上一节课的内容，让学生"温故而知新"。我推测，她并非有意与老师作对，她可能在生活上遇上了什么烦心事，导致她的心情恶劣。于是我展开多方面的调查，找原任班主任、与她要好的同学谈话，了解她的为人，了解她的家庭环境，并得知她暑假时有一次离家出走的情况。做到"知己知彼"、全面分析后，我的教育方案已初步定下来了。

　　我并没有急着找她谈话，而是先准备好我的课。像这样一个略带傲气的学生，要让她心服口服，首先要在才识、能力上征服她。而上课是一个教师能力的体现，也是学生了解教师的最重要途径。头两节课我上《琵琶行》，我的独特的教学风格，加上我发挥了朗诵的特长，使得全班学生都为我的课喝彩。讲课时，我还特别地分析了白居易被贬的心理——这是一种心理暗示，我在抒发对作者的同情之时，其实也表现出我对她的团支书职位被撤的心情的理解。我注意到，她听课相当投入。当堂作文时，我又提问了她，尽管她答得不是很出色，我还是表扬了她思维敏捷。从她的反应看得出，她对我已有好感。

　　接下来，我为解决班里内外宿学生关系紧张的问题组织了一次主题班会。筹备时特地征求她对这次班会的看法、建议。我想，这种被重视的感觉一定使她感动了，她十分积极地替我出主意。"走近你我"这个主题，便是她帮我想出来的。这么多老师中，我是唯一一个没有让她产生抗拒心理的。

　　我肯定了她的才华后，便与她聊班里的事。讲到内外宿学生关系时，我给她分析了内宿生自尊心较敏感的客观原因，并给她分析了她在班会上的那句话给全班同学的自尊心造成的伤害。我说，作为团支书，热爱班集

体是最基本的一点，你却把老师和同学对你的信任当作耻辱，这是不是你的失误？我又给她讲了"祸从口出"的例子，告诉她，现在班主任撤你的职，是对你的教育，若是以后到了社会说这样的话，后果可能不堪设想。接着，我又以亲身经历给她讲如何换位去为别人着想，去体贴别人的感受；如何控制自己的情绪，提高"情商"等。我的这种"朋友式谈心法"使她心悦诚服地接受了我的教育。谈话后，她思考了一会儿，便又来找我，说她愿意在主题班会上向全班道歉。

主题班会上，她向全班检讨了自己的错误，并解释了这段时间她心情不好的原因，她真诚的言语感动了全班，这也是我的主题班会上最成功的一件事。

这次主题班会开得相当成功，学生们都叹服我的组织能力。班会后，她特意跑来向我道谢，说我对她的教导使她终身受益，还说这个主题班会是她高中以来过得最开心的班会。

（来自网络）

【点评】

青少年时期，最容易发生的问题是倔犟、叛逆，偏离正常心理状态，出现"不服管教"的心理行为。不成功的班主任，这时往往会出现教育不得法的情况。他们对学生缺乏尊重和帮助的兴趣，工作方法简单粗暴，常常使问题严重化或加大学生"出事"的几率。成功的班主任，则把自己看成一个引导者而非学生的"对手"，对于暴露出的问题不是忙着呵斥和禁止，而是分析原因、寻求对策，懂得遵循叛逆期学生的心理规律，用科学的方法去引导沟通。水平高、个性强的学生往往"目空一切"，教师首先应该包容他的个性，欣赏他的才华，然后再寻找机会，因势利导地给予教育帮助。要做到这一点，就要求班主任站在一个比学生高的位置，提升自己的学识素养和道德人格，这样才能胜任引导人、教育人的职责。

9.2 呵护"尖子"学生软弱的心理

夏义勇

那年，夏老师接任班主任工作的高二（1）班，有一名竞赛尖子，原班主任在介绍情况时告诉夏老师："李某成绩虽好，但个性乖张、古怪、

任性，说话做事锱铢必较，所以老师同学人人厌恶他。我数次严厉教育，都是对牛弹琴……"听完介绍，夏老师已心中有数，决定在开学前约见李某。

"你获得过数学、物理一等奖。不错啊！高二就获两个一等奖，同学一定很羡慕你。""没有，他们都躲我，当我是怪物！"他突然神经质似的激动地说。夏老师当即抓住话头，顺势诱导："按理说，同学都想沾你的光，可他们为什么都躲你呢？"学生沉默。夏老师直截了当地切入主题："这是由于你性格弱点导致的人际关系适应不良，如不解决，久而久之你会变得更敏感、偏激、封闭、孤独，不利于人生发展！"

他挠了挠脑袋，说："同学老师不理解我。上次足球赛，我带球射门被人推倒，痛得受不了，才气愤地踢了对手，又不重，裁判将我红牌罚下。球赛输了，他们都怪我。"夏老师语重心长地说；"我且不说你踢人这事就该遭红牌，单谈这件事给同学的直觉——报复心强。同学交友无非是想获得同舟共济的安全感，所以对威胁自身的人与事自会'敬而远之'，对吧？"他点点头。"你认为你原班科任老师怎样？""不怎样，怪得很。"他面无表情地回答。"何以见得？"他想了一下，说："明明我没有听课，非要叫我回答问题，这不是存心出我的丑吗？再说，书上那些简单作业，非要我交，不是浪费我的时间吗？"夏老师说："你与老师有过冲突吗？""当然有，他们这样整我，我能不还击吗？"他接着又急切地说："上学期期末，我的成绩、体育都达到了评三好学生的标准，但不评我为三好学生，班主任还说这是同学推选的结果，他明知道我与同学关系不好嘛！我认为不公平，在班会上就跟他闹起来了。"夏老师脸色严肃地说："你陷入了苛求别人的怪圈，恐怕对象还包括你的父母，你是否经常认为他们故意与你为难，所以常有人心叵测的感慨，对吧？"他的脸一下子红到了耳根："你说得太准了，可我……该怎么办呢？""不要紧。其实人性的弱点就是无条件地认同自己，只要我们认识到这点，并加以戒除，端正自己的言行，就会赢得朋友。不过一时做好恐怕不容易，但只要时时提醒自己，必有收获！""好！我会尽力去做的。"他信心满怀地告辞了。

开学后，夏老师为防止他与同学发生冲突，为他安排了单人独坐；协调科任老师，理解他的学习方法及他的怪癖；在班会上宣讲高智商的人往往有一些不为常人理解的人格心理弱点。这样一来，为李某创造了一个良好的人际氛围，加之其自身努力，师生、同学关系大为改善，他也如愿以

偿地被同学评为"三好学生"。更令人惊喜的是，他在高三全国数学竞赛中脱颖而出，冲入了全国冬令营并取得优异成绩，当年被清华大学免试特招。

（原载《现代中小学班主任工作指南》）

【点评】

教育心理学家认为，教育的第一职能就是发展学生的人格心理；其次是开发智力；第三才是传授知识。对于一个学习能力突出却有人格心理障碍的学生，教师应该怎么办？该故事的价值，不仅在于老师解决问题的能力高超、方法正确，更让我们感受到这位老师的教育思想正确。他没有像许多老师那样，犯一个经常性的错误：袒护学习成绩优异的学生。由于当前我国中小学教育仍然主要表现为"应试教育"，所以实践中形成了一种不良的群体教师心理：只要学生学习成绩好，其他问题都可以忽略不计，至少可以暂时不理，即所谓"一美遮百丑"。但故事中的这位老师却旗帜鲜明地告诉学生，像他这样下去，"不利于人生发展"，并且着手来帮助他解决问题。这样，虽然烦恼了学生一时，却成就了他的一生。

9.3　我帮张鑫戒网瘾

李成林

高一新生报名时，学生张鑫是由他妈妈领来的。据他妈妈介绍，张鑫的网瘾很深，他可以在网吧连续待上七天七夜而不知疲倦，她想尽了种种办法，没起任何作用。张鑫现在上高中了，她希望我这个高中老师救救他。

也许是环境陌生的缘故，开学两个星期，张鑫表现很乖，看不出他有很深的网瘾。我对其家长的说法有些怀疑。第三个星期开始，张鑫就有些不安分了。只要我稍不留神，课堂上就不见了他的踪影。有时，我上完语文课走了，他悄悄跟着走，其他的课压根儿就不上。不逃课的话，他就撒谎，今天说头疼，明天说肚子疼。我开始还信以为真，认为他真有病。可当我去宿舍看他时，却找不着他。我这才感觉不对头，急忙去网吧里找，果然在那里。我把他从网吧里揪出来，劈头盖脸一顿猛训。张鑫呢，一副战战兢兢、可怜巴巴的老实相，不停地向我道歉："老师，对不起！我错

了，下次不敢了！"看见张鑫很温顺，我表面上很生气，内心却得意极了："谁说张鑫无可救药，我只一次就让他老老实实地痛改前非！"

然而，事实并非像我想象的那样简单。张鑫不停地向我道歉认错，不停地上网吧玩游戏。我批评他，他依然是一脸老实相，可转身依然我行我素。那段时间，我被他搞得精疲力竭。我想，一味地批评教育，对张鑫起不了作用，还得想想别的招儿。

经过一段时间的观察，我发现张鑫课外喜欢打篮球，何不以他这个爱好为切入点来试试呢？我把班上喜欢玩电脑游戏的学生都组织起来，成立了一支篮球队，让张鑫当了队长。每天下午放学以后，都要安排活动。我想，每天剧烈运动一小时，他们还会有精力偷偷地跑出去玩游戏吗？开始组织时，大家都不太愿意，张鑫更是找种种借口。我不得不强行命令并以身作则，大家见我不是开玩笑，只好硬着头皮上场。后来我干脆让全班都参与进来，让女同学组成拉拉队，即使球员们的球技一般般，也让同学们为他们欢呼。由于全班都关注这支球队，他们不好意思马虎了。特别是张鑫，卖劲极了。

星期一到星期六，篮球拖住了张鑫，他逃课进网吧的次数少了许多。可一到星期天，他非得在网吧里泡上一整天。这一天的工夫，几乎让我所有的努力都前功尽弃。更何况打篮球的时间长了，张鑫失去了新鲜感，没有了吸引力。我想利用篮球这项活动来铲除张鑫的网瘾，未免太幼稚了。

怎样才能做到更有效呢？我想来想去，只好叫张鑫到我家上网。由于我家的电脑没有装游戏，没几天工夫，张鑫就厌倦了。我试图在网上找一些戒掉孩子网瘾的资料，无奈这方面的具体做法少之又少，很难找到与之相适应的方法。我有些退却了，甚至想放弃。高二报名时，我流露了劝退张鑫的意思。他几次来学校，我都拒绝给他报名。他慌了，叫来他的妈妈，我还是没有动摇。张鑫知道什么原因，当着他妈妈和我的面，一个劲地发誓作保证，加上他妈妈再三求情，我又一次相信了他。张鑫的保证大概能约束他几个星期，几个星期后我该怎么办？我心急如焚。

2003年9月6日，我永远记住了这一天。正是这一天，我找到了改变张鑫的办法，并真正走进了他的心里。

那天我们打完篮球，我说我已给餐厅打好招呼，要跟队员们聚聚，队员们高兴极了。大家来到餐厅坐定，我说："今天是张鑫的生日，我们为这一天感到自豪，因为在这一天上帝给我送来了一位学生，给大家送来了

一位同学和朋友……"我的开场白还没说完，张鑫竟号啕大哭起来，搞得我们莫名其妙，手足无措。大家连忙好言劝慰。张鑫稍微平静后，说出了他伤心哭泣的原因。原来，他刚上初一时，是一个品学兼优的学生。他后来之所以迷上网吧，是因为他爸妈离婚了，他觉得家庭没有温暖，网吧就是他最好的避风港。他整天沉浸在虚拟的网络世界治疗他受伤的心灵。以前的老师也费了很多心思想把他从网吧中拯救出来，但他已经麻木不仁。想到高一生活的种种表现，因此情不自禁地哭了起来。听完张鑫的诉说，我歉歉不已。我为我的粗心感到惭愧，当了张鑫一年的班主任，居然不知道张鑫的家庭背景。难怪平常让张鑫请家长，总是见到他妈妈，从没听张鑫提过他爸爸。原来是这么回事。

知道事情的原因后，我开始寻找帮助他戒掉网瘾的新途径。在无计可施中，一年一度的勤工俭学活动到了。何不结合勤工俭学活动布置一篇作文让学生感受一下父母的艰辛呢？我灵机一动，出了一个《我眼中的爸爸妈妈》的题目，要求学生回家完成，返校后交给我。

这次作文给了我意外的惊喜。大部分学生都写出了自己的真情实感，特别是张鑫的作文，写得非常感人。他记叙了爸妈离婚后，自己得不到家庭的温暖，心灵受到了伤害。于是，萌发了报复爸妈的想法，陷入电脑游戏不能自拔。妈妈想尽了办法，爸爸也想尽了办法，自己反而越陷越深。我对这篇文章大加赞扬，把它当作范文在课堂上宣读，并把它发表在我主编的校报《小胡杨》上。我正为找不到张鑫的爱好而发愁，这次作文刚好是个契机，那就培养他的写作兴趣吧。

这次作文的成功，给了张鑫很大的鼓舞。他初步体验到了成功带来的喜悦和满足。张鑫突然觉得除了玩电脑游戏，还有其他的事可做。我没花什么心思，他自己就对写作越来越感兴趣，我们有了共同语言。以前只要他到我家，进了书房就趴在电脑上。现在，他进了书房却坐在书架边不挪窝了。张鑫读书多了，写作多了，思想认识也不一样了。每天的课外活动，我再也不用越俎代庖替他这个队长组织篮球赛了。他还学会了帮我分担一些班务工作，帮助我选编校报稿件。有时休息日，他还来我家帮我打文章，说他打字比我快，让我休息休息。他的做法让我感动不已。我再也不用担心张鑫逃课了，因为他学习渐渐用功起来。他每天很忙，过得很充实，无暇顾及其他。电脑游戏对他的诱惑日渐消逝，偶尔到我家上上网，也是忙于查查学习资料；帮我打完文章，便又会坐在书架边。张鑫的突然

转变，令我始料不及，惊讶不已。这时我才真正体会到，兴趣决定一切。

（原载"中国教育先锋网"，有改动）

【点评】

　　"山重水复疑无路，柳暗花明又一村。"转变"问题学生"，也常常会遇到这样的烦恼和惊喜。故事中的老师一盯（现场抓）、二防（打球耗）、三堵（请到家里管）、四拒（不给注册）、五爱（开生日会），似乎招招用尽也没辙。而奇迹到底发生了！俗话说："精诚所至，金石为开。"故事中奇迹的发生究竟是这位老师前面所做的一切的必然结果，还是另有原因呢？据研究表明，我国青少年迷上网络并形成网瘾难于自拔的现象已经相当普遍，并日渐成为学校与家庭的"教育之痛"！究其原因，除了网络世界和青少年自身的特点使然外，绝大多数跟学校和家庭教育不当有关。就学校方面而言，功课压力过大或长期学业不良，容易导致恋网；就家庭方面而言，父母离异、失去母爱父爱或家庭教育方法长期简单粗暴，容易使他们成为网迷。帮助青少年"戒除网瘾"，跟转变其他类型的"问题学生"一样，也要坚持"一把钥匙开一把锁"的原则，关键是要找到"病根"，"对症下药"，方能做到"药到病除"。

10

非正式群体引导与偶发事件处理

【先行知识】

非正式群体引导与偶发事件处理，都属于班级建设管理方面的课题。

用社会学的眼光来看，班级作为学校系统内的一级社会组织，有其作为一个正式组织的全部构成要素：成员、机构、目标、制度、活动等等。"非正式群体"就是相对于这种"正式群体"而言的。

班级作为一种正式组织，它的组建一般不考虑群体成员个人的需要。因此，青少年学生往往出于交流与活动的需要，各自依照心理相容的情感原则，就形成了各种非正式群体组织。

非正式群体组织具有散漫性，它由学生自发组成，无明文规定的目标与职责分工，也缺乏稳定的结构。同时，它的内部具有稳定性、向心力，对外具有排他性、竞争性。其成员少则两三人多至五六人，一般有共同的兴趣志向；成员之间相互保护，具有明显的感情色彩；其"领头羊"也是在交往的过程中自然而然产生的。根据其形成的基础，可以分为求知型、邻近型、知己型、对抗型等。也可以根据其对正式群体的作用，分为积极型、中间型、破坏型等。

对班级非正式群体的管理，一要充分认识到它是一种正常现象，有其产生的客观必然性。二要重在引导。有人将这种引导的策略概括为三句话："巩固积极型，引导中间型，转化消极型。"

"偶发事件"，也称"突发事件"。由于学生及其所处环境的复杂性和多样性，班级经常会突然发生一些棘手的事情。人们常说班主任有时像个"警察"或"灭火器"，指的就是对这类事情的处理。

偶发事件首先具有突发性。它往往难以预料,是所谓"始料不及"的。其次具有紧迫性。它往往需要立即作出判断和回应,不能耽搁或延迟。第三具有破坏性。它是否是"重大问题",有无"严重后果",有时主要取决于当时的处理。处理不当,往往会"小事变大",留下"隐患"或"后遗症"。

处理偶发事件对班主任的工作能力高低或成熟与否,是个重大考验。工作策略可以分为"当前"和"事后"两段。"当前",即事件刚刚发生,老师赶往现场或就在现场。一般来说,它需要班主任冷静而果断。先要"制怒",驾驭自己,然后才能"灭火",解决问题。此时一般不适宜"深入细致",往往只需要"平息事件,控制事态","容以后解决"。"事后",即正式处理"事件",对方方面面作出回应或交代。它特别强调调查研究,弄清事情真相,然后再根据事件的性质和情节的轻重,对当事人作出处理。"事后"遵循的原则和采取的办法,跟日常班级教育管理的一般工作原则和方法并无二致。

处理偶发事件,要求当机立断,态度明确果断,但不等于"就事论事"。偶发事件里往往包含一些必然因素,透过偶发事件,往往能够看到工作中存在的隐蔽问题。因而处理偶发事件的过程,也会激发和产生一些新的工作思路,这也是一种提升能力、改进工作的过程。

【单元提示与问题探究】

"非正式群体"可以对班级产生各种影响,关键在于如何对待。"偶发事件"里往往包含一些必然因素。

请结合本单元的故事并联系实际,谈谈你对这两个问题的认识。

10.1 四大金刚

裘文才

刚接班,就听到同学反映,我们班里有四位"女将",人称"四大金刚"。这不仅因为她们个个都是班里的"头",分别是中队主席、语数外三门主课的课代表,而且她们四个人"亲密无间"。我问同学们为什么不向她们提意见,几位同学瞪大了眼睛说,她们手中掌握着"大权",谁提意见就没好日子过。我简直无法相信这个事实。疑惑,成了强大的动力,促

使我对她们的表现进行细心的观察。

一天、两天，一周、两周……时间在不断地流逝，我对她们的情况也有了比较详尽的了解。事实证明，同学们的反映基本上是客观的。"四大金刚"确有长处：对班里工作敢管、敢抓，大胆泼辣、做事果断、有点子；但是她们也确实有许多弱点：圈子太小，以身作则不够，听不得不同意见。尤其是语文课代表，外语默写常常不能及时完成，全靠其他三个人在早读课上"帮"她过关。我感到，她们虽然都是班干部，但实际上又是一个有威无信的非正式群体。

怎么解决这一问题？全盘否定，不行！因为她们在班级管理中做了不少工作，发挥着重要的作用；全盘肯定，当然也不行，因为她们在工作中又确实夹进了许多私心。我思索了许久，感到唯一的办法是对这一特殊的非正式群体加以优化，使之成为班集体的真正核心。

根据这一思考，我针对这一问题连砍了三斧头。

第一斧，抓住默写作弊的事实在班里公开批评了她们。

第二斧，另派一名同学协助语文课代表工作。

第三斧，分别找这四位同学谈话，肯定她们的成绩，说明批评她们的原因，指出搞小圈子的危害。

三斧头在班里引起了很大的震动。大部分同学说，先抓班干部的风气抓得对，这样我们心服口服。也有一部分同学在那里猜测，说"四大金刚"要被撤职了。"四大金刚"的心理压力当然很大，有点威信扫地的感觉。

趁着大家都在思考这一问题的时机，我对四位同学逐一进行了家访。一进家门，她们的反应都很紧张，以为老师来告状了。然而，我在整个家访过程中只做了两件事。一是在她们的家长面前称赞她们的能力；二是征求她们对班里工作的意见，请她们谈谈怎样发展同学间的友谊，怎样建设好我们这个班集体。看着老师真诚的目光，她们绷紧的脸松弛了下来，阻塞的思绪像闸门一样被打开。她们不但积极提建议，而且对自身建设也提出了许多改进措施。

从此，她们的心胸开阔了许多。自我批评使她们巩固了友谊，增强了带领全班前进的自觉性。在此基础上，她们还组织了一次关于搞好班级人际关系的主题班会，我也趁这个机会向同学们介绍了处理班级人际关系应当遵循的一些原则和基本方法。班里原有的一些小群体都开始了扩大友谊

圈子的活动，与班集体的目标靠得更紧了。

一个团结向上、充满活力的班集体逐渐形成了，成功的喜讯也不断传来。不少同学在市、区、校的各项竞赛中获奖；10 名同学光荣地加入了共青团；三十几位同学获得了班级组织的象征成功的"金苹果"奖……"四大金刚"中，一位成了区优秀队干部，两位加入了共青团，4 名同学都以她们的优异成绩，获得"金苹果秘密行动"友谊群体特别奖。同学们都高兴地说，现在他们的"四大金刚"不再是泥金刚，而是铁金刚了。

（原载《中学班主任工作 100 例》）

【点评】

"四大金刚"都是班干部，处理起来似乎更棘手。唯一的办法只有"优化"加"软化"，既给她们"震动"，先来点"硬"的，又要充分保护她们，让她们继续发挥班干部的作用。所以，狠狠的"三斧头"之后，还得好好地安抚一下：一是在家长面前称赞她们的能力，二是征求她们搞好工作和发展友谊的意见。结果不仅"四大金刚""化害为宝"，而且"班里原有的一些小群体都开始了扩大友谊圈子的活动，与班集体的目标靠得更紧了"。看来效果是明显的。这个故事，也让我们有机会再次关注另一个班级管理课题，即班干部的培养、管理与使用。故事中的老师，对个个都是班里的"头"的"四大金刚"的态度，也正好符合对学生干部的培养、管理与使用原则：充分信任，放手使用，严格要求与具体指导。

10.2 一场对峙是这样结束的

这是好几年前发生的事情了。

有一天，我正在上课，而且讲得很起劲，同学们也听得很入神。就在这时，我发现一个女同学正在看小说，于是我气不打一处来，心想，你学习成绩不好，还要看小说，真不像话！于是我边讲课，边悄悄地走向她的座位。当走到她旁边时，我以"迅雷不及掩耳"的速度伸出手，把她的小说收了过来。

正当我准备批评她时，一件意想不到的事发生了。那位女同学站起身来，急速地走上讲台，将我放在讲台上的教本和备课笔记全部拿去了。这

个班上有名的"女犟头"，站在讲台旁手拿我的备课笔记与教本，瞪着眼看着我。我站在她的座位旁，顿时觉得呼吸急促，手发麻，头上冒汗，与她怒目相视，双方剑拔弩张。教室里寂静无声，气氛十分紧张，大家等待着事态的进一步发展。

我心里想，这次明明是她不对，应该趁机好好镇她一下，先把她的书包从窗口丢出去，然后走上讲台把她推出教室，杀杀这股邪气。但刹那间，我猛然想到，假如她不肯出教室，甚至大吵大闹怎么办？不是越闹越糟吗？不但课上不下去，还很可能将事情闹得无法收场。在师生双方头脑发热的时候，绝不能蛮干，先要保证把课上下去。我这样想的时候，便强压住火气，小声对她说："好吧！你不要再看小说了，好好听课。"说完将小说书放回到她的课桌上，那位女同学见此情景，也把我的课本与备课笔记放回讲台上，回到了座位上。于是我润了润喉咙，继续上课了。这堂课的教学计划总算按时完成了。

下课以后，我反复考虑，这件事一定要谨慎处理，否则，以后班务工作难以开展。

我决定对这件事"冷处理"。

连续两个星期我没有找这位同学谈话，而是先在班干部会议上把我当时的想法告诉大家，说明班主任这样做是为了顾全大局，不影响大家听课。在班会上又有意识地讲到，凡事要顾全大局，加强集体主义观念，同时也谈到对待思想上的问题，不能采取简单、粗暴的方法来解决……这样的谈话，先后进行4次，班里同学的认识渐趋一致了。这时，我仍然没有找这位同学谈话。但我注意到她在班上干部、同学们的议论中，慢慢地态度有了变化，班内的活动也能比较认真地投入。我仍然耐心等待着有利的教育时机到来。

一天外语课上，当我讲到某个语法时，请同学们举例说明。已经有两位女同学讲了自己的例句。此时我环顾一下全班同学，发现这位女同学也在认真地听讲，从她的神态中可以看出，她也能正确回答这个问题。时机到来了，我随即对她微笑地点了一下头，说："你能不能举一个例句来说明？"她站了起来很认真地讲了自己所举的例句。我面带微笑，肯定了她举的例句很贴切，并表扬了她能简单地说明这个语法的特点。

下午课外活动时，我叫另一位女同学请她到我办公室来。她来了，我先请她坐下，接着我先讲了她最近学习认真，成绩已有上升，各项活动能

认真地投入，作为班主任，我心里很高兴。讲着讲着，她露出笑容，随即我把话题一转，讲了两周前的事，并把我当时的想法告诉了她，她听着听着，忽然眼睛湿润了，她含着眼泪说："老师，那次我不好，同学们都说我不应该收你的备课笔记和教本……"我接着安慰她说："老师不会计较这些的，现在你认识到了，就好了。我是担心你这样任性，将来走上工作岗位，恐怕很难和同事们友好相处。今后对任何事情都不能太任性了，要注意个性修养。"通过这种师生交流，我们之间的隔阂消除了，第二天早读时，她看见我就亲切地喊了一声："老师早！"

我心中感到了一种从未有过的快慰。

（李　旸　推荐）

【点评】

这位班主任处理"偶发事件"，做得非常好。首先，他做到了沉着冷静，这是处理"偶发事件"的先决条件。如果他"怒火中烧"，大发雷霆，失去理智，就不能作出冷静的思考和选择，也不可能采取最佳的处理措施，后果往往是"不堪设想"的。其次，机智果断。这是防止事态向不可逆转方向发展的必然要求。这位班主任面对突如其来的"挑战"，没有蛮干，而是强压怒火，用简短的话语结束了冲突，平息了争端，表现出了应有的机智果断。最后，是教育引导。这是教育目的在处理"偶发事件"过程中的内在要求。处理"偶发事件"不只是为了"息事宁人"，班主任必须本着教育学生、促进班级工作和学生身心健康发展的精神对待问题。故事中的老师，先是对这件事"冷处理"，接着是"耐心等待着有利的教育时机到来"，后来机会终于来了，于是通过师生交流，消除了隔阂，最后达到了化解"心结"、教育学生的目的，结局圆满。

11

正面教育：表扬与批评学生的艺术

【先行知识】

"坚持正面教育"，是班级教育管理工作中的一条重要原则，也可以称为"积极对待的原则"。

正面教育与积极对待的原则，落实到具体的教育方法和态度上，就产生了表扬和批评。

表扬与批评，是教育工作者最熟悉、最常用的教育方式。表扬主要是针对学生的优点和善行，表现为肯定性评价；批评主要是针对学生的缺点和劣迹，表现为否定性评价。表扬与批评运用得好，都能起到弘扬正气、抑制歪风、鼓励先进、鞭策后进、营造一个人人积极进取的良好氛围的作用。

表扬和批评的共同之处，就是通过某种直观、生动的方式作用于学生的情绪，强化学生某些愉快的或不愉快的体验，以达到教育学生的目的。这是一种典型的通过外部刺激作用于学生活动动机的方式。因而它既是一种快速影响学生的手段，也是一种受教育者非常敏感的方式。"一句话送人上天堂，一句话送人下地狱。"这句话用来描述表扬与批评的敏感性和威力，不算夸张。尤其是批评这种方式的运用，更加需要讲究艺术。"良言一句三冬暖，恶语伤人六月寒。"有时一次"错误的表扬"可能起到鼓励人的作用，而一次"正确的批评"却不能达到教育人的目的。

关于表扬与批评在教育学上可能产生的奇妙作用，下面这段见诸很多文献的格言，概括表达得非常精彩，不妨一睹为快：

孩子生长于批评中，便学会论断人。孩子生长于敌意中，便学会攻击人。孩子生长于恐惧中，便学会了焦虑。孩子生长于无助中，便学会了抱憾。孩子生长于荒唐中，便学会了羞愧。孩子生长于嫉妒中，便学会了怀恨。孩子生长于羞辱中，便形成罪恶感。孩子生长于鼓励中，便学会了自信。孩子生长于包容中，便学会了忍耐。孩子生长于赞美中，便学会了欣赏。孩子生长于接纳中，便学会了爱人。孩子生长于肯定中，便学会了自重。孩子生长于认同中，便有确定目标。孩子生长于分享中，便学会了慷慨。孩子生长于公平中，便学会了公义。孩子生长于诚实中，便学会了真理。孩子生长于安全中，便充满了信心。孩子生长于友爱中，便将乐于存活。

俗话说："良药苦口利于病，忠言逆耳利于行。"话虽如此，但是，在科技高度发达的现代，"良药"已经能够做到不"苦口"，"忠言"能不能也做到不"逆耳"呢？现代人对"顺耳"的表扬的需要似乎大增，而对"逆耳"的批评的承受力却大减。这是一个有趣而值得研究的现象。

人们在表扬与批评方面积累了无限丰富的经验智慧。概而言之，表扬要及时，恰如其分，有一定的受益面。尤其是对后进者的表扬，要注意发现其"闪光点"，着眼于受表扬者的发展变化。批评要与人为善，实事求是，打击面要小。尤其是对经常受批评者的批评，要有所保护，对其错误要有所保留，勿恶语相加，勿令其自尊心受到伤害。古人讲"数子十过，不如赞子一长"，说的也是表扬与批评的比例：表扬要"挖空心思"，批评要"取一留三"。

表扬与批评的智慧，集中体现了人类处理自身发展过程中诸多矛盾和困惑的智慧。讲表扬，有侧面言语激励、挖空心思鼓励别人上进的，有将错就错、将计就计设身处地引导别人改错的。论批评，有巧妙抓住别人的可爱处，先表扬再批评的；有灵活变通、幽默暗示，警告别人遵纪守法的。表扬与批评的运用，都要求教师具有"成人之美"的品质和"救人一命，胜造七级浮屠"的美德。

【单元提示与问题探究】

表扬与批评，都是受教育者非常敏感的一种方式。尤其是批评，有时一次"错误的表扬"可能起到鼓励人的作用，而一次"正确的批评"却不

能达到教育人的目的。

结合本单元的几个故事并联系实际，谈谈你对表扬与批评艺术的理解。

11.1　为我保密的老师

曹雪秀

初一时，我迷上了小说，不论上课下课，都在看，结果学习成绩一落千丈。初二时，班主任换成了李俊国老师，他和我谈了几次话，谈话时语重心长，我很感动，决定用心学习。但由于基础太差，我的成绩依旧糟糕透顶。

记得有一次代数考试，老师公布完分数，却没有我的，我不好意思地问老师，就问一个学习好的同学。她悄悄对我说："你考了18分，老师不让我告诉你，怕你受不了。"听了这话，我心头一热，羞愧、感动一齐涌上心头，李老师这是在保护我的自尊心。从此，我开始更加用心地学习，回报老师对我的信任和理解。又过了一段时间，考试了，李老师又传出话："曹雪秀很聪明，这段时间进步很快。"却不说我考了多少分，再追问别的同学，他们都说："老师说你进步很快，将来一定有出息！到底多少分我们也不知道。"这次发卷时，是李老师把我叫到办公室亲自发给我的。我看到，我只得了41分。啊，我的老师，他是如此小心地保护我的自尊心，让我从点滴的进步中找到自信。

转眼，我已成了一名毕业班的学生，我下定决心，一定要好好学习，把看小说的精力用在学习上。唉，要想进步可没那么容易。在学习上，我欠账太多了，看着别人几分钟记住一个英语单词，我背半个小时也记不住；都说化学是新开的课，不需要基础，但我仍旧听不懂；数学更难了，几乎要做一个问一个，一节课下来，不知要打扰同桌多少遍。就是这样，我白天黑夜地努力学习，考试还是不太理想。但是，每当我要放弃的时候，李老师信任的目光就闪现在我眼前，这目光总是给我力量，让我形成一个信念：不求有好的结果，但求努力、努力、再努力。

初三期末考试到了，我忐忑不安地等待着。没想到，成绩公布后，我前进了26个名次！成为班里的中游。这大大激发了我的学习热情，后来一次考试我竟成了班里的第18名。

最终，我上了师范，也成了老师。每当我遇到调皮的学生、成绩下降的学生，就会想起恩师李俊国，他启发着我，引导着我，让我也对学生关心、爱护，从不放弃努力。

（原载《德育报》）

【点评】

小心地用我们并不华美的语言和真诚，设身处地地为学生着想，给他希望，让学生心中的希望像一盏明灯那样，给他力量，引导他前进。案例中的教师侧面激励学生，学生亲身感受到教师对自己的宽容与期待，一次又一次地暗暗努力，从而激发了自己的学习潜能，创造了连自己也不敢相信的学习佳绩。这个故事再次证明了一种"罗森塔尔效应"（也称"皮格马利翁效应"）的存在，即"教师对学生的高期望会使学生向好的方向发展"。美国教育学家本尼斯也说过，只要学生知道老师对他抱有很大希望，仅此一点就足以使学生的智商分数提高 25 分。

11.2　善诱方能入人心

开学初的一天下午，有节班会课。课前我了解到班上余伟和惠松吵嘴了，主要是由叫绰号、骂脏话引起的。最近，因为这个，班里的风气被搞得乌烟瘴气。面对这种情况，我心里特难受；我想，怎样利用这节班会课，让学生进行一次自我教育呢？

走进教室，我装着不知道吵架的事，对学生们说，今天我们要学学崔永元来主持一次实话实说的节目。我要求他们推荐两位同学上来表演一个题为"吵架"的小品。不知是有意还是碰巧，大家一致推荐的就是以上两位。开始他们不肯，我利用激将法还真管用。表演完毕，我又邀请他们各自利用一分钟为小品中的角色申辩吵架的理由。然后，我总结说："看来都是脏话、绰号这类不文明的语言惹的祸。"接着，我面向全班同学说："对于这类不文明的语言，请大家说说你们的看法。"结果许多学生作了发言。

"脏话，太粗俗，有损学生形象，必须让它在班上销声匿迹。"

"太伤人，不利于团结，应该避免。"

"很恶毒，应该杜绝。"

"我平时没太在意，现在想来不对。"

"我也是……"

"遭遇不文明的语言，你是如何做的呢？结果怎样呢？"我接着提出问题。学生们又七嘴八舌地议论开了……

突然，调皮的杨阳将手举得老高老高的，看样子迫不及待地想说他的做法。谁知当他发言时，听到的却是"老师，前几天王奇骂你'没心没肺，死后下十八层地狱'"。好家伙，表面上是在告诉我事实，实际上不是在考我吗？此时学生们也纷纷指责王奇，同时看着我作何反应。王奇一个劲地说他没说。此时如果我一味地去追究王奇有无过错，显然是不明智的。所以略加思考后，我说："说我没心没肺显然不符合事实，否则本人怎么能活这么多年呢？说到死后要走完这十八层地狱，我也没想过，现在看来我还得加强体育锻炼才行。不过，我声明，我不喜欢这种提醒我锻炼身体的方式！同学们喜欢吗？"我忽然抬高声音。"不喜欢！"学生们异口同声地回答。

我接着说："人和人交流，语言很重要；彼此一定要尊重，说话时要顾及别人的感受。一个意思有不同的表达，听者也会有不同的反应，结果也是大不相同的。正如刚才同学们已经感受、体会到的那样，脏话难听；给人乱取绰号，乱叫绰号，极不文明礼貌！"我接着又问："对了，杨阳，你刚才是否故意考我？"

杨阳承认有那个意思，不过他表示从老师的回答中，他看到了智慧和豁达。看到全班学生敬佩的目光，我感到由衷地高兴，也觉得火候到了，便对全班学生说："那我们是不是该考虑一下，今后该怎么做呢？"

结果，通过表决，全班同学一致认为不文明的语言是毒瘤，必须铲除！

"我们该如何'铲除'呢？"我提最后一个问题。

小组热烈讨论并派代表发言，最后达成共识：每人在自扫门前"雪"的基础上，还要兼管他人瓦上"霜"。同时，出台相关规定，专人负责监督执行。"每发现一次写300字以上的反思报告一份，张贴在学习园地；累计满5次者，'奖励'一本写有'争做净化语言的天使'的本子，要求天天写上不同的文明礼貌用语5条，直到全班同学认为可以停止为止。"以上是学生自己制定的公约中的部分内容。

刚开始实施的一个星期，写反思报告的学生比较多，接下来就只有个别学生重犯了。不过，班上也有两名学生拿到"奖品"的。由于监督到位，本子上写的文明用语也真够丰富多彩的。受罚的学生现在也基本上改掉了满口脏话的陋习。经过这次彻底的大"扫除"，不文明的语言在我班从此也就没有容身之地了，同学们的关系也变得十分融洽和谐。

（来自网络，章丽霞 推荐）

【点评】

精力充沛、思想活跃、天性风趣而又顽劣的青少年，在一起生活、学习，总免不了"惹是生非"；讲脏话，互相取绰号、叫绰号，就是其中一例，甚至是他们中的某种"顽症"。引导得当，他们就变得有教养，懂得文明礼貌；不去管它，听之任之，他们就变得粗野下流，影响团结。而简单的"声色俱厉"的批评禁止，却常常无济于事。诚如故事的标题所说：关键在于善于引导！第一，对学生中普遍存在的讲脏话和乱取绰号、叫绰号的问题，既不能不闻不问，也不能"如临大敌"；第二，要相信学生、依靠学生，用民主、协商的办法解决问题；第三，要采取具体行动，拿出切实可行的办法解决问题，不能只停留于"口头协定"。这就是该故事所说的"善诱"。

11.3 "差生"更需多激励

挡在成都武侯高中预科班这些"学习失败者"面前的最大障碍正是学习。

翻翻他们的成绩：这群来自全市 40 多所中学的"差生"们，1997 年初中毕业升学考试，五科总分最高不过 290 分，最低仅 188 分，平均 220 分，相当于重点高中录取分数线的一半。

听听他们的心声："学习是我平生唯一不想干的事"，"我好像笼中之鸟，真想飞出这令人讨厌的教室"，"老师，求你开除我吧！"

面对这群对学习厌恶、冷漠、丧失了自信的"失败者"，1997 年，刚刚跨出大学校门、年仅 23 岁的王国贤老师，采取了一系列有效措施，帮助他们找到了学习的感觉。

导演"差生"公开课

小静是班上的一名特"差生"。今天她登上了讲台，给同学们当起了"先生"。只见她一边讲解，一边配制溶液，不时板书要点，还不断向同学们发问，俨然一个师者。同学们一个个瞪大了眼睛："小静何时修炼成这般模样？"在惊奇与不解中他们不得不佩服小静的成功表现。

他们哪里知道，这完全是王国贤一手策划的。为了准备这堂课，作为"导演"的王国贤已私下对小静培训、"彩排"了四五次。之所以要人为作"秀"，把差生弄来上公开课，而且要上得让其他同学连连叫好，王国贤有他的"算盘"。王国贤知道，预科班的学生已远离成功，他们迫切需要成功一次，增强学习的自信，哪怕是在老师"导演"下成功一次。此后，王国贤为多位学习困难的同学设计创意过"公开课"。毫无疑问，最终人人尝到了成功的喜悦。

"勇敢的跨栏者"游戏

学生学习的胃口"吊"起来了，怎样让学生吃好吃饱"知识大餐"呢？"满堂灌"学生绝对要反胃。王国贤决定让学生参与到"知识大餐"的制作中去自主学习。

为保证"知识大餐"的水平，王国贤开始设计"菜谱"，策划教学。他有一个信念：没有教不会的学生，但每个人存在基础和智力上的差异，要让他们人人学有所得，必须进行分层的"梯级教学"。

首先，他把化学学习目标定为 A、B、C、D 四级，分数 80 至 90 分为 A 级，65 至 79 分为 B 级，50 至 64 分为 C 级，50 分以下为 D 级。每一级确定一个基本的跨级分数，超过本级上限分数 10 至 15 分升一级，超过 20 分跳一级。对 D 级只设下限，即不允许自甘堕落。超过 A 级的实行段位制，如化学一段、二段……永无止境。他让学生根据自己的基础，自选级段。由于这种分层的学习阶梯只有起点，没有终点，只要进入这种"勇敢的跨栏者"的游戏中，就要一路坚持下去。

其次，他给考试作弊设置了不可逾越的障碍。考试时，他把全班 40 多位同学拉进可容纳上百人的阶梯教室，A、B、C、D 四级同学交叉编位，采用不同试题，在"A"附近的全是"A"以外的同学，作弊的客观因素大大减少。同时，一张试卷包含 A、B、C、D 四级的题，同学们做完自己级别的题，可选做更高层次的题，并可加分计入升级考核分数。

最后，他为同学们做一个成功的跨栏者提供了可能。这种梯级跨栏教

学制，实现了升级制、降级制、跳级制、学段制、下限制"五制"并存，形成了"级内竞争"和"级间竞争"两种态势，使竞争范围变小、变活，趋于明确具体和更加激烈了。有了"活"的能够够得着的目标，竞争不再是过去的"第一名"之争了。各个梯级的同学，向着自己的目标挺进，全班同学犹如跨进了一条竞争的河流，个个奋勇追赶，比翼竞飞。

试行这一办法后，经过一个学期的检验，27名同学实现了升级，5名同学还从C级成功跳到了A级。原来一次考试仅有十几个人及格，现在90%以上的同学都能取得80分以上的好成绩。他们开始品尝成功的喜悦，迸发出学习的激情。

对实现了升级的同学，王国贤及时给他们家里寄去一封热情洋溢的贺信。在给吴薇父亲的信中，王国贤这样写道："恭贺您的女儿在期末化学科分层次考试中，以90分的优异成绩成功地实现了从B级到A级的跨越……我相信有你我一道不懈地为她呐喊助威，吴薇在下学期定会更加认真、自觉、踏实地学好化学……"吴薇的父亲动情地说："接到贺信，我们感到惊讶，没想到对化学一直不感兴趣的女儿会有这么大的进步，更没想到王老师会用这种让人舒心的形式告诉我们，我们全家感到振奋。"

举办化学知识联赛

预科班的学生论学习有点"英雄气短"，但谈起足球来却是"儿女情长"。怎样让他们把对足球的热情转移到化学学习上呢？模仿足球联赛搞化学联赛！

他把全班同学按好中差搭配的原则，划分为8个队，依照足球联赛制，把成绩较好的4个队组成甲A，成绩稍差的4个队组成甲B。

平时的化学讨论、实验以及每晚举行的"开心一刻化学知识抢答赛"，都要计算积分，一学期下来，算总账。甲A积分后两队降为甲B，甲B积分前两队晋升为甲A。

化学联赛很符合同学们的性格特点，在他们眼里，以前漫长的一个学期现在变成了短暂而刺激的一个赛季。

每晚晚自习前的"开心一刻"化学知识抢答赛，是他们每天表演的最佳时刻。就像电视中常见的综艺节目一样，一个大转盘上，写满了每个同学的编号，当转盘停下来时，转盘上的指针指向谁，谁就代表该队抽题回答。题是王国贤根据每天的化学知识重点提前设计在卡片上的。

王睿同学描述道："每天转盘一开转，我们每个同学就兴奋起来，一

边盼望指针指着自己争取机会为本队拿成绩；一边心里又担心中了号答不了题，出洋相。随着转盘飞转，一个个屏神静气，紧张到了极点，直到转盘停下，某人被确认后，大家才松口气。如他答不上来，本队的同学会立即帮忙抢答，简直紧张极了！"

转盘的随机抽问，使每个同学都有机会，每个同学也都有压力了。为了不给本队丢分，每个同学都不得不暗暗准备，搞懂每天所学的内容。

为使一个队的优生能主动帮助差生，形成主动帮助机制，王国贤又使了一招儿：加大差生得分权重。优生答对一题只得2分，差生则可得3分甚至更多。如此一来，学生们果然"中计"。为了提高本队积分，每个队的优生都主动出击，千方百计帮助"差生"解决当天的学习难题，让差生多上场，为本队争光。

王国贤设计的"开心一刻"化学抢答，使枯燥的化学知识训练变成紧张、刺激的娱乐活动。每一位同学都是兴奋的嘉宾。

"成功的教学所需要的不是强制，而是激发学生的兴趣。"在同学们摩拳擦掌、你争我夺中，坐在一旁的王国贤轻松地实现了自己的教学目的。

从化学课里找回了学习的感觉

为探索大面积提高中差生成绩的教学组织形式，预科班特地在省内首先试行四年制教学，第一年即为预科教学，第二年正式进入高中阶段学习。

学校决定让进入高中阶段学习不到一年的预科班参加当年高二全省化学会考，以初步检查教学效果。王国贤和学生们勇敢地迎接挑战，用一年的时间学完了两年的化学课程。结果，预科班在全省高二化学会考中，大部分人勇敢闯关，成绩超过了本校学习化学已两年、入校分数远远高于预科班的几个综合班15个百分点。

他们从化学课中，找到了学习的感觉，更找到了一个成功学生的感觉，他们一些人居然大胆设想，再读两年，高考之门也许一样能跨过。

(来自网络)

【点评】

这是一个再一次显示了正面教育威力的近乎神话的成功教育故事。"差生更需要多激励"，这个道理我们都懂，关键是如何激励？故事中的年轻老师有"三招"给我们以启发：第一招"导演'差生'公开课"，给学

生找回久违的"成功学习的感觉";第二招"'勇敢的跨栏者'游戏",实行的是分层次目标管理,让每个学生"向着自己的目标挺进";第三招"举办化学知识联赛",巧妙地打造了一个"全班同学比翼竞飞"、"优生能主动帮助差生"的机制。三招循序渐进,顺序不能颠倒;三招都是针对"差生"的,对"优生"可能不合适;招招新颖别致,颇对年轻人的胃口。还有一点,也许同样重要:年轻老师是从他所执教的化学科打开突破口的。"他们从化学课中,找到了学习的感觉,更找到了一个成功学生的感觉。"所以难怪尝到了甜头的学生,"他们一些人居然大胆设想,再读两年,高考之门也许一样能跨过"。

12

升学与就业指导

【先行知识】

升学与就业指导，是现代学校的固有职责。

在我国基础教育阶段，学生两度面临着升学或就业选择，所以，升学指导包括初中升高中（或升中等职业技术学校）指导和高中升大学（或升高等职业技术学院）指导，就业指导包括初中（或中等职业技术学校）毕业就业指导和高中（或高级职业技术学校）毕业就业指导。

升学指导，选择学校和专业是核心。选择学校，包括学校的性质（公办、民办）、类型（职业技术、普通高校）和层次（中职、高职、大专、本科），主要依据学生的学业成绩；选择专业，包括专业的性质（文、理）、类型（技能类、学术型）、特点（冷门、热门），主要依据学生的兴趣特长和未来职业理想。无论是选择学校还是选择专业，都要密切关注社会发展趋势，将个人实力（包括家长的经济实力）、兴趣志向和社会需要（包括市场的冷热动态）结合起来，切忌"一边倒"、"一根筋"，造成"志愿落空"或"委曲求全"。

就业指导，引导学生认识自我、认识社会、认识职业是关键。认识自我，包括了解个人的性格、才能和志向，这是选择理想职业的基础；认识社会，包括了解社会发展的需要、趋向、特点或规律，这是正确把握社会、使个人立于不败之地的必要条件；认识职业，包括了解职业的种类、特点、优缺点和发展变化的可能，这是选择理想职业的前提。就业最忌讳"一时冲动"或"人云亦云"，以至于造成"跳来跳去"、"朝秦暮楚"、"这山望着那山高"的痛苦；只有将个人、社会、职业这三个方面的情况或特

点都摸清楚了，并将它们综合起来考虑问题，从长计议，才有可能不犯或少犯错误。

　　提供升学与就业指导的方式，一般以发布信息和提供咨询服务为主。比较先进和更为正式的做法是举办培训、讲座和开设职业生涯规划课程。

　　目前，我国各级各类学校开展升学与就业指导的情况，冷热不均，喜忧参半。

　　就初、高中升学指导来讲，一般家长，仍然轻职业、轻技术，一心只让孩子"读高中考大学"，较少选择中等、高等职业技术教育。这跟我国根深蒂固的"学而优则仕"的文化传统不无关系。一般家长和学生目前的认识仍然是：只有读了大学，纳入国家"统招统分"的系列，才有机会成为"国家干部"，"读书做官"才迈出了第一步。而在高考志愿选择上，他们的关注点也仍然主要集中在"学校是否名牌、专业是否热门、就业是否容易"等上面，较少将个人兴趣特长和发展志向作为首要因素。面对这种情况，多数学校和老师选择"不作为"，即听任一般家长和学生自己做主。我国近年一方面"大学毕业生过剩"，另一方面社会出现"技工荒"，似乎跟这种升学指导"乏力"不无关系。

　　至于初、高中生毕业就业指导，则是当前亟待加强的一个环节。我国初、高中生毕业就业问题，向来被认为是学生和家长的事情，学校和老师一般"不闻不问"，这跟我国学校长期只把自己当作一个"升学机构"的现状不无关系。

　　中等职业技术学校的毕业就业指导，目前已经成为决定一所学校声望和兴衰的重要工作，因此有良好发展势头。

　　总之，在现代社会分工体系里，学校作为一个专业化教育机构，不仅应该主动提供尽可能充备的升学与就业指导，还应该接受家长和社会人士的咨询，注意他们的反应，听取他的意见和建议。

【单元提示与问题探究】

　　在现代社会分工体系里，学校作为一个专业化教育机构，它不仅应该主动提供升学与就业指导，还应该听取家长和社会人士的意见。

　　请联系实际，谈谈你对当前学校存在的升学与就业指导问题的认识。

12.1　让星星闪光

王金英

　　初三下学期，在一次期中考试中，我班部分同学的成绩意外地下降了，这使我感到很不安。我利用自习课时间到教室看看，发现纪律不差，连几个往日比较活跃的学生也很安静，但又显得心不在焉，耷拉着脑袋在消磨时间。我忽然想到小顾同学，她的成绩为什么会滑坡呢？我把目光移到她的座位，只见她神情忧郁，手里不停地翻看着一本精致的练习簿。我悄悄地走到她身边，她惶恐地合上练习簿，一双大眼睛忽闪忽闪地看着我。我善意地伸过手，她吐了吐舌头，把本子递给我。我一看，原来是一本手抄歌曲本，那娟秀的字迹、精美的插图、巧夺天工的剪贴，做得非常精美。我翻着翻着，爱不释手。善于察言观色的小唐用胳膊肘碰碰小顾，狡黠地挤挤眼，小顾会意地附着我的耳朵说："老师，请别告诉我的爸爸妈妈。"

　　小顾的爸爸妈妈都是上海下放"知青"，为了圆他们那个时代没有圆的梦，他们决心培养成绩还比较理想的女儿上大学。虽然他们也知道活泼的女儿爱唱、爱跳、爱画画，却不允许她向这些方面发展。

　　可是，眼前小顾的志趣与她父母的企盼却大相径庭。

　　下课了，一群同学围着我，你一言，他一语：

　　"老师，小顾想考幼儿师范，她爸爸妈妈不同意。"

　　"老师，我想考体校，我爸说我没出息。"

　　"老师，你说我是不是适合考师范音乐班？为什么我妈硬是不允许？"

　　……

　　同学们七嘴八舌，纷纷说出了自己的心里话。

　　其实，平时我也有所了解：小顾在班级文娱联欢会上那奶声奶气的儿歌朗诵，她唱的歌，跳的舞，画的画，无一不证明她适合当一名幼儿教师。小周在学校运动会上参加短跑、跳高、跳远比赛，屡次夺得第一名。早就有人打包票，说他考取体校是不成问题的。小刘爱唱爱跳，在一次全校歌咏比赛时，他担任班级指挥，大显身手，一鸣惊人。他也想报考师范学校音乐班，去发挥自己的才能。其他还有不少文娱、体育积极分子都跃跃欲试。

　　可是在前不久的家长会上，几乎所有家长都表示要让自己的孩子去报考高中或报考理工类中专。我校虽然是一所普通中学，但往年都有一些尖子生考上了重点中学和省属、市属理工类中专。虽然也有一些同学报考音、体、美专业的，但终因文化成绩不合格而落榜。这就使家长产生了偏见，认为孩子搞文艺、体育活动要影响学习成绩。

　　由于家长的压力，孩子们情绪低落，上进心、积极性调动不起来，学习成绩怎能不滑坡呢？

　　采用什么方法才能既做通家长的思想工作，又能让学生勤奋学习呢？我与班委商量，决定召开一次有家长参加的题为"星光"的文艺联欢会。我把任务交给文娱班委小顾，由她去组织，不限内容，不拘形式，尽量表现各人的爱好和特长。

　　消息传开后，部分老师担心这样做会影响文化学习。我觉得磨刀不误砍柴工。通过这次活动，学生可以公开表现自己的才能，得到家长和他人的理解，消除心理障碍，从而调动学习的积极性，提高学习成绩。

　　联欢会决定在星期六下午举行。会场的布置是班上的小能人在一个中午完成的。黑板上，红梅和青松衬托着"星光文艺联欢会"七个醒目的大字，这是小严和小金的杰作。那挂在教室上空的四条彩色纸链，竟是女同学用一张张糖纸做成的，多么灵巧的双手啊！家长们能不为之赞叹吗？

　　"星光文艺联欢会现在开始……"四个节目主持人一字排开，俨然中央电视台春节联欢会上主持人的架势。节目就在他们的巧妙安排下相继上演，有事先准备的，也有即兴表演的。诗朗诵、小合唱，抒发了同学们热爱祖国的豪情壮志和对前途的憧憬；表演中插进的游戏和猜谜是思维敏捷的同学大显身手的好机会；小周等四人表演的具有时代气息的现代舞，博得全体同学和家长的喝彩；小顾的舞蹈"采蘑菇的小姑娘"更是身手不凡，连她妈妈也不由自主地笑了。

　　最后，同学们要求老师表演一个节目。我深情的目光在同学们期待的脸上停留了一分钟，轻轻地说："同学们，今天我就讲几句话吧。这次联欢会开得特别成功，从内容到形式都很新颖，表达了同学们的心声，表现了同学们的才能。今天表演的同学当中，不是有人要考音、体、美、幼儿专业吗？我表示完全支持。我想，你们的家长也不会反对的。三百六十行，行行出状元。如果有人在初中毕业时不能实现自己的心愿，高中毕业时仍然可以报考这样的专业。有志者事竟成。同学们，大胆地走自己的路

吧。"一阵热烈的掌声过后，我又说："有些家长，担心孩子搞文艺、体育活动会影响学习成绩，这样的担心也不无道理。不管考高中，还是考其他学校，文化成绩都要达到一定的要求。同学们要争取在德、智、体几方面都得到发展，要知道，你们不仅是父母心中的希望，也是祖国的希望，祖国的未来。可是，同学们，你们为祖国为人民而学习的目的明确吗？你们刻苦学习的精神够了吗？你们能让家长放心吗？"一连串的问题，使教室里的气氛一下子严肃起来。由于同学们在联欢会活动中感受到了快乐，精神需求得到了满足，才能得到了展现，因而他们易于被说服，乐于接受老师的引导。小刘当场就站起来，情绪激动地表示要奋发学习。有些家长也被打动了，表示要尊重孩子的志愿，让孩子走自己的路。

最后，主持人小严富有感情地即兴朗诵："啊，黄金般的理想，彩霞样的希望——牢记老师的教导：理想的起点在课室里。"

联欢会后，班上情况大为改观，那些准备报考音、体、美专业和幼师的同学，上课凝神听讲了，课后不仅请音、体、美老师辅导，也去数、理、化老师那儿请教问题了。几次小测验的成绩都比过去有显著进步。

由于师生的共同努力，全班同学的整体素质有了明显提高，中考的优秀率和合格率都达到了前所未有的水平。小顾、小周、小刘等同学也如愿以偿，心情愉快地踏上了理想的征程。

（原载《中学班主任工作优秀个案》）

【点评】

面临升学的选择，家长与孩子的意愿不一致。家长坚持自己的意见而对孩子施压，而学生背负家长的压力产生诸多问题。原因何在？家长与学生互不理解，缺乏沟通。怎么办？故事中的老师别出心裁地设计了一个家校沟通的大联欢，让学生展示才华，让家长了解孩子，也给老师一个发表意见的机会，真可谓"一石数鸟"。也许在"人人都应该上大学"的观点看来，《让星星闪光》并不是一个内容新颖的故事，但是这位班主任针对多数家长"逼孩子成才"的做法，能循循善诱地提出"让孩子走自己的路"的升学观，发挥教师在升学与就业指导方面的积极主动的干预作用，非常难能可贵。这也许正是我们所期待的理念先进、内容纯正的"升学与就业指导"故事。

13

与任课老师、家长等通力合作

【先行知识】

影响学生发展的因素是多方面的。我们通常根据学生生活的主要空间，将其划分为家庭、学校和社会三个方面。

班级教育管理工作也是在这三个方面的外部因素作用下展开的。换句话说，班级教育管理工作的外部环境，至少牵涉三个系统因素：一是学校管理系统，包括校长及分管德育工作的副校长、教导处及政教处、年级组及学科组、学校少先大队及团委、任课教师等；二是学生家庭及社会关系系统；三是学生及学校所在的社区社会生活系统，包括一定的社会组织机构、社会习俗传统、社会风气时尚等。

班级教育管理活动与这些系统的关系，或为上下级领导与被领导的关系，或为平行联系、互动关系。这些外部系统对班级教育管理工作，或发挥指导、支持和配合作用，或发挥干扰或非良性的影响作用。班级教育管理工作，或对它们实行纵向执行反馈，或与它们横向沟通协调。

长期大量的工作实践证明，利用这些外部因素，建立合力开展工作的网络，有助于调动和整合各方面的积极因素，统一教育标准，保证各种影响力量的一致性和连贯性，这比班主任教师一人的"单打独斗"、"孤军奋战"，更有利于促进青少年学生健康成长。

【单元提示与问题探究】

利用外部因素，建立合力开展工作的网络，调动和整合各方面的积极因素，统一教育的标准，保证各种影响力量的一致性和连贯性，更有利于

促进青少年学生健康成长。

联系实际，谈谈你对这个问题的认识。

13.1　我的"秘密武器"

杨兴碧

我班一位男同学，不仅常常搞恶作剧，还三天两头打架，成了扰乱班级秩序的"头号人物"。不过，我也发现他身上的优点——好表现自己。为了降服这匹"野马"，我除了平时多和他接触，关心他的学习、生活外，还用了一种"秘密武器"。

一个周末，我在一张信纸上写道："尊敬的×××家长，您的孩子乐意为同学们服务，有很强的组织能力……您应该为有这样的儿子自豪……"然后，我把这位同学叫到办公室，把折叠好的信纸装入信封，故意不封口，交到他手上，对他说："这是我写给你父母的信，让你父母给我回封信，下星期一早上再捎给我。"

星期一早上，他最先来到学校，乐呵呵地把家长写有"孩子有进步，我很高兴，谢谢老师……"的信交给我。那天，我注意观察他，一天中，他精神饱满，眼睛有神，非常规矩，听课、做作业特别认真。我暗想：我的"秘密武器"起作用了。

从此，我和班上每个学生都保持这样的联系，时不时地给他们一个信封，里面根据学生的特点分别写上"您的孩子劳动积极、踏实肯干"，"您的孩子学习努力"，"您的孩子作业认真"，"您的孩子关心集体"，"您的孩子作文有真情实感"，"您的孩子发言大胆、积极"，"您的孩子讲文明、有礼貌、团结同学"等等，并暗中与家长商定，一定要写上激励性的回信，每次，信封都不封口。

半个学期过去了，我从未严厉地批评过一个学生，也从未惩罚过一个学生，班风班纪却大有好转，不仅班级秩序井然，而且好人好事层出不穷。第二学期，我让那位捣乱大王担任了班长，在他的带领下，班上纪律、卫生、文体、学习样样争先，一跃进入学校先进班集体行列。

（原载《德育报》）

【点评】

故事中的教师通过一次偶然的成功，发现了一个"秘密"（一点也不亚于发现了一座金矿）——人人都爱听"好话"，学生和家长都不例外。然后他便利用这个"秘密"作"武器"开展工作，结果"屡试不爽"。用这位老师的话说："半个学期过去了，我从未严厉地批评过一个学生，也从未惩罚过一个学生，班风班纪却大有好转，不仅班级秩序井然，而且好人好事层出不穷。第二学期，我让那位捣乱大王担任了班长，在他的带领下，班上纪律、卫生、文体、学习样样争先，一跃进入学校先进班集体行列。"你是否有点不信或者觉得不可思议呢？这位老师的故事再次告诉我们两点：第一，教师利用人性中的积极因素开展工作，总会有回报；第二，创造型教师应善于发现和借助"外力"开展工作。

第二编

班主任工作新理念

14

班级文化建设

【先行知识】

"文化"作为一种独立于自然的"人的存在"形式及内容，人们十分熟悉，但其作为一个学术概念，据说定义有 170 多个①。较为通俗的定义是：文化即人类在社会历史发展过程中所创造的物质财富和精神财富的总和，包括物质文化（如服装、饮食、建筑、交通）、制度文化（如国家、体制、法律、规章）、精神文化（如文学、艺术、教育、科学）等三个层面的内容。

有人根据分布地域和发生源流，将文化分为东方文化、西方文化以及儒家文化、基督教文化、伊斯兰文化。也有人根据人类活动领域而将文化分为社区文化、企业文化、商业文化等，或根据研究领域的不同，划分为科技文化、教育文化、交际文化等等。

文化具有多种功能。从实用的角度来看，人们研究文化最看重的是它在人类社会组织、团体活动内部和团体组织、成员之间的认同、交流、凝聚、融合的作用。

班级文化，属于校园文化范畴，特指存在于学校班级社会组织内部的一种机制、关系或氛围，包括班级的成员及其组织规则、管理机构、人员及其功能、任职资格；班级的教室、班徽、班训、班歌、教室的布置；班级的计划、目标等。核心是班级的制度、口号和标记，其灵魂是共同的信念。

---

① 田文棠. 中国文化源流视野. 西安：陕西人民出版社，2003.4

班级文化建设主要通过具有娱乐、沟通、交流、凝聚、熏陶、感化功能的班级活动进行。

班级文化的概念是伴随着文化研究和校园文化的概念而产生的。但是，关于什么是班级文化，如何进行班级文化建设，甚至班级文化有无重视的价值等等，目前有关理论研究和教育实践的成果都不多。

【单元提示与问题探究】

班级文化的核心是班级的制度，口号和标记，其灵魂是共同的信念。
请联系实际谈谈你对班级文化教育功能的理解。

14.1　班级要做到"八有"

魏书生

教室里要养花，要养鱼，窗户上还要有窗帘，教室前面要有脸盆、毛巾、香皂等洗手用具，还要有暖壶、茶杯等饮水用具，有推子、剪子等理发用具，有纸篓，有痰盂。加在一起是八样公用的备品，我们管它叫"八有"。

"八有"是逐渐增加的，七年以前，我刚当校长时，只提倡班级"七有"，那时还没有养鱼这一项。

这八种备品有点像当家过日子用的用品，教室里有了这些，显得好看，显得不那么空旷，用起来也方便。

这几种备品，花钱不多，学校可以发。但我觉得，为了强化学生的集体观念，使学生有一些以班为家的观念，这些东西，还是要求各个班自己准备比较好。

这些备品可以鼓励学生献，献花、献鱼、献盆、献壶……也可以说借，毕业了再拿回去。这样，个人献给集体东西，他会更爱集体。

我体会到，培养学生的集体主义精神，最有效的办法，便是吸引他为集体出力，为集体流汗，为集体贡献出一些个人的东西，吸引他为集体倾注心血。倾注得多，感情自然就会深起来。个人对集体，集体对个人，父母对子女，子女对父母，基本都如此。

有的孩子先天不足，是残疾儿童，但那孩子的母亲，却总觉得那孩子是世上最可爱的孩子，为什么？就是当母亲的为这个孩子倾注的心血太多

了。有的子女之所以直到晚年也一直惦念着为年事已高的父母做点事，就是因为他们从幼年时，就为父母做力所能及的事，以后又不断地为父母尽力做事，深化了他们对父母的感情。反过来，有的人直到三四十岁还总想着如何占父母的便宜，搜刮父母的钱财，就是因为他们从小就很少或根本不为父母做事。

从对一届又一届的学生的观察中，我认识到，那些热爱集体，关心班级，对班级有深厚感情的学生，都是平时乐于为班级奉献，乐于为班级做事的学生。某个感情冷漠、薄情寡义、被同学称为"冷血动物"的学生，肯定是遇集体的事想法逃避，遇到为集体奉献的机会也想办法逃避的学生。使这样的学生感情升温的有效办法，就是千方百计吸引他，甚至是强迫他为集体做事，为集体尽责任，为集体奉献。

这些年来，我坚信，适当地吸引学生为集体做一点奉献，有利于培养学生对集体、对社会的热情和爱心。

为班级献一盆花，献两条鱼，对现代独生子女来说，根本不算什么经济损失；献完之后他们得到的精神上的满足远比失去的一点钱财要多。

"八有"也可以不捐献，而由班集体收费来买。低档的，每位同学交一元多钱就可以了；买好一些的，每人交两三元钱，就可以使班级有八种较漂亮的备品了。这备品的所有制是集体所有制，切切实实每个人都有一份。每位同学看到这备品也感到自己为集体做的奉献是切切实实的。

如前所述，"八有"都有具体保管人，管花的叫花长；负责养鱼的叫鱼长；别的具体承包人就不叫长了。

负责窗帘的同学，窗帘脏了便由他去洗。

负责洗手用具的同学，要把脸盆刷好，毛巾洗干净。

张海英同学负责饮水用具，他把暖壶、玻璃茶杯擦得干干净净。学校要求每个班饮水杯不能是搪瓷杯和塑料杯，那些杯太结实，不容易打碎，每个班必须准备玻璃杯，作用同鱼缸一样，有利于约束同学们的行动。

理发用具，我们班从1980年开始准备，那时同学们组成了理发互助组，每两位男同学组成一个组，互相理，既节省了理发时间和费用，还学会了理发。近几年，理发用具不像以前用得那么好，主要原因还在于独生子女们对发型的要求似比原来高了一些，不愿随随便便理发了。

有人问，像痰盂那样的备品还有人愿承包吗？这就需要跟同学们商量承包工作量大的备品的利与弊。当同学们磨炼自己的欲望被点燃起来，燃

烧得强烈的时候，便产生了以吃苦为荣、以克服困难为荣的认识，于是许多同学争抢承包清洗痰盂。这时便从中确定一位学习好，且有毅力、心地坦诚的同学，这样他能一包到底，干得出色。工作过程中，他自己也更进一步受到磨炼，不怕脏，不怕苦，于是比以前更有毅力。他承包的成功，也使同学们认识到：一个人为集体、为别人多吃苦，多磨炼自己，不仅有利于他人，而且有利于自己的成熟与进步。

八种备品的集体所有制、承包制，增强了同学们的集体观念，增强了班集体的吸引力。

（原载《班主任工作漫谈》）

【点评】

教室里要养花、养鱼，窗户上还要有窗帘……加在一起是八样东西。为什么教室里摆上这些用品以后，就不一样了呢？关键是"这八种备品有点像当家过日子用的用品"，"使学生有一些以班为家的观念"。原来，这一"盆"一"壶"，在这里已经不再是一件公共用品，而是已经凝结了"集体"和"班级"概念的文化符号。在这里发挥吸引作用的，不再是这些用品，而是凝结在这些用品上的认同感和共同需要（精神文化）。如何加强班集体凝聚力建设？如何增强学生的班集体意识？《班级要做到"八有"》给我们提供了一个独特的视角。

14.2　芝兰之室德更馨
——班级寝室文化创建实录

李秩生

那一年，我被学校委以重任，做了全校有名的高二年级后进班班主任。开学后，我对全班情况逐渐有了了解。这个班的问题主要是缺乏一种强烈的上进心，缺乏一种团结协作精神，缺乏青少年应有的蓬勃朝气，缺乏凝聚力和向心力。如何选准解决问题的突破口呢？一天，我走进学生寝室，突然发现墙上的招贴画真是令人眼花缭乱、目不暇接。我归纳了一下，大致有以下几个系列。

爱情系列：杰克和露丝迎着海风，相伴着张开双臂站在泰坦尼克号的船头，像一对比翼的海燕正展翅翱翔……

体育系列：乔丹猿臂轻舒的灌篮动作和贝克汉姆习钻精准的临门一射，永远凝固在我们的视线里……

明星系列：男生选择的李玟、张柏芝、金喜善，女生选择的安在旭、陆毅、谢霆锋，永远在他们的床头向人微笑……

美女系列：各种各样的极为性感的美女，搔首弄姿，极尽挑逗之能事……

看到这儿，我心中突然一亮，答案找到了！班级所有问题的症结，全在于同学们没有一个上乘的文化品位，没有一个高尚的审美情操，没有一个健康的道德素养。解决问题的突破口就在这里！

于是，我请正在我校军训的武警战士到班上作内务整理示范：被子要折叠得有棱有角，杂物要摆放得整整齐齐。同学们切身感受到了内务整齐的优美，这样便统一了思想。然后，我组织全班同学制定了《寝室规范化条例》，从此保证了内务的整齐。

接下来，我在班上开展了给寝室命名活动。我说，我们班有 6 个寝室，男生房号 1304、1305、1306、1307，女生房号 4403、4404，读起来多么拗口，而且冷冰冰的，缺乏人情味。古代的文人雅士都喜欢给自己的住宅、书斋起一个雅号，用以寄托自己的理想、志趣和情操，如张溥的"七录斋"，就表现了作者刻苦的治学精神。我们大家也给自己的寝室起一个雅号怎么样？大家要集思广益，关键是要有文化品位。这时，教室可热闹了，大家你一言，我一语，一个个寝室的名称很快就被确定了下来。

1304 室的同学说："我们寝室叫远志室。"我说："好！有什么典故？"答曰："《史记·陈涉世家》上说'燕雀安知鸿鹄之志哉'。我们从小就要立下宏伟远大的志向！"大家报以热烈的掌声。我说："能否给你们寝室拟一副对联？"一个同学说："弃燕雀之小志，慕鸿鹄以高翔。"掌声经久不息。

1305 室的同学说："我们寝室叫慎取楼。"我说："此楼何意？"答曰："取苏轼的'学者'应该'深思而慎取'之意，做学问、提高修养德行都应该小心谨慎，去芜存精，这样才能发展和创新。"我说："很好，也能拟一副对联吗？"一个同学说："知足知不足，有为有弗为。"同学们又报以一阵热烈的掌声。

4403 室的女生出面了："老师，我们的寝室叫'怡红院'怎么样？"我说："'怡红'二字美则美矣，但怡红院好像是须眉贾宝玉所居之所，似

乎不妥。"同学们报以善意的笑声。"那叫'潇湘馆'怎么样？""'潇湘馆'虽是林黛玉住所，名字起得也很有情调，但林黛玉这个人我打心眼里不太喜欢，整天哭哭啼啼，小资产阶级情调，我们现代女性不应是这样的。"另一女生高声叫了起来："有了，老师，那叫'德馨居'怎么样？"我说："好！能否再拟一副对联？"她说："老师，对联我想不出，不过我觉得刘禹锡《陋室铭》中的'斯是陋室，唯吾德馨'权作阐述是再恰当不过了。"同学们又报以一阵热烈的掌声。

4404室的女生给自己寝室取名为"芝兰居"，对联用"入芝兰之室，远鲍鱼之肆"。我调侃道："两个女生寝室真是清香满堂哟。"教室里响起一阵欢笑声。

1306室叫"无涯斋"，对联是"书山有路勤为径，学海无涯苦作舟"。

1307室叫"九畹居"，典出屈原《离骚》："余既滋兰之九畹兮，又树蕙之百亩。"对联用了《九歌》中的名句："合百草兮实庭，建芳馨兮庑门。"

然后，我发挥自己的书法特长，饱蘸浓墨，或楷，或隶，或行，或草，题写了室名和对联，请人裱好，挂在室内。

后来，同学们说："老师，美女明星之类挂在室内实在不雅，与室内格调不合。"我说："哟，文化品位、审美标准还蛮高的嘛。既然如此，你们觉得该怎么办就怎么办吧。"第二天，我到寝室一看，李玟、陆毅等一夜间跑得无影无踪了。

再后来，我班逐渐跃入了学校先进班的行列。

（原载《班主任》）

【点评】

这个班的问题，一是缺乏上进心，二是缺乏团结协作的精神，三是缺乏青少年应有的蓬勃朝气……如果你是这个班的新任班主任，你会怎么办？故事中的班主任，首先找准问题，接下来开展了富有启智性的寝室命名活动，将这个班带进了先进班行列……班级文化建设，涉及的层次深，境界高，该如何操作？一是立项要因地制宜，针对问题，从实际出发，切忌形式主义或模仿照搬；二是选好突破口，以点带面，不要全面铺开，面面俱到；三是动员全员参加。故事中的老师整个工作过程都体现了这些原则。这位老师的成功还表明，班级文化建设要求班主任老师具有某方面的

较高的文化修养，例如故事中的老师擅长书法，并具有较深的古典文化造诣，这些对班级文化建设都是很有帮助的。

15

班级民主与科学管理

【先行知识】

班级是个小社会，是学生获得班级社会影响并从这里走向未来大社会的一个通道。班级不同于其他社会组织的地方在于，班级主要是作为一个学习组织和教育机构而存在的；班级管理的根本目的不是为了实现班级自身的存在，而是为生活在班级社会中的每个成员，提供尽可能和谐、理想的社会化成长的场合和机会。

班级作为学校系统的一级组织，需要管理。班级管理作为学校管理的一个层面，固然有其特殊性，但是它和其他社会组织诸如企业、机关、社会团体的管理一样，也具有共同性，适用于后者的管理思想和原理，同样适合于班级管理。

经典的组织管理学研究告诉我们：古往今来，人类一切领域的管理无外乎三种模式，即专制型、民主型和放任型。实践证明，民主型管理在实现组织目标方面，明显优于其他管理模式。

现代管理更在民主管理的理念与模式以外发展出科学管理。

所谓科学管理，特指通过分析研究，明确职责分工，制定工作标准，有效地利用人力、物力、财力等资源的一种管理理论与方法。科学管理最初仅限于企业，后来发展到其他领域；最初是特指，后来也泛指其他一切注重研究工作问题、改进工作方法、提高工作效率的有效管理。

民主管理与科学管理都是现代管理的精髓，它们既是民主社会和科学时代的标志，也是人类管理智慧的结晶。

班级民主管理是相对于"班主任一个人说了算"的家长式管理模式而

言的。前者优于后者的地方在于，它突出班级学生的地位和作用，最大限度地调动学生"自学、自理、自卫、自律、自治"的积极性，让班级每个成员参与班级决策管理，从而最大限度地将班级的学习组织和教育机构的职能发挥到极致。

班级科学管理则是相对于"头痛医头，脚痛医脚"的经验式管理模式而言的。前者优于后者的地方在于，它突出他人和自我有效班级管理知识或成功经验的价值和地位，注重调查研究，注重班级建设管理目标及其实现标准的制定以及实现目标的方法选择，最大限度地整合校内外、级内外、班内外各方面优势做好工作，追求管理效益的最大化。

班级民主管理实行机会均等，信息公开，决策民主，学生自律、自理、自治，收到的最大效益不是"管理"的效益，而是"育人"的效益，这是非常符合班级作为一个学习组织和教育机构的组织目标的。

班级科学管理引进科学理性，注重决策管理、目标管理和效能管理，能有效提高工作效率，把班主任老师从巨大的工作压力和繁重的"婆妈"事务中解放出来，避免成为一个纯粹的经验主义者、忙碌的事务主义者或班级的"警察"、"灭火器"。

【单元提示与问题探究】

民主管理与科学管理都是现代管理的精髓，它们既是民主社会和科学时代的标志，也是人类管理智慧的结晶。

结合本单元的故事并联系实际，谈谈如何将民主管理和科学管理理念与方法引进班级管理？

15.1　一粒瓜子壳和1 000字说明书

魏书生

新年快到了，学生们都在忙着排练节目，买年货，一片喜洋洋、乐陶陶的景象。

一天，生活委员报告说："老师，这几天地面不干净了，不仅有纸，还有瓜子壳。"

"怎么办？大家讨论一下吧！"我说。

大家首先确定了零食的范畴：非吃饭（包括间食）时间内吃的一切食

物，统称零食（病号需要除外），特别是瓜子、冰棍、糖葫芦等带壳、带棍的食物。

吃零食有没有好处？当然有，但同学们认为，就总体而言，弊大于利。表决结果，大家通过了在校内，特别是在教室内不准吃零食的决定。

按照我们班的班规班法，有了一项较重要的规定，便要确定一位同学具体负责检查落实这项规定，大家管这位同学叫"承包人"。

谁负责监督大家做到不吃零食呢？问题刚一提出，班内便有数十人竞争，大家都抢，究竟谁干？争执了一会儿，不知谁冒出一句："平时谁最爱吃零食就选谁！"

"好！"同学们齐声拥护这个建议，大家推选卢建承包这件事。

卢建站起来问大家："如果发现别人吃零食怎么办？"这一问，又引起大家热烈的争论。

"发现一次罚写 1 000 字的说明书。"

"对吃瓜子的还应该罚得重一点！"

"重到什么程度？"

"谁往地上扔一粒瓜子壳，就罚写 1 000 字的说明书。"

"瓜子带到学校来也不行，卢建有权力搜查吃零食的同学的衣袋，如果在衣服口袋里发现有一粒瓜子，就写 100 字的说明书。"

"如果有 100 粒呢？还要写 1 万字不成吗？"

"就该写 1 万字，谁让他装那么多瓜子在身上呢？"

"是不是太重了？"

"法规定得严些是为了不让人触犯。如果规定吃一粒瓜子写 100 字，衣袋里有一粒写 10 个字，那别人就不害怕，也就制止不住吃零食。"

……

我看大家都充分发表了自己的意见，便说："停止争论，现在表决。同意吃零食一次写 100 字说明书的同学请举手。"

只有两名同学赞成。

"同意往地上扔一粒瓜子壳就写 1 000 字的请举手。"

班内举起了数十双手，以压倒性多数通过了严罚吃零食者的规定。

第二天，卢建同学上任了，为了能够监督别人，他先从自己做起，努力改变爱吃零食的习惯。

他控制住了，别人也在努力控制。通过决定后的 5 天内，大家都忍住

了，卢建尽管注意观察，也没有发现该挨罚的人。

第六天中午，同学们正在教室吃饭、聊天，一位平时极爱吃零食的同学终于控制不住，剥开一粒瓜子吃，并习惯性地将瓜子壳扔到了地上。

上任6天的卢建正为自己没能发现惩罚目标而着急，见状立即上前，当场让那位同学捡起来，并问："还记得班规吗？""记不清了。""那么，咱们去找法律顾问吧！"同学们管承包记录全部班规班法的同学叫法律顾问。

找到法律顾问王海波，打开《班规班法》，查到卫生部分吃瓜子的细目，明白了："要写1 000字的说明书，还要看衣袋里有没有瓜子，若有，每粒再加100字的说明书。"

卢建从那位同学衣袋里又翻出16粒瓜子，两者相加便是2 600字的说明书。

"好了，马上开始写吧！放学后交给我。"

16年来，我任班主任的各个班的学生，吃零食都是最少的，大部分学生跟我一样，不吃零食。社会再向前发展1万年，人均收入再增长1 000倍，整个人类都达到非常富裕的地步了，到那时，我想仍然要提倡在工作、学习场所不吃零食。那绝不是出于经济上节俭的考虑，更多的还是考虑到一个有志者的个人形象，考虑到每个人身体健康，考虑到工作、学习场所的卫生，考虑到人们更有规律地饮食起居，考虑到人们该养成的全身心投入工作学习的习惯。

过去爱吃零食的学生跟我说："刚开始，不吃零食不习惯，见了瓜子、羊肉串、糖葫芦就馋，就想吃，有时上课、学习时还惦记着去哪儿买，怎么吃。班级管得紧，过了几个月，也就习惯了，现在感到利确实大于弊，不只节约了钱，更重要的是学习心静了，节省了精力，节省了时间。"

当然，这不意味着一律禁止，旅游时、过年过节、开联欢会时，还提倡大家吃。

（原载《班主任工作漫谈》）

【点评】

做错了，写检讨！这并不是魏老师的发明。魏老师的"发明"是：他让学生自己来制定规章制度，自己监督执行，而且这里的"罚写"，不是"写检讨"，而是"写说明书"，此中有深意！民主管理的功效不止在于管

理好一个班级，它还让学生人人有机会展示自己的风采，获得适合个人发展的空间。同时，只有民主的管理才能催生具有民主性格的人。在这样一种透明、公开、平等、和谐、沟通的氛围中成长，学生从小就受到现代民主思想意识的熏陶，这是一种非常符合时代精神的育人理念。

15.2　加强目标管理

刘国华

　　班集体的核心是目标。一个良好的班集体，首先要目标明确，集体中的每一个成员要时刻为实现目标共同努力。因此，每接一个班，我都要通过各种渠道，采取多种形式对该班的质量进行认真分析，掌握第一手材料，摸准班级的实际情况，提出较长远的奋斗目标；在不同阶段，又根据社会、学校、班级的实际情况，提出具有针对性的目标，通过目标管理来创造优秀班集体。

　　那一年，我接任了高二一个基础较差的班的班主任，并担任该班的物理课老师。该班目标不清晰，纪律较差，是一个处于"松散状态的群体"。针对这个班的情况，我首先搞好自己的教学工作，认真做好"备、教、改"，讲课深入浅出、生动活泼，使学生学习物理课的兴趣增强，成绩大为改观，我得到同学与家长的一致好评和信任。在此基础上，我对同学们讲解什么是班主任，班主任跟班级和同学的关系，班主任应该做些什么，并请同学们监督；讲解优良班集体的内容结构和功能，一个优良的班集体对自己的成长有什么好处，动员同学们对照检查，找出班级存在的问题和差距。

　　就在这时，学校的春季田径运动会即将举行。班上不少学生喜欢文体活动，我抓住这一有利时机，提出激励性目标。通过目标的实现，对学生进行集体主义教育。我告诉大家，不少学生喜欢文体活动，有这方面的特长，这是一种优势，是一种好的素质，要求他们为活跃班的文体活动贡献力量。接着我问大家："上届田径运动会我班是全校第几名？"同学们说："未进入前四名。"我说："我们班有这样好的条件，为什么没有取得好的成绩？请大家找一找原因。"同学们思想非常活跃，特别是那些文体活动积极分子。通过认真分析失败的教训，最后形成一致看法："没有组织好，不齐心。"我说："本届田径运动会，我们班要争取总分第几名？请同学们

作一个调查比较，拿出具体材料。"两天后，文体活动积极分子给我拟出了全校各班实力情况分析表。他们认为："根据实力，我们班处于总分第二名的位置。"鉴于这种情况，我提出了"确保总分名列全校第二，力争总分第一"的短期激励性目标。同学们情绪高昂，体育活动积极分子出谋划策，领导小组、后勤小组、训练小组相继成立。据他们分析，女生得分的多少，是我班能否获总分第一的关键。于是，女生"田径队"成立了。义务教练们利用星期六下午和星期天，加强训练女生。总之，全班同学都投入了为实现目标的奋斗之中。比赛结束，我班实现了总分第一的目标。班委会和团支部及时召开庆功大会，给为班集体争得荣誉的同学发奖，大家也受到了一次深刻的集体主义教育。后来，我班的女子排球队又获得全校冠军；全校文艺会演，女生节目获一等奖，并代表学校参加全县调演获优秀奖。

短期的激励性目标的实现，显示了集体的才能和力量，增强了班级成员的信心。同时，带动了内部其他因素的发展，为提出新的目标打下了基础。于是，我根据该班的情况，又提出了"尽快实现班纪律的根本好转，让全校同学刮目相看"的奋斗目标，组织同学们分析班情，分析自身，找出差距，制定实现这一目标的要求和措施。然后，召开"班纪律好，是班的美"的主题班会，提高同学们的认识。为了争取校内外的配合、监督，我还组织班委会、团支部把这一目标及实现目标的措施、要求告诉任课老师、学校主管纪律的部门和学生家长，请他们配合督促检查。由于师生为实现这一目标而共同努力，经过不太长的时间，全班纪律发生了很大的变化，获得了全校师生员工的一致好评，被学校评为遵守纪律的先进班。

当班里的面貌有了较大改观，同学们的自信心、荣誉感增强后，我又启发团支部、班干部针对本班学习成绩较差的实际，在期中考试前提出了"争取较好成绩，向父母负责，向祖国汇报"的目标，组织了"为提高学习成绩立功"等班会活动。然后动员全班同学分析，对学习成绩好、中、差的同学都落实了为实现班总目标的个人任务，而且分小组、个人展开对手比赛。由于目标明确，个人任务具体，调动了全班同学的学习积极性。成绩好的同学放弃星期天休息为同学补课，成绩差的同学虚心向老师、同学请教。各小组经常召开学习分析会，检查学习情况，帮助释难解难，出现了一个人人为实现班学习目标而奋斗的热潮。在集体目标的激励和教育下，经过一学期的努力，期末考试各科成绩及格人数从上学期的 8 人上升

到 25 人，英语及格人数从 5 人上升到 23 人，物理、生物、数学的平均成绩跃居年级第一。学习成绩的飞跃，使班集体成员体会到了"事在人为"，只要目标明、决心大、方法好，良好成绩是可以争取来的。由于不断加强目标管理，我班成为学校公认的德、智、体、美、劳全面发展的优秀班。

教育工作的实践使我认识到：良好的校风来源于良好的班风。而加强目标管理，就能在班里造成一种催人奋进的集体心理气氛，靠集体的力量，靠集体中优秀成员的优良品质形成的教育力量，使同学们互相教育，共同提高，在德、智、体诸方面得到健康发展。因此，驾驭好目标管理，是创造优秀班集体的重要一环。

（原载《中学班主任工作 100 例》）

【点评】

注重目标管理，是科学管理的一个重要特点。故事中的班主任针对班级学生目标不明确的现状，提出了运动会方面的短期目标，顺利实现后又提出纪律目标和长远学习目标，并采用竞赛等形式调动学生实现目标的积极性。他采用的是一种典型的科学管理方法。故事中老师的经验还告诉我们：目标可以是近期的，也可以是远期的；目标具有不同层面，是可以不断深化提升的。但不管何种目标，一定是切合班级实际并带有激励性的——"跳一跳就摘得到"。这些都是目标管理的真谛。

16

价值启蒙与励志成人

【先行知识】

　　价值，即"意义"或者"有用"。它虽然抽象，但是又确确实实存在于一切客观事物之中。价值的一端联结着客体，另一端联结着我们的主观认识。价值观就是个体看待客体（包括作为认知对象的自我）的作用和意义的观念系统。价值观一旦形成，便成为个人衡量和评价事物的标准，成为唤起或调整人们的态度、意向与行为的依据，甚至成为自我实现的动力。

　　价值观与我们较为熟悉的世界观、人生观合称为"三观"。"三观"相互关联：世界观居于个人意识的最高层次，人生观是世界观在人生问题上的表现，价值观则更具有基础性。"三观"相互作用，共同构成对人的活动具有调节作用的个人观念系统。

　　价值观还与描述人的个性心理倾向性的另一组概念诸如需要、动机、兴趣、理想、信念相关联。它们的共同特征是：都与人的世界观、人生观和价值观的形成互为因果表里，共同构成人的思想活动的基本动力，用来调节、支配人的活动。其中需要最具有决定性，它产生动机和兴趣，而理想和信念则属于动机系统里个人较为确信和向往的东西。

　　教育心理学称解决个体发展内趋力的教育为"动机激发"，我国则习惯称之为"理想教育"。在此我们提出"价值启蒙"，是想特别强调它对于青少年"成长动机激发"的特殊重要性。

　　价值是无限的，价值观也是多元的。价值启蒙，简言之，就是价值认识引导或者价值观教育。

人为什么活着？生命有什么价值？生活有什么意义？学习的目的是什么？青少年成长到一定阶段，必然会对这些问题（生命、生活、人生的意义）发出追问。及时、正确地引导青少年的价值认识，回答和解决这些问题，有助于青少年学生发现自己的价值和需要，确立个人的兴趣和理想。价值启蒙就是利用儿童对于"意义"认识的需要，适时地引导他们形成正确的个人观、价值观、成长观和发展观，包括将时代社会发展对他们的要求转化为个人内在需要，从而引导他们朝着正确的方向发展，最终成为合格的公民。

"好雨知时节，当春乃发生。"青少年时期是人的"三观"形成和奠基的关键时期。青少年"三观"教育要从最大限度地激发和满足其发展需要着眼。什么是青少年的发展需要？青少年的最大发展愿望或者需要，莫过于要求"快快长大成人"（或者"成才"，成为"有用之人"）。所以，从青少年成长心理来看，青少年价值启蒙的重点应该是励志成人或者成才。换句话说，价值启蒙的重点应该是引导青少年认识生命—生活—人生的意义，使其具有积极、健康、向上的意识，然后再将这种意识转换为个人学习、生活、奋斗的不竭动力或源泉，激励他们奋发有为，永不言败，直至成人成才。

价值启蒙是教育的重大主题。青少年成长强烈依赖于个人积极的"内心渴望"（需要），这有助于他们积极向上、持续专注、不怕困难，充分发挥其潜质并最终实现自我价值。

人的成长与发展是需要动力的。而当个体成长、发展到青少年时期，普遍具有了对"意义"、"价值"和"哲理"的理解、渴望以后，这种动力，就不应该再局限于一些肤浅的外在刺激，包括廉价的表扬、恶劣的批评、无情的惩罚和机械的命令等，而应该是切合了成长者"生命季节"的"内驱力"的唤醒。青少年的成长与发展动力不足或者动机缺乏、动力丧失，是我国当前家庭和学校教育普遍遭遇到的困窘。

【单元提示与问题探究】

青少年的成长与发展动力不足或者动机缺乏、动力丧失，是我国当前家庭和学校教育普遍遭遇到的困窘。

请结合本单元的故事并联系实际，谈谈你对这个问题的认识。

16.1　那片人生林

王宴华

刚参加工作时，我带的那个班的学生学习很散漫，半学期过去了，各科成绩一直不太好。带过这个班的老师都说，这个班没多大希望。我望着孩子们那一双双明亮的眼睛和活泼的身影，总觉得希望还是有的。十年树木，百年树人，孩子成长总要有一个过程。只要孩子们的思想转变过来了，一切都会好的。所以，我觉得，首要的工作是让孩子们有一个美好的理想，对生命的意义有一个正确的认识。

那年春天，我常利用活动课时间带孩子们去野外，感受春天的气息，看山川河流，看草木生长，看日出日落。渐渐地，孩子们对生命的意义有了初步的认识。

植树节的时候，我带着学生去学校附近的河堤上栽了一片小杨树，并为每一棵树起了一个名字，树的名字就是栽树人的名字。我们还为那片小树林竖了一块"人生林"的小木牌。

由于这些小树都是孩子们亲手栽种的，而且每一棵树都以他们的名字命名，所以他们对这些小树特别有感情。学生们自发组成了护林小队，经常利用上学放学的时间来看护，每隔一段时间便来浇一次水，有的学生还特意绕道来看小树长高了没有。夏天到来的时候，这片"人生林"便已郁郁葱葱。

为了让孩子们对生活和生命的意义有更深刻的认识，一次作文课的时候，我没让学生留在教室，而是带领他们去了那片小树林，上了一堂观察作文课，然后，我让学生写了篇"我与小树一起成长"的作文。

作文讲评时，我赞扬了学生的作文后说："人的成长犹如一棵树的成长，从树苗到成才，需要有一个过程，这个过程须经历风吹、雨淋、日晒、雷击、霜冻……须经受种种磨难，才能成为一棵参天大树，才能净化空气，美化我们生存的家园，才能在炎热的夏天给我们一片清凉。而我们要想茁壮成长，同样也必须付出艰辛的劳动和汗水，自强不息，努力向上。生命对每一个人来说只有一次，既然我们来到这个世界上，就应当珍惜和热爱自己的生命，现在努力学习，今后努力工作，来回报我们的社会和所有关心过我们的人，从而让我们的生命更有意义、更精彩，就像我们

栽的那片'人生林'。"

从此，班里的学生上课更认真了，逐渐形成了良好的学习风气。

初三毕业的时候，我们全班在那片"人生林"留影。那是一个风和日丽的上午，学生整齐地站在那里，绿树也整齐地站在那里，从孩子们那庄重严肃的表情里和绿树的粗壮挺拔中，我看到了一幅人生旅途中美丽的"希望"图画。

（原载《德育报》）

【点评】

"意义"，对于青少年学生的精神成长和人格发育，无异于空气、阳光和水对于生命的意义。毋宁说，"意义"就是青少年精神成长和人格发育的空气、阳光和水；没有这些生命养分，青少年的精神、人格发育，就无法完成，或者根本"长不大"！从《那片人生林》这个故事中，我们可以切实地感到：青少年价值启蒙多必要，多具体，多实在！一点也不空洞、抽象和遥远！其效果主要取决于教师怎样操作。故事中的王老师，堪称育人高手。你看他形象教育的整体设计，形象教育的感染过程，形象教育的提升深化，多么生动有效。尤其是作文评讲，将人生与小树的成长形象地联系在一起；将要想茁壮成长，必须付出艰辛的劳动与汗水，必须自强不息，努力向上的道理形象化，变得浅显通俗，入脑入心，十分符合初中学生的认知水平和心理特征：感性、好奇、梦幻、多思。这个故事的内容及创意，堪与世界上任何经典教育故事媲美。

16.2 安排今天，计划明天

李兆德

在《李宗仁归来》这本书里，有一段很有趣的话：

"人不能够从八十岁向一岁活。如果能够从八十岁向一岁活的话，那么我敢肯定，二分之一以上的人类，都可以成为伟人。"

这句话类似格言，有一点人生哲理蕴涵在其中。魏书生同志抄给他的学生们，同时问大家："这句话对吗？"

大家说："对呀。"

魏老师又问："为什么说它对呢？"

学生七嘴八舌地说出了其中的道理："人活到八十岁，经验丰富，什么都明白了，他知道了这一辈子哪些是无效劳动，哪些是弯路。他用这个时候的人生经验指导自己，再去重新活一遍，当然可以只干有效劳动，怎么能不成为伟人呢？"

魏老师说："话是这么说。但是咱们谁也无法违背大自然的规律，不能倒过来活，还得正着活呀。不过，从这句话里，我们可以得到一个启示就是，我们应该经常站在八十岁的角度上来计划一下自己今天的生活，使我们在今后的岁月中朝着一个明确的目标前进。"

魏老师要求学生制订出自学计划和自我教育计划。这个计划要分为四个部分：

第一，在德、智、体、美、劳方面终生达到什么目标？

第二，十年内做完哪些事？

第三，一年怎样度过？

第四，一天二十四小时怎样安排？

魏书生同志就是这样引导学生安排自己的今天，计划自己的明天，引导学生将个人的成长、国家的需要和人类的未来结合起来，充满自豪地去确定自己的奋斗方向，同时，在每一天的有效时间内去取得最大的成效。这样，学生将自己的一天安排得充实而有意义：早晨，锻炼身体之后，用30分钟做"记忆力体操"；早自习用5分钟抄写格言；一天当中，上好课，搞好复习，晚上放学前用30分钟写完日记；回家后用30分钟做语文练习，其他如做好事、坚持长跑、野游、学歌、画画等在每天、每周、每月内都按计划执行。

有了这个计划之后，魏老师还要求学生将落实的情况统计在一张大表之内。这张大表，竖着是十三行，一到十二月加全年统计，横着是三大块，德、智、体美劳，在每个月的每一块里都要填上具体数字。例如，德育方面，做了多少件好事，抄了多少条格言，写了多少字的日记，读了多少页课外书；智育方面，各个学科都写了多少页作业；体美劳方面，长跑多少米，学歌多少首，画画多少幅，等等。魏书生同志教过的每一届学生，都有这样的统计。

我们从每个学生的个人总结里和这张表格上，看到了他的学生们在德、智、体、美、劳各方面受到的锻炼。当每个人都有了明确的奋斗目标时，人们可以相信，就连最淘气的学生也会变得深沉和严肃起来。

（原载《魏书生教育方法100例》）

【点评】

"不能倒过来活，还得正着活呀……我们应该经常站在八十岁的角度上来计划一下自己今天的生活，使我们在今后的岁月中朝着一个明确的目标前进。"故事中的老师向学生进行的是"励志成人"教育。这种教育，方法上要"大处着眼，小处着手"。所谓"大处着眼"，就是要站得高，要基于学生的一生而不是一时一事选择教育的主题（内容）；所谓"小处着手"，就是要学生用得着，办得到，可操作。魏老师对学生进行"自我实现"的目标教育，可以说将这一"大"一"小"、一"虚"一"实"结合得自然天成，完美无缺。从魏老师的成功实践中，我们完全可以获得这样的信念："当每个人都有了明确的奋斗目标时，人们可以相信，就连最淘气的学生也会变得深沉和严肃起来。"

17

身心健康关怀

【先行知识】

青少年时期是学生个体身心发展变化的重要阶段。

自从 20 世纪世界卫生组织（WHO）提出"健康不仅指身体无疾病，还要有完整的生理、心理状态和社会适应能力"这个新概念以后，"关注学生的心理健康"也就和"关心学生的身体健康"一起纳入班级教育管理内容。班级工作增加心理健康教育内容，是现代人的生命意识增强、生活质量提高在学校教育上的反映。

身体健康主要包括人的身体发育正常，生理功能良好，无残障疾病，体力充沛，精力旺盛，能适应正常生活、工作、学习的需要。关心青少年学生的身体健康，主要是正确指导他们认识身体健康的意义，热爱体育活动，坚持体育锻炼，养成良好的卫生习惯（包括青春期生理和心理卫生），学会休息，不要染上不良嗜好。

心理健康，又称心理卫生或精神卫生。心理健康的标准，学术界并没有一个统一的划分，但是诸如情绪稳定、人格健全、行为协调、人际关系适应等，应该是其基本内容。关于何谓心理疾病、心理问题或变态心理，国际学术界也流行多种标准。青少年时期高发心理疾病主要有神经衰弱、强迫症、抑郁症、病态人格、精神分裂症和自杀等。造成青少年心理健康问题的原因，主观方面主要是学生个性发展的缺陷；客观方面，最大、最直接的因素，是学校和家庭不当的教育方式。心理健康教育方式，常见的有心理咨询、心理指导和心理矫治，分别用于心理问题的不同程度。相对于学校的许多工作来说，心理健康教育是一种更具有现代性和专业性的工

作，更需要一种既专门又综合的知识，需要学习或经过专门训练。

如何促进学生的身体健康，我国教育学已经形成了完备的知识体系，学校教育也有一整套实施措施，广大教师也积累了丰富的教育经验。相比之下，如何关注学生的心理健康，对许多教师来说，还是一个"新课题"。

关怀学生的身心健康，这是基础教育作为"一项直面生命价值的事业"（叶澜教授语）的"题中之意"。这不仅是因为基础教育的特殊对象——青少年正处于身心发展的旺盛阶段，还因为一个众所周知的规律——"身心相通"规律，即所谓"健康的精神寓于健康的体魄"。良好的身心状况，不仅是学生全面、和谐发展的有机组成部分，更是学生获得身心以外其他发展，诸如认知、审美、情感态度和价值观发展的物质基础。

但是，正是在这个"给生命奠基"、"给民族未来奠基"的问题上，我国的情况一点也不容乐观。自20世纪80年代，我国基础教育伴随着现代化的伟大进程逐渐走上一条兴旺、繁荣的发展道路以来，我们就不断接到我国青少年学生身心发展状况堪忧的报告。先是近视率攀升，继而是身体综合素质"喜忧参半"，再后来便是心理健康问题普遍化。不用列举数据，"业内人士"都知道，我国青少年学生的体质，在国际可比指标中，大凡"报喜"的部分，总体水平也要比欧美、日本低，"报忧"的部分则比他们高。而我国青少年学生心理问题检出率，也从20世纪80年代中期的16.53%上升到90年代后期的25.2%[①]。目前，我国中小学生心理障碍患病率在21.6%以上。近年中学生中存在的心理问题主要表现在：学习压力大；偏执、敌对；人际关系紧张；抑郁；焦虑、心理烦躁不安；适应能力差；情绪忽高忽低，极不稳定；心理不平衡。其中，学习压力大是当前中学生存在的最严重的心理问题。

在造成问题的众多原因中，熟悉和关心我国情况的人都知道，学生课业负担过重、睡眠不足、体育运动不充分、升学考试竞争压力过大，是其中最突出、最无奈的原因。而造成身体健康和心理健康问题的原因也有所区别。如果说课业负担过重及其连带效应是造成学生身体健康问题的"罪魁"的话，那么学生心理健康发生问题的"祸首"则是当孩子遇到学习、

---

① 骆伯魏. 不同时期青少年学生心理健康状况研究. 中国心理卫生杂志，1999（1）：42

发展方面的巨大困惑和压力时，他们常常得不到来自家长和老师在精神或心理层面上的正确关爱和呵护。据调查，我国现有 70% 的家庭存在教育方式不当的问题。家长对子女要么过分保护，要么过分干涉；父母关心的往往只是孩子的学习成绩和衣食，而对他们的思想变化、心理状态则关心甚少；父母与子女之间缺乏理解和沟通。

家长和教师的教育在关心和满足儿童心理需要方面的"缺位"，更深层次的原因，是家长和教师普遍缺乏有关儿童心理学和教育学的系统知识。面对子女的种种心理问题，家长不知道该怎样对待，学校和教师也指导乏力，水平有限。

当前我国的学校心理健康教育，一方面资源缺乏，另一方面又出现一种简单化、肤浅化倾向，即把心理健康问题普遍化，把很多未必是心理健康方面的问题当作心理健康问题。这跟过去没有"心理健康"这个概念时，习惯于把学生那里发生的一切，或归于"道德品质"问题，或归于"学习态度"问题一样，是一种简单化的表现。

【单元提示与问题探究】

正是在这个"给生命奠基"、"给民族未来奠基"的问题上，当前我们不断接到我国青少年学生身心发展状况堪忧的报告。

请联系实际谈谈你对这个问题的认识。

17.1　变"？"为"！"

魏书生

小时候，老师就告诉我们要做到 12 个字：坐如钟，站如松，行如风，卧如弓。

这样有利于身体正直，有利于保护视力。

我这样做了，视力果然好，身体也不爱得病。

于是，我便劝一届又一届的学生做到这 12 个字，特别是做到坐如钟。

我发现有的同学近视，大部分原因是坐的姿势不正确，非但不坐如钟，反倒弯着腰，弓着背，眼睛离练习本越来越近，有的甚至于偏着头，躺在桌子上写，还有的眼睛和书本之间只剩下一个鼻子的距离了。

有的人说："现在才是少年期就是问号，到了老年，还不变成句

号呀！"

我便对"？"号姿势的同学大声疾呼："赶快猛醒，将问号拉直，变成感叹号！坐如钟，又正又直多舒服。"

我知道，人的习惯不是靠一两次提醒能改变的。一两次提醒可能使人坐直一段时间，有的能坐直两三天，两三天过去又忘了。忘了，我便再提醒。

个别的同学弯得较厉害，我便个别提醒；不少人普遍不坐直时，我便面向全班提醒。

我说："请刘志军同学负责记录，老师每提醒一次坐如钟，你便记录一次日期，并写上第几次，好吗？看看咱们需要提醒多少次才能养成坐如钟的习惯。"

刚开始，提醒的密度较大，每天得有两三次，两周以后，就两三天提醒一次了。

"坐如钟！"我说。

"1月31日，第84次。"刘志军说。

"好久没说那3个字了，咱们班有几位又向'？'号发展了？"我说。

"12月12日，第108次。"

直到毕业前夕，刘志军向同学们宣布：

"坐如钟这个问题，老师一共提醒了116次。"

王良同学是体育委员，对工作认真负责，每个学年，他都向同学们公布全班身体检查情况，和去年对比，视力、身高、胸围、体重有了哪些变化，连全班每人身高增长多少，体重增长多少，他都细心地计算出来。每个学期，每个学年，每位同学达标的具体数据，他也都向同学们公布。

初一体检后，王良经过统计提醒大家注意："咱们班只有84只眼睛视力正常，同学们一定要把保护视力当作大事，争取到毕业时，这84只眼睛不视力减退，别的视力不正常的眼睛也保护住，不让它再往更高的近视度数发展。保护视力的有效办法之一，就是老师常说的，把'？'号变成'！'号。"

初二体检后，王良又宣布："这次体检，我们原来正常的84只眼睛，只有一只由1.2减弱到0.8，其余还正常，希望这位同学采取措施，保护眼睛不再继续向近视的方向发展。"

我了解到，这位同学是王艳，好的左眼视力正常，右眼刚开始近视。

我告诉她加强锻炼，增强体质，然后再认真做眼保健操，注意看书写字的距离，建立使这只眼睛恢复正常的信心，只要持之以恒地做，一定能取得好的效果。

毕业前体检时，不仅去年的83只眼睛仍然正常，王艳同学右眼的视力也由0.8恢复到了1.2，当王良同学宣布体检结果时，全班同学为之激动。

以后，一届又一届的学生我都不止几十次地提醒："坐如钟！把'？'号拉直！别变成句号！"

这件小事也使学生认识到，老师坚持对一些小事也要一不做，二不休，说了算，定了干，做就要做成功，做到底。

（原载《班主任工作漫谈》，有删节）

【点评】

教师不仅重视教给学生知识，提高学业成绩，还关心他的身体健康，他的视力和站姿坐势，学生很容易在感情上接受老师的劝告，学习效果也会好一些。而老师在课堂上不是说"请同学们坐直"，更不是严厉地说"不许趴在桌子上"、"不许弯腰"、"不许左顾右盼"，而是说"请把'？'号拉直，变成'！'号好吗？"幽默的语言使同学们感到轻松、有趣；在轻松快乐的气氛中，在不知不觉的状态下，学生接受了老师的教诲，改变了自己的习惯，端正了坐姿。故事中的老师教给我们这样的教育智慧：教育学生注重身体健康，不仅要苦口婆心，还要循循善诱；不仅要持之以恒，还要有点吸引力。

17.2　"心病"要用"情"来医

卢红明

刚上课，王立海举手请假，说这节课他去医院看病。他低着头，脸像一块大红布，他同宿舍的个别同学捂着嘴偷偷地笑。这是他第三次向我请假了，我虽觉得蹊跷，但看他那可怜巴巴的样子，还是痛快地准了他的假。

晚饭前，我带着责任，带着关怀，也带着疑惑来到了王立海的宿舍。"你到底哪儿不好？""我就是晚上睡不好觉，白天感到无力，没精神，头

131

昏脑涨。""多长时间了？""约半年了，药也吃了，就是不见好。"他小声地说。"那你好好休息，落下的课抽时间我给你补上。""不不不！老师，这部分内容我自己看看就行了，别麻烦您了。"他边应答边紧张地用手掩盖着什么。他床单上的斑斑精液痕迹，让我明白了他逃避上人体生殖系统和青春期的卫生课的原因。他得的是"心病"，是对青春期生理现象的恐惧症。这才是症结所在。恐惧使他遇性色变，更害怕别人提及相关问题。恐惧使他身体产生了不良反应，恶性循环，继而带来学习成绩的大幅度下降。

晚自习时，我端着一碗荷包蛋来到王立海的宿舍看望他，同时给他讲解有关青春期的卫生知识。我告诉他："青春期出现遗精是正常的，每个男孩子都有这种现象；而着凉、睡梦、内裤紧、被子厚以及精神紧张都会加剧这种现象的出现，频繁遗精就会导致乏力、头晕等不适症状。"他开始还心不在焉地听着，接着不住地点头。看来，我判断得不错。随后，我让他看了他们宿舍十几位同学的床单，看到和他有同样情况的有四五位同学。他红着脸，但紧锁的眉头展开了。我继续说："你性格内向，这种事情又难以启齿，你就沿着'坏—羞耻'这一思路不断往下想，越想越恐惧，以致不能自拔。现在你可以向与你要好的同学打听一下，看看他们是如何对待这件事情，如何顺利度过这一时期的。也可以问问你母亲。逃避可不是个好办法。"最后，我给他留下"生殖系统"和"青春期卫生"两部分内容的练习题，要求他从书中去找答案。在作业纸的前边，我写了如下一段话："避苦求乐是凡人的自然，多苦少乐是人生的必然，能苦求乐是人生的坦然，化苦为乐是智者的超然。经过风雨忽然，迎来艳阳灿然。"

两个月后，我发现王立海同学面色红润了，上课时又恢复了精神饱满的状态。学期末，他的学习成绩由年级100多名恢复到40多名。原来，他向母亲说了他的苦恼及老师对他的引导，妈妈告诉他，老师说得对。

通过此事，我深切地感到：治病需治本，"心病"当用"情"来医。

（原载《班主任》）

【点评】

学生因对青春期生理现象的恐惧而产生"心病"，老师没有就事论事。治病需治本，"心病"当用"情"来医。老师经过细心询问，深入调查，明白真相后，除了给学生讲青春期生理知识，告诉他青春期男孩遗精是正

常现象，帮助学生放下精神负担；还在给他留下练习题的作业纸前边，写下"经过风雨忽然，迎来艳阳灿然"等勉励学生战胜困难、走出困扰的话。故事中的老师，的确如自己所说，是"带着责任，带着关怀"做老师的。不仅如此，这位老师还具有处理有关青少年身心健康方面"棘手问题"的知识、经验和能力，这一点也相当重要，也是使他"关键时刻"能够向学生提供有效帮助的重要原因。

17.3　"林妹妹"的新生

袁天祁

"袁老师，现在我换了一个新的生活环境。在人际交往中，我尽量地使用您教给我的方法，收效很好！我现在觉得：人活在世界上真是有太多太多的乐趣。每向前一步，不论是成功还是失败，我都感到它能带给我很多的激励与教训。老师，让我再说一声：谢谢您，我的好老师！……"

读着这封来自西北边疆，对未来生活充满美好向往的长信，我的心被深深地打动了。我为这个曾一度对生活绝望，性格忧郁、孤僻的女孩，如今能正确地对待人生，正确处理人际关系而兴奋！

我不禁回忆起那段令人难忘的日子。

我接这个班时，她从新疆来沪借读已一年了，当时她面容憔悴，声音低弱，眼神怯生生的，怕与老师、同学交往。全班同学无忧无虑的笑脸与她忧郁的神情形成强烈的反差。由于她身体虚弱、性格不合群、爱生气，同学们戏谑地称她为苦命的"林妹妹"。她的学习成绩极不稳定，尤其体育不能达标。尽管班委会、同学们千方百计接近她、帮助她，可收效甚微。

现在的中学生，不是小皇帝也是时代的宠儿，怎么会冒出这么个"林黛玉"？我百思不得其解。心理测试的结果证实她的性格为最成问题的E型。科学测试结果与现实如此吻合，说明她的性格有严重问题！

经过调查与家访，我深入了解到了有关她的情况。

她的母亲有精神病家族史，她来沪后，与神经不正常的外婆、姨妈住在一起，思想、生活、学习等方面非但得不到照顾关心，还常备受干扰惊吓。特别是她姨妈整日疯癫吵闹，严重干扰了她的身心健康。

我对她倾注了极大的同情与关心，决心把她从窘境中解救出来。鉴于

她的特殊情况，要改变她的现状，必须首先改变她的生活环境。经过与她本人、父母及学校领导商量后，我把她接到了家中。

我们一家三口与她开始了共同的生活。我丈夫常为她解答学习上的疑难问题，儿子亲热地叫她"姐姐"，我则运用平时积累的营养知识精心调配一日三餐。她过生日那天，我买来生日蛋糕，插上生日蜡烛。围着烛光，我们与她一起回忆快乐的童年，唱起了祝愿歌……

不久我发现尽管她对我们家庭成员之间平等友爱的相处、言谈举止的和谐非常羡慕，尽管她希望能永远留在这个家里，她却不愿同学们知道这一切，而且每当夜深人静时，她会遥望星空很久、很久，还在小本子上写呀写的……

终于有一天，她神色庄重地递给我一个小本子，说："老师，您可以打开看它。"我逐页看完了那本日记，那是一本看了令人心颤的日记！里面充满了对生活的厌恶和对人的猜疑，还有面对血淋淋梦境的不安和惊恐……这竟是眼前这妙龄少女的内心独白和写照?！这就是隐藏在她内心深处，使她心灵不得安宁的秘密！我疑惑地打量她，她也正充满期待地望着我。我的心怦然一动。我觉得透过日记，探到了她内心的困惑、苦闷、早熟，也找到了问题的症结所在。我轻轻合上日记，拉着她的手，看着她的眼睛，平静地对她说："日记记的是过去，而我们面对的是现在，该着重思考的是将来。为了将来不像过去那样生活，让我们一切从零开始，努力用自己的行动，塑造一个新我……"

以后，我更多地关心起了她的思想。只要一有空，我们便聊起来。平日少言寡语的她，脑海中竟有那么多问题困扰，以致她的思想常像万马奔腾，无法收缰！我和她从人生万象、宇宙苍穹、真善美与假恶丑一直谈到生与死……无所不谈。我发现她酷爱音乐，爱看书，爱研究问题，我便与她谈贝多芬的坎坷命运与人生，谈《英雄交响曲》；谈保尔·柯察金与他的《钢铁是怎样炼成的》的诞生；谈卓娅和舒拉以及他们英雄的母亲；谈张海迪对事业的执著追求；谈平凡而伟大的共产主义战士雷锋；谈《为人民服务》的深刻内涵……

时间和坚持不懈的努力会改变一切。随着时间的推移，大家都发现她变了。她身体变强壮了，学习成绩也稳定了，和同学们的交往也日渐增多了。她的性格越来越活跃，语言表达能力的提高、思维的发展程度令同学们刮目相看。为了办好班级小报，她主动要求担任小报的主编。她还向团

支部递交了入团申请书。她已没有了往日的忧郁，生活在她面前翻开了新的一页。

又一次心理测试，结果为 A。我们全家特地为她开了一个小小的庆贺会。团支部也适时吸收她入了团，大家还先后推选她当了班级宣传委员和团干部。

初中毕业，她以较好的成绩考进了高中。虽然又住回外婆家，但她很自信：她整个人，整个人生态度都发生了变化，再不会像以前那样思维和生活了。每次来看我，她都给我带来好消息。令我最难忘的是那年我过生日那天，她悄悄地组织了十几个同学为我操办生日宴会。望着送来的鲜花、贺卡和精美的礼品，吃着同学们自己包的饺子，听着她和同学们畅谈如何设计未来生活的蓝图，我为她的新生、为她重塑了自己的心灵而由衷高兴。

高二时，她回到了阔别 4 年的新疆，进了阿克苏的一所重点中学，她给我来的每封信都充满了对初中生活和与我共同生活的那段日子的留恋与怀念。在最近一次来信中，她还告诉我："我现在已有了新名字，叫欣源（心愿）……老师，您看这个名字好吗？……"

透过信纸，我似乎看到她在欢呼着向我走来，欢呼着走向新生活！4年前，这个从新疆来的怯弱的小姑娘，在回到新疆时，从里到外，变了一个人！

（来自网络）

【点评】

为了帮助患上忧郁、焦虑、适应性障碍等多种青春期心理疾患的"林妹妹"获得新生，故事中的老师经过家访调查、接到家里共同生活（改变环境）、畅谈人生（关心思想）等一系列艰苦细致的工作，"倾注了极大的同情与关心"，终于通过"时间和坚持不懈的努力"改变了一切。结果是美好的，但是过程却是不同寻常的。所以，抚今追昔，读着学生热情洋溢的来信，老师被"深深地打动了"，"为这个曾一度对生活绝望、性格忧郁、孤僻的女孩，如今能正确地对待人生，正确处理人际关系而兴奋"，"似乎看到她在欢呼着向我走来"。辛勤的园丁不仅"教书育人"，还"治病救人"！这也许正是现代教育的一个特点。

18

生存教育

【先行知识】

"生存"最粗浅的意思是"活着"（保存生命），跟"死亡"相对。活着，是人类作为一个有意识的主体面对的永恒话题。不过，在人类不同的进化层次上，"活着"的含义不一样。今天，"活着"更多地含有"更强、更好、更持久地生存"的意思。

"生存教育"，按照达尔文"适者生存"的进化论观念，就是"适应性教育"，即教导人们在"物竞天择"的条件下，如何学会更好、更有效地"保存自己"。它与人类的产生相伴而生，广泛地存在于我们的日常生活教育实践中。俗话说"不吃苦中苦，难为人上人"、"爱拼才能赢"，这些都是民间日常生存教育的言论记录。

但是，"生存教育"作为一个正规的学校教育概念，可能肇始于20世纪70年代。1972年，联合国教科文组织的世界教育报告《学会生存——教育世界的今天和明天》，首次将"学会生存"的提法纳入教育学知识系统。至此，"学会生存"这个概念，就逐渐进入世界各国教育学文献。20世纪90年代，我国舆论界和教育界，曾就孙云晓先生采写的一篇报道《夏令营中的较量》所提出的问题，展开过一场具有里程碑意义的旷日持久的大讨论，众人"惊呼"我国青少年学生吃苦耐劳的精神和文明礼貌不如日本孩子，并提出要加强我国青少年学生的"挫折教育"，等等。这实际上关注的就是"生存教育"问题。

人类进化程度愈高，适应能力愈强，其生存竞争便愈激烈，生命或生态问题不仅没有减少，反而增加。这大概就是"生存教育"最终成为学校

教育课题的一个重要原因。

我国班级教育管理方面的文献著作，较少使用"生存教育"一词。但是，近年来人们在宣传、讨论素质教育时爱用的标语口号或格言警句式的提法诸如"学会（做事、做人、交往……）"，其中许多内容实际上讲的就是"生存适应性教育"问题。

2002年，《素质教育在美国》一书的作者黄全愈先生的新著《生存教育在美国》的出版，提醒我们对这个问题重新关注，也提高和加深了我们对这个问题的再认识。不仅如此，近年来我国有关方面已陆续推出有关青少年生存教育的教材和读本。

"生存教育"仅就其字面意思来讲，包含的内容很广，几乎家庭和学校对儿童进行的广义的关于生活学习、做事做人的教育，都可以称为"生存教育"。1989年联合国教科文组织召开的"面向二十一世纪教育国际研讨会"上提出了"学会关心"的宣言：关心自己的健康，关心自己的家庭、朋友和同行，关心他人，关心社会和国家的经济和生态利益，关心人权，关心其他物种，关心地球的生活条件，关心真理、知识和学习。"学会关心"的内容，就是"学会生存"的内容，其核心是"学会关心与做人"。

但是，如果我们把"生存教育"放在提出这一问题的特定时代背景下来理解，它着重强调的实际上主要是指青少年身上吃苦耐劳精神的培养、应付意外和承受挫折的顽强生活意志的磨砺和特殊境况下生存技能的训练。通俗地讲，生存教育就是"学会吃苦"、"学会吃亏"、"学会绝境之下求生"的教育。这一方面是对人类生存竞争的激烈与残酷的反应，另一方面也是对人类后代生存意志日渐薄弱的忧虑。

【单元提示与问题探究】

当前，人类生存竞争日趋激烈，新一代生存意志日渐薄弱，而生态问题日益增多。

请联系实际谈谈你对生存教育的认识。

18.1　跨越极限，战胜迷惘

梁秋梅

　　我在多年的班主任工作中，一直致力于生存教育。到目前为止，已使很多同学从心灵的伤痛中走出，成为出色的幼儿教师。下面就介绍一个实施生存教育的实例。

　　我班学生李芳（化名），入学半年多来，性格孤僻，少言寡语，很少与其他同学接触。一次卫生大检查时，我在她的床头发现了一瓶安眠药。随后我找她谈话，问她为什么床头会有安眠药。她眼里含着泪水，却什么也不肯说。她的这一举动引起了我的重视。我想，她心中一定有难言之隐，这个秘密非搞清楚不可。于是，我三番五次地找她谈话，可是，每次谈话换回来的却只是她满脸的泪痕和无尽的沉默。

　　为解开心中的谜，星期天我专门把她叫到我家吃饭、拉家常，最终还是一无所获。接着我又安排与她同宿舍的一位班干部注意她的日常举动。从班干部那里得知，她经常深夜时分在被子里偷偷地哭泣。

　　事不宜迟，必须马上与她家里联系，于是我利用双休日来到她家。不料她家没人。无奈之下，我走访了邻居。从邻居处我终于了解到，原来她的父母正在闹离婚。当我又一次找她谈话时，她知道事情再也瞒不住了，才道出了实情：

　　"不知从几岁起，我就时常被父母的吵架声惊醒。不懂事的我和比我小一岁的妹妹也只能惊恐地望着他们，无奈地蜷缩在墙角哭泣。我15岁时，父亲在姑父的公司里任经理，挣了不少钱。然而，也正因为有了钱，父亲另有了新欢。从此，父亲抛弃了我们，不再回家，并且要和母亲离婚。"

　　"一天，妹妹在电话中告诉我，父亲正手持木棍，恶狠狠地打母亲，母亲疼得在地上打滚，妹妹站在一边大声哭喊。可怜的母亲被打得鼻青脸肿、遍体鳞伤，原因是没有同意离婚。另外，听说父亲与第三者有了孩子，这更激起了我对父亲的仇恨。他只顾自己，让我们姐妹成了没父亲的人，让母亲身心备受折磨。电话中我痛骂了父亲。"

　　"为了摆脱我们的拖累，父亲把母亲告到了中级法院。法官找我问话时，我把父亲的丑恶行径如实地告诉了他，并明确表示父母离婚后，坚决

跟着母亲。父亲知道我的想法后，竟说了更让我伤心的话，他说哪怕我流浪，也不管我。"

"开庭前，我准备好了毒药，想在陈世美式的父亲面前服毒自杀，但是想到可怜的妹妹和日夜备受煎熬的母亲，我又犹豫了。父亲从法院得知自己犯了重婚罪，开庭时没有到场。问题一直拖至现在也没有解决。"

"可怜的母亲身患肝炎，需要花钱治病；妹妹该上高中了，也要花钱，所以我实在是念不下去了，要去打工，挣钱养家。可我真的不想辍学，因为我喜欢读书，更喜欢音乐、美术和舞蹈。矛盾的心理天天缠绕着我，我多少次想吃安眠药，以摆脱经济上的困窘和心理上的压力；我多少次想扔一包炸药与父亲及那第三者同归于尽，以解心头之恨……"

听到这不幸的遭遇，我的泪水不住地往外流。但我马上意识到，对于一个有轻生念头的学生来说，一念之差带来的后果将不堪设想，所以，我要尽量控制自己的感情，用自己的一片爱心去温暖她，帮助她从困境中走出来。

首先，我从思想上开导她。我语重心长地对她说，千万不能做出自杀的傻事，也不能每天以泪洗面，更不能非法地去报复伤人。面对现实，只有刻苦学习，成为社会有用之人，才能报答母亲及其他亲人的养育之恩。要相信法律的公正，它一定能为母亲讨回公道。否则，任何不理智的行为都将会给母亲以更大的打击。

其次，我在精神和物质上援助她。一方面，我用书信与她母亲取得了联系，表明对她的同情与关心，并如实告诉她孩子在学校的表现，希望共同携手，克服困难，努力把孩子培养成合格的幼儿教师；另一方面，我将学校每月发的40元班主任费捐给她，并号召同学为她捐赠了几百元。

假日里，我和班长及团支部书记代表全班同学登门看望了她和她那肝病缠身的母亲。谈话中，我发现她心里一直有一种不踏实的感觉，认为自己拖累了大家，所以不时地还会闪现出轻生或退学的念头。

为了让她的精神与情绪切实放松、平静下来，通过努力，我在学校食堂为她找了一份服务工作。这样，她可以利用课余时间在那儿帮忙，除了吃饭不用花钱外，每月还有少量的零花钱。一段时间之后，她投入到了快乐的学习和忙碌的劳动之中，最终消除了退学的念头，一颗冷漠的心渐渐地燃烧起来了。班集体的各项活动，她都积极参加，劳动中她专干重活、脏活；学习上，她又拿出了初中时那种刻苦认真的劲头，成绩直线上升，

特别是舞蹈专项越来越突出。

这个实例有力地证明，在当今的学校教育中，生存教育的实施势在必行。

（原载《班主任》）

【点评】

故事中的老师，最难能可贵之处，是多年来自觉坚持在班主任工作中致力于"挫折教育"，并且已经帮助很多同学最终战胜困难，完成学业，成为出色的幼儿教师。的确，现代人遭遇的许多"生存危机"，主要表现为"心理危机"，所以，这位老师"危机干预"的一个突出特点，是帮助很多人走出"心灵的伤痛"。这位老师采用的"精神救助法"，主要是"开导"、"援助"当事人，包括帮助解决当事人实际生活中的一些具体经济困难、矛盾纠葛问题，从而鼓励被助者最终依靠自己的信念和勇气"跨越极限，战胜迷惘"。

19

理财教育与闲暇生活指导

【先行知识】

我国高度重视养育下一代，称他们为"小皇帝"、"小祖宗"。"再穷不能穷孩子"，表现在孩子的"零花钱"上问题最明显，一般家长只是一味地"舍得"，压根儿没有想到还有个"理财教育"问题。即使有人提出这个问题，也有许多"富爸爸、穷爸爸"满不在乎："现在会花，将来会挣!"据说，在某小学，一位男生向刚来的班主任打赌说，自己身上的零花钱比老师多，班主任不信，结果那位男生的兜里居然装了500元钱。

我国中小学生的钱，94.4%来自父母，孩子们拿钱大多是用来买自己需要的东西或捐助，但也有16.2%的学生把钱花在"与同学朋友聚会"上，11.5%的学生把钱花在"到娱乐场所玩"，而且孩子花钱基本上是不顾及家庭经济状况的。另外，父母对孩子的理财教育比较欠缺，学校更显薄弱。调查显示，有近26.6%的父亲、16.5%的母亲和45.1%的班主任，对少年儿童花钱的情况"很不关心"或"不太关心"。因而我国青少年儿童的理财意识和能力较差，不少家长抱怨自己小孩恨不得什么都买，一点也不体谅家里的实际情况。

看来理财教育，势在必行。

从小学会如何把钱花在最该花的地方，短期看，是让孩子们懂得节制，不"乱花钱"；长远看，其实培养了他们的理财能力和独立生活意识，而这会使孩子们终身受益。父母有钱，又怎样让孩子理解金钱与个人的关系呢?在这一点上，国外一些有钱人的做法颇值得我们借鉴。与我们所说的"再穷不能穷孩子"不一样，他们崇尚"再富不能富孩子"。他们认为

让孩子拥有一种天生的金钱优越感对其成长有百害而无一利。他们通常只给孩子很少的零用钱，并鼓励孩子自己去打工挣钱，让孩子明白：金钱的获得并不是轻而易举的；财富要靠自身的努力去积累，积累财富的过程或许比财富本身更有价值。

据了解，美国儿童理财教育的目标要求是：3 岁能够辨认硬币和纸币；4 岁知道每枚硬币是多少美分，认识到无法把商品买光，因此必须作出选择；5 岁知道硬币的等价物，知道钱是怎么来的；6 岁能够找数目不大的钱，能够数大量硬币；7 岁能看价格标签；8 岁知道可以通过做额外工作赚钱，知道把钱存在储蓄账户里；9 岁能够制订简单的一周开销计划，购物时知道比较价格；10 岁懂得每周节约一点钱，以便大笔开销时使用；11 岁知道从电视广告中发现事实；12 岁能够制订并执行两周的开销计划，懂得正确使用一般银行业务中的术语；13 岁至高中毕业，尝试进行股票、债券等投资活动以及商务、打工等赚钱实践。

另一个颇具现代性的问题——中小学生闲暇生活，也是当前我国多数学校和家庭关注的空白。

闲暇，是一种个人工作、劳动、学习之余可以自由支配的时间。闲暇对于个人和社会具有多方面的价值，古人已有论及。在商品经济时代，最初注意闲暇的消费价值的是经济学家，后来研究社会学、社区管理、商品经济、旅游经济、老年问题和青少年工作的人，都开始注意闲暇问题。闲暇在国外成为教育研究主题，始于 20 世纪 20 年代，最初属于教育社会学和成人教育学关注的问题。在我国，学生的闲暇时间成为教育学关注的问题，大约始于 20 世纪 90 年代。那时，经过两次全国性的工时调整以后，中小学生的闲暇时间变为 170 天/年，约占全年时间的 47%。

中小学生的闲暇时间都用来做什么了呢？初看，这是一个没意思的问题。经过一番考察研究以后，人们会发现"闲暇教育学"研究的问题不无关注的价值。我们既可以从我国中小学学生支配个人闲暇时间的情况，得知他们的学习、生活、发展的状况，也可以通过中外比较发现各国教育差异及其带给青少年成长的影响。

当前我国中小学生在闲暇时间问题上，凸显两大问题：

一是课业负担过重，闲暇时间不闲暇。毋庸讳言，我国一般中小学生，少则百分之六七十，多则百分之八九十闲暇时间，除了吃饭睡觉，主要用于应付功课——永远做不完的作业和上各种名目的"强化班"、"补习

班"、"提高班"、"特长班"等。而国外，例如欧美各国中小学生百分之六七十的闲暇时间是用于娱乐和体育运动。小学一般不布置家庭作业或只有少量的轻松愉快的阅读、观察、活动方面的要求。中小学即使布置家庭作业，也有严格的法定的时间限制，不是以小时计，而是以分钟计。没有闲暇的人，是没有自由的人。没有充分自由活动的儿童，是发展不充分、不健全的儿童，也是不快乐、不幸福的儿童，是"少年老成"、"未老先衰"的一代。

二是生活内容单调，闲暇时间很无聊。这是可想而知的，我国一般中小学生，除了看书、做作业、看电视"三大件"事外，别无多少活动或去处。别说课业负担重，没有多少"玩"的时间，即令"解放"了，请问又能去哪儿？玩什么？一般户外活动不安全，街道市区又有太多不良诱惑，青少年活动中心不健全或移作他用，地方图书馆、博物馆或不健全，或数量有限，难以接纳蜂拥而来的中小学生。

【单元提示与问题探究】

中小学生在闲暇生活状态及零花钱上所反映出来的问题，目前基本上尚未引起一般家长和教育工作者的注意。

请联系实际谈谈你在这些问题上的看法。

19.1　在实践体验中培养学生的理财能力

谢　芳

理财能力是当代人必备的基本素质。为了增强与提高学生理财的意识与本领，我们学校开展了一系列的实践活动，引导学生到社会生活中去，用自己的眼睛去观察，用自己的双手去体验，用自己的智慧去感悟，从而化为自己的理财智慧，外显为自己的理财能力。

为了让学生能亲身体验生活，我校于12月份举办了别开生面的跳蚤市场活动。孩子对于什么是经济意识，什么是市场运作，还是比较陌生的。为了使活动能够在科学理论的指导下顺利开展，我们在活动前请来了留美经济学博士、省建设银行的经济师给学生做关于银行、股票、公司等的知识讲座。

接着，在班主任的指导下，各班学生成立了自己的"公司"，并通过

贷款、参股等途径为"公司"筹集资金。各"公司"的法人代表向"华南实小工商局"申请营业执照。同时各"公司"安排好各部门负责人及工作人员，并明确各自岗位的工作职责。比如，企划部负责策划公司的商品宣传，制作商业广告等；市场调查部负责市场情况的调查；采购部负责到市场采购。"公司"还下设会计、出纳、保管等，负责对"公司"经济业务进行核算。有了以上完善而有效的"公司"机构设置，再加上责任落实到具体人头，各"公司"的各项工作都能井然有序地开展起来。

作为商业企业，进货质量的好坏和成本高低决定着企业的经济效益。每位学生在采购货物的过程中了解了买卖货物的窍门。比如，深入调查各班所喜欢的商品，进行暗访，把进货原则定位在价廉物美上，尽量采购一些既好看又实惠的商品。采购中尽量与商贩周旋，在与商贩的讨价还价中，学生们的语言表达能力得到了提高。

在销售商品时，"公司"的每个工作人员分工明确，各司其职。平常不爱说话的学生也做起销售员，在他们的循循善诱之下，"顾客"开开心心地买了一件又一件商品。平常精于算术的学生做起会计毫不马虎，算好钱，开好发票，做得一板一眼，有条不紊。平时口才很好的学生，敲锣打鼓大声吆喝，吆喝声中，顾客蜂拥而至。此起彼伏的声音就好像是真实市场里的叫卖声。

为了提高消费者自我保护意识，这次跳蚤市场活动，还专门设立了市场管理部门。消费者在购物过程中，如遇到商品质量或价格不公等问题可向销售公司交涉，如解决不了可向 12315 部门进行投诉。各公司经营结束后要向税务部门缴纳 2% 的税款。如在消费中遇到疑问可向各部门进行咨询。

这次活动的最大特点，就是每个学生亲身参与。由于活动别开生面且有特色，为此，福州电视台记者专程到我校进行采访。

孩子们在跳蚤市场活动中学到了很多书本上学不到的东西。活动之后，又纷纷拿起笔，在老师的指导下将活动中的有趣故事写下来，此次跳蚤市场活动意义已超过了活动的本身。

为了让全寄宿的孩子们更多地接触社会，学校还在周末组织他们到市场上购物。每隔一段时间，学校发给每个学生 20 元，利用双休日外出到各大书店购书。在购书过程中，学生利用手头的资金选购自己喜爱的读物。其间有单独买的，有两人合作买的，有小组成员集资购买的。在购物

中，他们相互商量，合理使用资金。这不仅有助于培养学生与别人合作共事的精神，也锻炼了他们合理、有计划地使用金钱的能力。

除此之外，我们还结合春游让学生们学习购物理财，花最少的钱买最多的物品，既吃得饱又吃得好。在金钱消费过程中，许多学生体会到父母赚钱的不易，激起要好好读书以报答父母的情感。每逢周日，我们还组织学生轮流外出采购，并下厨房学做菜，从中体会食堂工作的艰辛。

丰富多彩的实践活动让课堂的知识融入生活，使理论与实践紧密结合。有的学生深有感触地说："真是'纸上得来终觉浅，绝知此事要躬行'呀！"

（来自网络）

【点评】

理财，原本就是一个很实际、很日常化的行为，所以，学校理财教育，要区别于一般科学文化知识教育的形式，不能光教知识、空讲道理，而是要走"活动课程"的路子，通过营造氛围，创造情景，联系实际，提供机会，开展活动，让青少年在挣钱、存钱、花钱、数钱的"真实体验"中，获得对钱财性质、价值、创造、经营、管理（挣、花、积）等方面的理解与认识。故事中的学校遵循的就是这种"活动教育"的原则，他们通过开讲座、办"公司"、专项购物等活动，让学生精于赚钱、合理花钱，体验赚钱艰难、花钱要有计划的道理，获得相关的理财能力。同时，学生在理财活动中还会学到很多"书本上学不到的东西"，如口才、兴趣、胆量、交际、开朗的性格等。

20

发展性评价

【先行知识】

　　教育评价是一个重要的现代教育学概念。教育评价包含考试，但不等于考试，要比考试的内涵丰富得多。

　　首先就教育评价的作用来讲，教育评价既具有淘汰、选拔（社会学意义上的）功能，也具有诊断、摸底、反馈、促进、改进（教育技术上的）和激励、鞭策（教育心理学意义上的）功能。我国一般较为熟悉和重视的是它的社会学和心理学意义上的功能，较为忽视的是它的教育技术上的功能。

　　从其功能方面来看，教育评价也可以分为配置性评价、选拔性评价、形成性评价和终结性评价等。配置性评价类似于我们所熟悉的"摸底考试"，它是为弄清情况、制定教学培训方案服务的；选拔性评价类似于我们的"升学"、"招工"、"招干"考试，是我们较为熟悉的一种甄别、选拔、淘汰式评价；形成性评价也可称为诊断性评价，它是指一定的教学培训过程中所进行的评价，目的是为了明确一个阶段或单元学习与教学的效果以决定如何进一步开展教学，类似于我们的"单元测试"；终结性评价用于学习的结束，类似于我们的"毕业考试"或者有等级证书的"水平考试"。我们较为熟悉和重视的是选拔式评价。形成性评价（诊断性评价）或"单元考试"，在我们这里也"变味"为给学生排名或用作表扬与批评、激励与惩罚学生的依据。

　　依据评价的不同需要，人们选择评价的方式、标准和对评价结果的处理也就不同。

不仅如此，现代教育评价还特别注意评价方式、手段、技术以及参与评价的主体的多元化。就评价方式而言，除了纸质考试（笔试）外，还有口试、面试、综合评语、档案袋或成长记录（包括社会实践和社区服务内容）、推荐信等；就参与评价的主体而言，除了班级教师评价，还有学生自评互评、家长意见、任课老师意见和学校教学行政领导意见，等等。我国一般较为熟悉和重视的是纸质考试（笔试）、操行评语和较为单一的班主任意见。

班级教育管理中的评价与教学方面的评价原理与技术并无二致。

【单元提示与问题探究】

没有评价就没有教育。教育评价的改变或进步，往往代表和反映的就是教育的改变或进步。

当前我国在教育评价变革与改进方面，正在发生哪些变化呢？请联系实际谈谈你的认识。

20.1　别了成绩册，迎来"成长册"

徐　敏　庄玉兴

从今年新学年起，上海普陀区全区小学取消了传统的学生成绩册，以新颖的"成长册"来记录学生各方面的发展状况。成长册以学生自我评价为主，共有"我的介绍"、"我的学习"、"我的进步"、"我的活动"和"我的建议"5个部分。在一年级成长册中，仅"我的介绍"栏目，就有"我的照片"、"我在幼儿园学会了……"、"我想和××交朋友"等，受到学生欢迎。在三年级的成长册"我的学习"栏目中，则设置了"老师对我说……"，"父母对我说……"，"同学对我说……"等填空栏，使学生更好地认识自我，老师更好地了解学生。

成长册中各门学科评价是分层次进行的。如五年级成长册中英语成绩分为"基础知识"、"说话"、"听力"3个部分。主要学科成绩登记栏后，还附有"教师的话"，让学生知道自己在学科的哪方面较好，哪方面较弱。

另外，成长册还记录了学生的点滴闪光之处。学生可把发表过的作品名称写在"我的进步"栏目中，把自己做的好人好事写在"点点闪光"中。学生还可以自由添加能反映自己心声的内容。

（原载《解放日报》）

【点评】

传统的学生成绩册给人的印象是几个冰冷的数字和几句单调的评语。一个活生生的人就简化为数字和几句格式化的语言,全然忽略了人的个性和多样性;而且这种评价,永远只是来自教师一人之手,"褒你贬你没商量"。"成长册"相对于这种"成绩册"来讲,至少有三点"可爱"之处。其一,这里有受评主体的"出席",评价主体多了一"元"。其二,直观、生动、感性、立体、全面,有利于学生的自我认识,能使评价真正发挥促进学生发展的作用。其三,公开透明,被评价者再不会"被蒙在鼓里",这有助于学生的民主、公正等现代意识的培养,也有助于学生健康人格的养成。一句话,"成长册"显得人性化,能够彰显学生的个性,更有利于发挥评价的促进功能。

第三编

班主任工作新课题

21

儿童幸福：知识与快乐都重要

【先行知识】

我国自古至今都非常重视后代教育，中国父母为孩子含辛茹苦、无私奉献、"鞠躬尽瘁、死而后已"的精神，据说在世界上是"首屈一指"的。

虽然中国父母重视后代教育，但是一般中国父母和成年人是没有"儿童幸福"这个概念的，即使有，他们也一般只把这个概念理解为"有吃有穿"、"有玩有学"、"不受人欺负"。在他们看来，儿童生活没有比这更复杂的东西了。

但在今天的中国，只要是家有学童为人父母的，只要是有点文化关注教育或者刚刚结束"学生岁月"还未失去童年记忆的，都不得不承认一个事实：中国的儿童不幸福！从上幼儿园开始到初高中毕业，"识字—读书—上大学"的锁链就套上他们，无法解脱。

"吃、穿"不说，现在让我们先来看看"玩"吧。平时"家庭作业成堆"倒也罢了，越是假期作业越是"爆满"，就连跟爸妈出门旅游也要"回来之后写观感"，所以，他们对一向喜欢的"放假"、"旅游"，宁愿宣布放弃。幼儿园以"本园布置家庭作业"为诱饵招徕家长；小学"减负"不布置家庭作业，家长不依不饶；中学生总是伏案到深夜，清早又是全家最早出门"上学"的人，累得他们连"玩"的兴味也没有，常常"只想好好睡一觉"。上海一项调查显示：20%的少年儿童感到几乎没有玩的时间，80%的少年儿童每天玩的时间不足一小时。60%的学生反映，双休日主要内容是家教、补习班和做作业，而锻炼和家务劳动几乎为"零"。近60%的学生每天睡眠在 8 小时以下，其中 13% 为 6 至 7 小时，8% 在 6 小时以

下。57.9%的家长认为孩子应该不断学习。被调查的孩子最想向家长讨的"三大权利"是：玩、睡觉、自主阅读。

再看看学校教育。北京市教育科学研究院的一项调查显示：中小学生中认为课堂上教师"凶、厉害"的占八成，抱怨老师有时"不公平、偏心眼、嘲笑、讽刺、挖苦"；近六成的中小学生反映老师批评学生时"体罚或变相体罚"。课堂提问时，学生"从不"打断老师的讲课，提出自己的问题或困惑者高达93%；学生"从不"针对教师讲解的观点，提出不同意见者达91%。学校普遍要求"上课不准讲话"、"发言要举手"、"点名回答问题答不出不能坐下"。一项全国性调查显示：62%的学生认为"老师只喜欢考试成绩好的学生"，51.8%的学生认为"大部分学生对老师都有一定的畏惧感"。另一项全国性调查显示：中小学生对学校课程普遍不喜欢。除物理、化学外，其他课程的喜欢比例随年级升高而下降。在回答"为什么喜欢该科目"时，70%～80%的学生选择"成绩好"，30%～40%的学生选择"教师讲解好"，不到30%的学生选择"有兴趣"，这说明大部分学生不能在学校体验学习的乐趣，只是苦学。

有人说，在我国发生了事实上普遍存在的"童年恐慌"，这并不是"杞人忧天"或者"危言耸听"。

其实，我国中小学生主要因课业负担过重造成的恶劣的生存状态，一般家长和老师最"心知肚明"，他们只是不愿意说出来，"怕泄了孩子的劲，也泄了自己的劲"，否则，谁来"给家庭增光、给学校增光、给老师增光"呢？一项全国性调查显示：大多数父母首先把"将来上大学"作为孩子的前途，其次是"只要孩子将来生活幸福"，再次是成为"对国家和社会有用的人"，而成为品格良好的人似乎并不重要。对"只要孩子的学习成绩好，其他都不重要"的观点，大部分家长倾向于同意，11%的家长完全同意，只有27%的家长不同意；对"健康的身体、良好的情绪比学习还重要"的观点，仅有5%的家长同意，而32%的家长不同意。

我们习惯于认为儿童的价值在未来，因而对儿童教育的价值取向也主要指向未来。而对人类现代教育发生了"哥白尼式的革命"影响的美国著名教育家杜威早就指出："教育即生活"，"教育即生长"。教育不是生活的预备，而是儿童现在生活的过程。

试想，没有"童年"的感性、直觉、经验、行为、习惯、兴趣、本能和能力的"充分发育"，将来会有知识、理性、智慧、思想、信念、观点、

主张、抱负、意志的"高度发达"吗？没有"童年"的幸福，哪会有"将来"的快乐？没有"快乐儿童"的国家，怎么会有"理想的未来"？

比杜威稍早的18世纪法国启蒙思想家卢梭，在其讨伐封建教育的檄文、著名的教育哲学小说《爱弥儿——论教育》一书中，针对当时教育压抑儿童个性，只是向儿童灌输那些他们不理解、不喜欢、空洞无用的东西，消耗儿童宝贵的生命和时间的现状，也曾尖锐地指出：2～12岁的儿童，处于"理性睡眠期"，"请勿以文字教育给予你的儿童"。他主张这个时期的儿童仍以身体和感官的发展以及感觉经验的积累为主。[①]

一百年前一位伟人发出过呐喊："救救孩子!"今天我们则要呼吁"保卫童年"!

【单元提示与问题探究】

我们习惯于认为儿童的价值在未来，而联合国却指出："儿童，你的名字不是明天。"

请联系实际，谈谈你对"儿童幸福"问题的思考。

21.1 "活着真没意思"

在近日的采访中发现，由于功课繁重、竞争激烈、父母期望太大等原因，"活着真累"、"活着真没意思"等话语竟成了时下广州小学生的流行口头禅。

育鹰小学一名四年级的小学生说，他们每天不但要完成老师布置的作业，还要上各种各样不同的兴趣班，反正只要父母要求就得去上，"我都快累死了"!

儿童心理学专家认为，现在社会竞争激烈，加上家长期望过高，孩子们的压力可想而知，偶尔喊一下"累"是正常的，但不能让这种心态长期存在，更不宜让其蔓延开来。家长和老师特别要注意一些比较内向的孩子，一旦发现他们有这样的心态，要及时进行开导，避免他们作出自杀或

---

① 李明德，金锵. 教育名著评介（外国卷）. 福州：福建教育出版社，1992.
99.

自闭等极端行为。

（原载《新快报》）

【点评】

本来是如花年华、少年不识愁滋味的日子，却发出"不能承受的生命之重"的沉重喟叹，这不能不值得我们深思。孩子们在家背负家长沉重的希望，在校承载老师沉重的作业负担。少年儿童时期正是人生最美最纯真的时期，可我们孩子幼小的心灵却蒙上了一层阴影，过早地失去了天真和快乐。家长和学校合谋剥夺学生的快乐，让他们从小就生活在无边的灰色中。少年老成，是青少年的不幸，也是国家民族的悲哀。我们总是说青少年是国家民族的希望，可是他们在青少年阶段就没有希望或者不敢希望，那么国家民族的希望又能在哪里呢？

22

德育困惑："好孩子"教育可以休矣

【先行知识】

我国堪称"德育大国"，但是"德育"在我国的状况从来就不令人乐观。仅就新时期学校"德育"来说，数其大端，至少弊病有三：

一是"德育"概念无限泛化。我们至今仍称"德育"为"思想品德教育"、"思想政治教育"或"道德品质教育"、"思想政治道德教育"等等。无限泛化的"德育"内容通常将爱国主义、集体主义、科学人生观、理想、纪律、法制、劳动观念、文明礼貌或中小学生行为规范等内容，统统纳入"德育"的范畴。"德育"时而表现为"好公民"教育，时而表现为"好孩子"教育，时而表现为"中国人"教育，等等。这就使真正的"德育"淹没在名词概念和内容标签之中，不知其为何物了。造成这种情况的原因，除了客观原因外，至少有两点"主观"原因：过于功利、实用的德育观；"德育学"缺乏严格的现代科学心理学、教育学依据。

二是"德育"内容严重窄化。一方面，大凡情感的、情绪的、心理的、思想的、观点的、认识的、态度的、立场的或非知识的、非技术的、非智能的统统归口"德育"；另一方面，"德育"的目标内容其实很简单，即"好公民"、"好孩子"、"好人"教育。而"好"的标准也简单，即"听话、服从、温顺、善良、好领导、好管理、好调教"。诚如有人一针见血地指出：这是一种典型的没有学习者的需要、学习者的选择自由和学习愉悦的"规训化"活动。有人批评我们的教育是"目中无人"的教育，显然也是指这种"主体性缺失"的"德育"。

三是重灌输轻养成。有人批评我国学校的德育是"幼儿园教小学的东

西，小学教中学的东西，中学教大学的东西，大学教幼儿园的东西"。大学为什么还教幼儿园的东西？因为中小学教的很多基本行为规范并没有落实！德育发生这种"教育的颠倒"，究其原因，除了"好孩子"教育因其内容局限遭拒而没有落到实处外，也跟学校"德育"教育方法不正确不无关系："思想品德"作为课程，像一般文化知识课程一样，以灌输为主；许多需要践行的品德规范，并没有通过养成而内化为道德主体的自觉行动。

　　凡此种种，已见我国当代"德育"的通病。

【单元提示与问题探究】

"我"不愿意当"好孩子"，这是"道德主体缺失"教育的恶果。
请联系实际，谈谈你对"好孩子"教育局限性的认识。

22.1　我不想当"好孩子"

康　钟

　　记者根据一个母亲提供的线索了解到，有一个男孩 (尊重他的意愿，本文隐去其名)，刚刚 13 岁，已获得多项荣誉称号，还在校、区、市和全国的书画、征文、讲演等比赛中多次得奖，并且已经发表了好几篇文章。

　　他不仅讨成人喜欢，在同学中也很有威信。老师曾在一次语文课上要求以"班里的一位好同学"为题作文，几十个同学不约而同地都是写他。他一直是班干部，各科成绩都名列前茅，校运会上又获得冠军。平时他舍不得乱花一分钱，却将自己的全部零钱捐给了灾区。而且这个孩子很有是非观念，他认为不对的事，决不附和。他说，他的理想是当个探索宇宙奥秘的科学家。

　　男孩这个学期被免了班干部。母亲很不安，问是否出什么事了，男孩的回答是："不当更好，我自由了。"男孩再次被推荐为"广州市好孩子"候选人，征询电话打到家中，男孩的嚷嚷使母亲吃了一惊："我不想当'好孩子'，我再也不想当'好孩子'了！"

　　母亲想起来了：男孩得到种种荣誉之后，常常会被很多双眼睛注视，然后再被很多张嘴巴议论——"跟普通孩子没啥两样嘛。"男孩也有调皮的时候，于是他就会受到这样的指责："'好孩子'怎么可以犯错误！"男

孩受不了了，他宁愿不要那些光环，以求能够轻轻松松地助人，快快乐乐地淘气，就像天底下的普通孩子一样。

（原载《羊城晚报》）

【点评】

据一项调查显示，爱学习、诚实守信以及勤快听话是绝大多数家长心目中"好孩子"的标准，而独立意识、创新能力、合作交流等并没有被家长们广泛认同。"好孩子"的标准仍然停留在传统的层面上，作为"现代人"应该具备的素质并没有随着社会的发展与进步而及时地反映在人们的教育观念上。学校教育也同样存在此类问题，教师心目中"好学生"的标准也是数十年如一日，已经僵化。爱学习、诚实守信以及勤快听话，好不好呢？好！但是它只是反映了"好"的一部分，并不代表"好"的全部。时代在发展，教育在进步，"好"的标准也应当与时俱进，增加新的具有时代气息的内容。

23

生命如此美丽：学会保护自己最重要

【先行知识】

我国将每年的 3 月 29 日定为全国中小学"安全教育日"。现在威胁青少年安全生长的因素日益增多，青少年安全问题已经成为家长们拂之不去的一块"心病"，成为一种"社会之痛"。据调查，我国每年约有 1.6 万名中小学生非正常死亡，平均每天 40 名。目前意外伤害已占到 0～14 岁儿童死亡顺序的第一位，意外死亡人数占总死亡人数的 26.1%。致使中小学生发生意外伤害的主要危险因素为车祸、跌落、溺水、烧烫伤、中毒、窒息、自杀七大类。另据统计，某市近两年曾发生 30 余起对在校女生精神、身体等造成伤害的案件，而因不懂交通规则、没有防火意识、缺乏旅游常识等原因造成的学生意外伤害事件更远远多于这个数字。

概言之，造成青少年意外死亡的主观原因，不外乎两条。一是死于脆弱。生活意志薄弱，生命意识淡薄，一遇到不顺心遂意的事或重大打击，就想不开，选择"结束生命"，以保全自尊或回避挑战。二是死于无知。平时防范意识差，知识准备不足，一遇到危急情况需要紧急避险时，便方寸大乱，手足无措，有时哪怕只是一件小事，也会使自己陷入"万劫不复"之地。

种种原因，凸显家庭和学校安全教育的重要。青少年应对灾变的素质不是天生的，只能有赖家庭、学校的训练。

安全教育的重要性无人不知。

安全的定义是什么？安全事故的种类有哪些？造成儿童伤害的自然的、社会的、自身的因素有哪些？如何对青少年学生进行安全教育以及进

行哪些安全教育？现行的读物和课本的开发已经颇具规模。当下的问题是，学校和家庭安全教育的方法很落后，一般还停留在事故发生之前的"禁止"和"告诫"、安全条例的制定、安全管理教育责任书的签订等责任划分、安全说教层面，较少将安全意识、安全知识和安全技能的教育落实到儿童生活行为、生活习惯、生活技能层面。

安全教育在一定意义上也属于生存教育的有机内容。生存教育在于引导儿童应对生存危机，安全教育在于引导青少年保证生命安全，二者都涉及"生命保存"。

青少年违法问题，初看是法制教育缺失的结果，其实它也涉及安全教育、生存教育。青少年之所以违法犯罪，那就是因为他们没有得到社会、家庭和学校的有效保护。换句话说，违法犯罪的青少年本身也是"受害者"，是个人"无知"和"不安全"的社会环境的牺牲品。

开放社会，威胁青少年安全成长的因素中，还有一个鲜为人知的内容，那就是青少年十分容易成为成年人性侵害、性犯罪的对象。所以，生命安全教育内容中，有关性侵害、性犯罪防范意识和能力教育，也应该引起我们这个还有点"谈性色变"的国度的家庭和学校的高度重视。

网络时代，青少年安全、法制教育又增加了一项新的内容，即防止网络违法或网络受害，也就是网络安全教育。

由于我国网络管理（包括网络经营管理）水平尚待提高，加上我国青少年儿童课业负担普遍偏重，而家庭、学校教育引导方式普遍不当，所以，近年我国在校青少年学生因逃避教育、沉迷于网络（特别是网络游戏）而导致学业荒废、人格扭曲甚至违法犯罪的人数有增无减，并且正在演变为一种新的"社会之痛"。这也是需要我们高度关注和大力研究的。

【单元提示与问题探究】

避免造成儿童伤害的自身因素——生命意识、生活知识和生存技能，是学校和家庭安全教育职责中最能做到"防患于未然"的部分。

请你联系实际，谈谈当前我国一般家庭和学校在青少年安全教育方面的情况。

23.1　不该蒙垢的花朵

王长国

　　网络连接你我，网吧无处不在。几乎一夜之间，在大江南北、大街小巷，如雨后春笋般地出现了大大小小的网吧。"上网"成了人们时髦的话题，对一切新生事物一直拥有强烈好奇心的中小学生，便潮水般涌入了这个时尚领域。

　　随便走进一家网吧，攒动的人头中大都是青少年学生，更有一些沉迷于网吧而不能自拔者，走上暴力犯罪的也是屡见不鲜。本篇通过近年来发生的一组典型案例，呼吁全社会立即行动起来，关注网吧，关注上网人员，关注青少年暴力犯罪。

一

　　鄂西北丹江口市某中学生强强虽只有16岁，却有多年的网龄。网吧是他打发无聊时光的最好去处，他因此结识了不少年轻的网友，其中有一个叫"柚游"的女孩。今年3月29日晚10时许，强强在咪咪网吧聊天时又遇到了"柚游"，于是强强在网上约"柚游"出来吃饭，遭到拒绝，因言语不和，二人便在网上辱骂起来。强强决定给"柚游"点"颜色"看看，他用激将法让"柚游"说出了她所在湖西网吧的位置后，叫上几个朋友，带上三根铁管赶到湖西网吧。他们将"柚游"叫出网吧，强强上前就对"柚游"进行殴打。"柚游"也不甘示弱，反手还击。强强火冒三丈，随手将铁管照着"柚游"的头部砸了下去。顿时，"柚游"的头上鲜血直流。后在"柚游"的苦苦哀求下，强强等人悻悻而去。过了数天后，"柚游"的一网友"村长"找到强强要求赔偿医药费，强强又伙同20名网友将"村长"的住处乱砸一通，将多人砸成重伤。

二

　　今年4月，重庆永川警方端掉了一个犯罪团伙。一群互不认识的青少年通过网上聊天联络策划，结伙对在校学生实施抢劫。

　　3月19日清晨8时许，重庆第二财贸学校4名学生步行到萱花北干道时，突遭4个少年暴打，并搜走了他们身上的20多元钱。之后不到3小

时，该校另 3 名学生又在街上被 7 名少年挟持到僻静处，同样遭受暴打，身上 100 多元钱同时被抢走。接到报案后，重庆永川民警迅速行动，当天中午就在一家网吧门口捉住了 4 个抢劫嫌疑犯。

通过审问发现，这是一伙具有松散组织的团伙，成员有 11 人，共同爱好是上网，互不相识，只知同伙的网名，都是通过网上互相认识，年龄最大的 22 岁，最小的 12 岁。他们的父母不是离婚就是忙于生意，对孩子缺乏管教，导致他们通宵上网聊天、玩游戏，在网上认识，在网上共谋抢劫。至案发日，该团伙已作案 20 余起，抢来的钱除了吃饭，都花在网吧里。

（原载《学校党建与思想教育》，有删节）

【点评】

本篇讲的两个故事中，这些因网络而"聚众闹事"或遭网络有害内容毒害后"违法犯罪"的青少年，一个个头脑简单，是非不分，冲动鲁莽，但是，稍有良知和责任的人们，面对他们的"恶行"却也非常痛心。为什么？因为他们太年轻幼稚，他们也是"受害者"，都是些"不该蒙垢的花朵"！处理这些事件，我们看到的都是"警方"、"干警"、"公安"进进出出，人们不禁要问：这些青少年的学校和家长呢？作者说："他们的父母不是离婚就是忙于生意，对孩子缺乏管教，导致他们通宵上网聊天、玩游戏……"学校呢？不得而知！

23.2 谁纵容了"校园恶魔"

严 力

2001 年 4 月至 2003 年 5 月的两年间，一个叫杨传山的色魔在月黑风高之夜 17 次潜入四川省达县、大竹两县的乡村中、小学，强奸 11 至 16 岁的女学生 14 人，猥亵 11 人，抢劫、盗窃现金 600 余元，造成 1 人精神失常、2 人轻伤、10 余人辍学。这起震惊全国的校园系列强奸案日前以杨传山落网、达县教育局局长刘富民引咎辞职、多名校长和党政官员受到处分而渐趋平息，但其中内情却发人深省。

2003 年 1 月 14 日凌晨 1 点，杨传山潜入河渠中学女生院，当他用砖头砸寝室的玻璃时，惊醒了室内的朱红英。杨传山在窗外威胁说："敢吱

声，我进来就捅了你！"朱红英吓得赶紧钻进被窝。杨传山钻进寝室偷朱红英对面下床鲁茵的钱时将其惊醒，鲁茵立即爬起来与杨传山搏斗。抓扯中，鲁茵发现朱红英正恐惧地朝这边张望。可朱红英见鲁茵在看自己，马上闭上眼睛装睡觉。鲁茵只有自己救自己了。她抓起枕头一阵乱打，吓得杨传山逃出了室外。之后，淫火焚身的杨传山再次潜入室内，他明白：那个胆小怕事的女学生才是自己可以得手的对象。于是，他从桌上抓起一把牙刷过去抵住已吓得双泪直流的朱红英，面对一把误以为是匕首的牙刷，朱红英顺从了。

据统计，杨传山用一根小木棍、一个饭叉、一块用纸包着的小竹板，甚至用一张塑料制成的饭票冒充"匕首"，强奸、猥亵的女学生竟达 8 人！

怯懦让受袭者受辱，也让目击者舍弃了救助同学的机会。杨传山一案中被强奸的 14 名女学生几乎都是在一群"见死不救"的同学眼皮底下被强暴的。更令人震惊的是，这起系列校园强奸案一直被学校封锁消息。

2002 年 11 月，达县石桥中心学校原副校长孙权因流氓行为被扭送到石桥派出所，警方到周边曾发案的中小学发动举报。土寨中学女学生古兰告诉警方，9 月 26 日凌晨，她被强奸和被抢走 50 元钱后，老师和学校领导叫她"不要报案，以免你的名誉受损失；也暂时不要告诉你父母"。接着，老师安排学生洗去了古兰被强奸后在内裤和床单上留下的血迹，并反复告诫："这件事谁也不能讲，讲了会影响我们学校声誉。"办完这一切，学校领导才向派出所作了"昨晚我校女生寝室被盗"的报案……此后，经警方大力追查，多起被各学校瞒报的案件才浮出水面。

据悉，古山中学一直是县教育部门的先进学校，强奸案在该校发生后，学校领导和有关老师的第一反应是："先进完了，今年的奖金也完了！"所以，他们采取了清理现场、缓时报案等措施，想以此保全其"先进"和"荣誉"，也保住奖金。保全"荣誉"几乎成了所有瞒报、缓报案情学校最根本的原因。

（原载《检查风云》）

【点评】

本故事暴露出学校在安全教育（包括免受成年人性侵害教育）方面严重缺位、学校和教师对学生权利严重轻视以及学生自我保护、相互救助的生命意识严重淡薄。教会学生如何紧急避险逃生、自救互救，本来是现代

教育的重要内容，但是学校交了"白卷"。后果当然可想而知——杨传山用一根小木棍、一个饭叉、一块用纸包着的小竹板，甚至用一张塑料制成的饭票冒充"匕首"，强奸、猥亵的女学生竟达 8 人！杨传山一案中被强奸的 14 名女学生几乎都是在一群"见死不救"的同学眼皮底下被强暴的。同样令人愤慨的是，事后校方企图采用"瞒、混、蒙、骗"的办法应付了事。所以，是谁纵容了"校园恶魔"？答案很清楚，这是一起典型的教育失责事件！

24

权利维护：儿童不是弱者的同义词

【先行知识】

在一般人眼里，青少年似乎并不是一个权利主体。殊不知，"未成年人"也是"人"，凡"人"所享有的权利，他们都享有。一般人还以为，青少年的父母和老师，似乎天然地具有无限随意处置孩子的权利。所以，直到现在，还有很多人相信：青少年的父母和老师，只要是"教育孩子"，无论方式如何都不会"有错"，充其量算是"方法不对"、"不会教育孩子"而已。显然，这些想法都是错误的。人类社会全面理解、认识儿童的价值和权利，并通过制度形式加以确认和保护，还是近百年的事。1948年世界学前教育组织（英国）成立并制定《童年宪章》。1989年11月，联合国大会通过《儿童权利公约》。目前，世界多数国家和地区，在这个国际条约的基础上，根据本国的特点建立了自己的儿童权利法规体系。我国1991年成为《儿童权利公约》签约国，同年颁布《中华人民共和国未成年人保护法》，1999年通过并施行《中华人民共和国预防未成年人犯罪法》。但未成年人的权利维护，并没有因为国际公约的签署和保护法案的施行而有明显改善，十几年来，我国还是发生了太多的儿童受伤害事件。

我国儿童权利受侵害，有一个突出的特点，就是这些伤害大多来自口口声声称是"为了孩子好"的青少年家长和老师，原因则多半是"逼孩子成才"。逼孩子做别的有违意愿的事情，一般人会责怪大人，同情孩子；唯独"逼孩子成才"，在国人眼里，是最"天经地义"、"无可厚非"的。所以，即便是大人们"太过分了"，伤害了孩子，发生了悲剧，人们也往往是在"咳，可怜天下父母心"的一声叹息中，委屈了孩子，原谅了大

人。青少年学生究竟有哪些权利呢？我国青少年犯罪研究会副秘书长、青少年法律援助与研究中心主任佟丽华先生，从联合国《儿童权利公约》、我国的宪法，未成年人保护法、预防未成年人犯罪法以及民法等相关法规中，总结提炼出我国未成年人在学校至少享有 21 种权利，认为"停课罚站都是侵权"。

"维护学生权益"没有写入 1988 年制定的我国班主任的任务和职责，但是已经出现在 1997 年修订的《中小学教师职业道德规范》中。

诗人说："我为少男少女们歌唱。我歌唱早晨，我歌唱希望，我歌唱那些属于未来的事物，我歌唱那些正在生长的力量。"我们必须明白一个最简单的事实：儿童作为一种"正在生长的力量"，他们才是这个世界上真正的"强者"，真正"不可战胜"的力量，真正需要我们尊重和敬畏的存在！

【单元提示与问题探究】

21 世纪的今天，我们还要面对这样的现实：我国的成年人，主要是儿童的家长和教师，常常无视儿童的存在，严重侵害他们的权利。

请你联系实际，谈谈我国的家长和教师常常无视青少年的哪些权利？他们为什么会"目无儿童"或"目无法纪"？

24.1　老师，不该看时请别看

1998 年 4 月 17 日晚 6 点，上海长宁区长顺路。

初中生小静的母亲下班回来，掏出钥匙，却怎么也打不开房门。无奈之下，只好拨打 110。当警察把房门打开的时候，一股强烈的煤气味扑面而来。只见 14 岁的少女小静倒在地上，不省人事，苍白的脸上还残留着晶莹的泪水。小静的母亲当场就昏了过去。闻讯赶回家的父亲也呆住了，他怎么也不相信，早上还活蹦乱跳的爱女就这样离开了自己。小静的班主任和校领导也闻讯赶来。他反复追问他们，白天到底发生了什么事？他又拨通了女儿几个同学的电话，事情才初露端倪。

这天上午第四节课，班主任进来，神色严肃地请小静到办公室去，气呼呼地将一封信扔在桌上。

聪明开朗的小静就读上海西区某中学初一，学习刻苦，成绩拔尖，不仅被选为学习委员，还因黑管吹得好参加了校管乐队。外向活泼的性格使她人缘极好，在班里威信最高。为了不辜负大伙的信任，小静工作起来劲头十足。

小静虽活泼爱玩，却不是那种疯疯癫癫大大咧咧的女孩。细心的她，隐隐约约感到，中学和小学不同。起先，无视"三八线"，照样和男生说笑的小静虽然给少数教师的印象不良；但最令她欣慰的是，班主任——一个年龄比学生大不了一轮的小伙子还是那样器重与信任她，经常夸她成绩优秀并委以重任。

初春的一天，学校推出一项新举措：凡是寄到学校的学生信件，均先由青保老师统一从门房领取，再分发给各班班主任。在分发前，老师常常对一些有嫌疑的信件对着亮光透视一下，一旦发现来路不明，可能有"那种倾向"的，即由班主任把学生叫来询问。

小静在乐队排练时碰见了阿力，阿力比小静低一年级，对成绩出众、黑管又吹得好的小静钦佩有加。阿力告诉她，下周一是自己生日，可惜正逢考试，没意思透了。望着无精打采的阿力，小静记在心里。回到家，小静精心写了张贺卡：祝你生日快乐，考试取得 80 分以上。可能是忽然想到了什么，小静又在信上补充一句：你要是有回信，寄到学校。出于时髦，她又在阿力名字后添上"先生"二字。

第一个接信的不是阿力，而是阿力的班主任黄老师。黄老师的目光在信封上"先生"二字处停住了。但自己拆终究有些犹豫，她把阿力叫来让他自己拆，然后说：老师能看看吗？阿力知道躲是没用了。黄老师赶紧把信上的文字扫了一遍，当即得出结论：这封信既神秘又不太健康。一个女同学，居然给低她一年级的预备班男生写信！

这封信作为一条新闻，开始在六年级办公室传阅，老师们围聚起来，逐一看完，议论纷纷。信没有给阿力。下了课，他愤愤地找到小静：你做的好事，写什么贺卡，落到老师手里，这下有的传了！

铃响了，小静惴惴不安。她还不知道，此刻，这条爆炸性新闻已经像炮弹一样从六年级飞到了小静所在的初一年级办公室。宣传它的标题是颇具吸引力的：初一女生给低年级男生的信。办公室沸腾了，可以想象，它比当天的日报还要吸引读者。

喧嚣过后，这封信郑重地落到小静的班主任手里，小伙子坐不住了。

教室门被推开，小静被叫了出去。

从教室到办公室的路，她第一次感觉如此漫长。"女孩主动给男生写信"，谁会相信那仅是一种姐弟般的情谊？同学们知道了会怎么看她？若全校一传，会越描越黑，越说越离谱的。小静不敢想了。她勉强睁开眼睛，发现比那张贺卡更刺眼的是班主任的表情，那是一张因生气而略有点走形的脸。他曾经对她多么信任，言语中充满肯定与自豪，并寄予了多大希望呀。环顾四周，老师们正齐刷刷地盯住她。小静站不住了，眼泪像决堤的潮水涌了出来。如果此刻，班主任能说一句原谅她的话，她会一辈子感激的，她会再也不去写什么该死的贺卡，再也不跟男生说一句话，从此只发愤读书。她期待着那熟悉的一幕：老师照例只生一会儿气，就露出亲切的笑容，说下次注意，让她继续回教室上课，毕竟快考试了，复习课挺重要，毕竟她是"初犯"呀！

但这次，小静苦盼的情景没有出现。班主任冷冷地让她站在那里，好好反省，自顾批起作业，不再看她，也不再说话，没过多久，有事出去了。

终于只剩她一个人。"这学校你还想待下去吗？管乐队你还想参加吗？"各种严厉的声音和惊异的眼神在脑子里撞来撞去。

下午第一节课，全班同学都看见小静伏在窗前课桌上哭得伤心，连楼上高中的同学发现了这一幕，都把脸转向外面瞧个究竟。

课上完了，趴到室外栏杆上的小静哭声却停不下来。要好的同学围上去，问究竟发生了什么事，小静有话也只好咽回肚子，她怕的就是被别人知道。

小静偷偷问一个最亲密的同学：班主任很生气，那么多老师用异样的眼光看我，我怎么办？好友摇摇头，无奈地回答：我不知道。

放了学，踯躅在教室门口的小静看见了班主任。但老师没跟她搭话，锁上教室门就走了。小静独自回了家，反锁上房门，没有给生她养她十几年的爸爸妈妈留下一句话，走向厨房，将煤气开到最大，闭上泪眼，整个脸贴了上去。生命的年轮，还没转完14圈，青春的花瓣就这样凋零了。

后经双方协议，以校方赔偿了事。上级教育、司法部门调查后告知家长，小静同学是没有错的。

小静所在班同学失声痛哭，期中考试许多人都没有及格。

（来自网络，有改动）

【点评】

情感是人类精神生活中最神圣庄重的东西，情感发展是少年人格发展的不竭源泉和动力，教育不但不能漠视它的存在，而且应该认真负起保护的职责。小静同学的死，让我们心碎，悲痛难以抑制。许多时候，我们并不是想不到、做不到，而是麻木不仁或蛮横无理。小静是那种最讨老师喜欢的学生，居然死于我们的粗鄙与麻木。尤其是她以年轻的生命为代价，引起我们探究人的权利主题，让我们深感愧疚！学生和教师一道构成教育的天空。教师，请你不要忽视你最真诚、最亲密伙伴的存在，如同珍重你自己的尊严！

25

惩罚的底线：善待生命，尊重教育

【先行知识】

没有爱就没有教育，没有惩罚也没有健全的教育。爱与惩罚有如钱币的两面，二者结合才构成完善的教育。

但爱与惩罚，都是需要讲究方法的；否则，就会产生"溺爱"或"滥施淫威"，不仅无效反而有害。

惩罚的最佳结果是唤醒，唤醒被惩罚者灵魂深处的自尊与自爱，让被惩罚者觉得，自己错了应该受到惩罚，受惩罚是得救，是被关爱，是为了更好地完善、改进自己，并且自己有承认错误、改正错误的能力和勇气。

惩罚的前提是尊重，即承认被惩罚者总体上是好的、有希望的，只是一时糊涂犯傻或在某方面有问题。

惩罚既要看对象，还要看被惩罚的事情的性质与严重程度。不能不分"青红皂白"，"动辄得咎"甚至"大打出手"。对有些胆小怕事的儿童，只要用眼神示意一下，就可以起到警醒的作用；对那些比较顽劣调皮的孩子，则可适当加重惩戒的分量。

惩罚要尽可能使用言语批评或警告，或暂时终止、剥夺受惩罚者活动的权利与自由；严格限制体罚性质的惩罚，严厉禁止侮辱性、摧残性的惩罚。

那么，什么是教育惩罚的合理限度呢？教育惩罚至少应该遵循以下四条伦理底线：一是生命的伦理底线，即任何惩罚不得伤害儿童的身心或生命；二是精神的伦理底线，即任何惩罚不得损害儿童的人格尊严；三是教育的伦理底线，即任何惩罚不得损害学校和家庭、教师和家长的名声以及

教育的尊严；四是社会的伦理底线，即任何惩罚不得违反国家保护青少年健康成长的法律。四条伦理底线，合起来可称为教育惩罚的底线。违反了，就是"越线"，就是"侵权"，轻者造成一般"事故"，重者构成"犯罪"。

据调查，我国现有 70％的家庭存在教育方式不当的问题，要么对子女过分保护，要么过分干涉他们。

"惩罚失范"的"灾区"在学校。我国自改革开放以来，随着恶性的升学竞争不断升温，一股"逼学"的"惩罚之风"弥漫全国。尤其是在那些经济、社会发展水平偏低的地方，在某些教师、班级和学校那里，"惩罚教育"已经酿成一种"教育公害"。有些极端的例子，虽然数量不多，但影响极坏，完全达到了严重伤害学生身心健康、侵害学生权利、践踏学生生命尊严和教育尊严的地步，已经构成"教育侵权"或"职务犯罪"，是应该受到法律追究的。

【单元提示与问题探究】

学校是"获得教养"的地方，教育是"培养人"的活动，教师是"为人师表"的人，教育的尊严和教师的声誉应该得到维护。

请联系实际，谈谈你对"教育惩罚"的理解。

25.1　报复与报答

初一的时候，我有次因为踢球，没有做作业，老师罚我写"说明书"，就是检讨书。写了一遍，老师说不够深刻，要我再写。这样一来，误了两节课，不知道讲了什么，也不知道留的作业。第二天，没法完成作业。老师说，你记吃不记打，又要我再写检查，于是我又耽误课。每天第一节课都是数学课，写了几次检查之后，就听不懂了。

数学课还不是最难过的。班主任是语文老师，语文背书背不出来，老师就罚抄课文。茅盾的《白杨礼赞》、老舍的《在烈日和暴风雨下》，都是几千字的文章，一罚就抄十遍，抄不完第二天就乘以二，第三天就乘以三，永远也抄不完。

后来老师说，想少抄一遍就在操场上跑两圈。我们都宁愿去跑步，因

为实在抄不完。跑步都是在课间或中午，好多老师和同学都在看，我们心里特别不好受。可跑步也跑不完，跑十圈还行，二十圈就跑不动了。第一天没有跑完的三十圈，第二天就变成五十圈了。这样一来，要跑的圈数越积越多。

老师又说，跑不完捡纸去，捡一袋纸就少跑一些圈。老师给我们准备了特大的塑料袋，每人一双筷子，到操场上去捡纸，纸片、塑料袋、树叶，什么都可以捡。可袋子太大，怎么也装不满。没办法，为了多弄些东西填满，我们就去买干脆面，吃完就把袋子留下。那会儿一天吃十几袋干脆面，中午也不吃饭。早上跑步，白天捡纸，晚上再跑步，可还是做不完因作业问题而带来的一系列惩罚，因为数量总在往上涨。如果把我从初一开始抄的课文和写的"说明书"（实为检讨书）订起来，都够订几本书了。跑步跑到后来，就觉得腿都不是自己的了。到了期末，老师说，这个学年要结束了，你们要有个了结，要么一次补齐作业，要么去思教处。我们都说宁愿去思教处。

思教处就是学校管学生思想教育的办公室，违纪的、不听话的坏学生都往这儿送。

去了思教处还是写检查。送那儿的学生都要填一份严重违纪的登记表，我们填写被送来的原因是因为没完成作业。思教处的老师不同意，他对我们说："你们就写最根本的原因是什么。"我们说最根本原因就是这个。那老师说："那是你们活该受罚，你们为什么第一次不完成作业？"

第二天，学校就把我妈请去了，填那张登记表后都要告诉家长。我妈看了后特别生气，说你怎么一个学期都没完成作业，回家就把我暴打一顿，那么粗的一根扫帚都打断了，浑身青一块紫一块的。那天挨打的不止我一个。有个同学是冰球队的，他爸就用冰球杆打他，比我还惨。第二天，他和我说的时候我们都哭了。

（原载《中国青年报》）

【点评】

听说旧社会有"利滚利"，穷人有还不清的债；没想到今天学校也有"罚上罚"，学生有做不完的作业。这种严重侵犯学生休息权、身体权、学习权的现象，尽管在不少地方已经"司空见惯"，但这种现象是极端错误的。惩罚作为一种教育手段，具有一定的合理的存在空间；惩罚只要严格

限定在一定程度上，也有利于促进儿童全面、健康、和谐的发展。但是，故事中的惩罚显然已经逾越了惩罚的诸多伦理底线，造成了对学生的身体、心灵、人格和学校、教师、教育名誉的多重伤害，已经是一种"侵权"行为。

25.2　一个永远无法从记忆中抹去的日子

10月17日，对初一（1）班的同学来说是一个永远无法从记忆中抹去的日子。

这天班会课，班主任周老师一进教室，就厉声说道："这节课我们将对上周期中考试的情况作个总结。不用我说，你们也应该清楚自己考得怎么样。很不理想！我们班的平均分在整个初一年级是倒数！不知道你们有什么感觉，我就觉得很难过。你们有没有想过为什么考得那么差？特别是期中考试成绩在班上排倒数的20名同学，就是你们在拖全班的后腿，简直是班上的垃圾。现在你们这20名同学好好反省一下，到讲台上来检讨自己为什么会考得那么差。"

全班鸦雀无声，大家都低下了头。周老师催促着："倒数20名的，快上讲台排成两排，轮流作检讨。不要磨磨蹭蹭，是不是要我一个个点啊？"这时，那20名同学才很不情愿地走上了讲台。"好了，由倒数第一名刘建开始说。"刘建站在讲台上，头都快耷拉到胸前了，小声地说："在上半个学期，我没有好好学习，考试也没有复习，所以……"倒数第二名是个女同学，她站在那里，脸涨得通红，站了好久也说不出话来。周老师在一旁说："怎么不说话啦？现在才知道难为情？当初考试的时候怎么不会这么想啊？女同学脸皮还这么厚。"这位女同学终于忍不住哭起来，讲台上的女同学都低声抽泣起来，男同学把头低得更低了。

这时，就连讲台下的同学的眼眶都红了。周老师认为时机到了："同学们，你们要记住今天——10月17日，这是个耻辱的日子，是你们的耻辱，也是我们整个初一（1）班的耻辱。"同学们是记住了这个日子，但不是周老师所期望达到的那种效果，而是这一天对他们心灵的伤害实在太大了。

（陈倩茜 推荐）

【点评】

法国思想家蒙田说："在开启一颗脆弱的心灵，一颗为了荣誉和自由而锻炼的心灵时，我反对一切粗暴行为。"斯宾塞在《教育论》中说："经常惩罚所引起的孤独和对立，必然使同情心麻木，也就必然给同情心能够制止的那些过失开辟道路。"惩罚是柄双刃剑，是一种危险的、有难度的教育技巧。惩罚学生，应以"苦其心志"，激发他自强的上进心为上策。惩罚绝不等于体罚，更不是心理虐待和精神歧视，不能让人难堪、出丑，打击人的自尊心和自信心。故事中的这位老师，显然"没想那么多"，一如他对儿童和教育缺乏研究一样。这位老师要求同学们记住一个耻辱的日子，同学们是记住了，但不是他所期待的那种记忆，而是老师对他们心灵的伤害！这恐怕也是他"始料不及"的。

26

成长的期待：我不是一个"笨"小孩

【先行知识】

　　教育必然牵涉到对学生的评价。目前我国以班主任的一元评价为主，其弊端，无须高深的理论，只需凭借经验和常识，就可以想到以下几点：

　　第一，教师的标准可能有问题。教师不是教育科学的"度量衡"，我们不能苛求他事事都"准确无误"。

　　第二，教师的理解力有限。一个班那么多学生，一个学生那里隐藏着那么多"丰富的个人特质"，我们不能要求班主任对每个学生都"了如指掌"，对学生的方方面面都"料事如神"。同时，教师不能也不宜对学生"事事关心"，遇事都做"包打听"；那些个人隐私和学生不愿泄露的成长秘密，教师不宜涉入过深。

　　第三，教师的视角有局限。教师为了履行职责，做好工作，看事物、想问题、评价学生，总是"三句不离本人"，围绕一个"我"字转，这会使他忽略一些东西，譬如学生的感受、同事的看法、家长的意见，很难做到"全面、准确、客观、公正"。

　　第四，教师可能感情用事。教师也是人，也会有感情用事的时候，何况教师从事的是"教育人"的工作，牵涉到的情绪、情感、态度、意见、价值观的纠葛太多。因此，必须在制度上建立"防火墙"，避免教师的情感给工作带来负面影响。

　　现行的评价，还有其他种种弊端。理论上我们都知道学生要"德智体美劳全面发展"，但现实中却是"学习成绩决定一切"。品德和操行以往是中国人最看重的，但如今却敌不过分数的魔力。"只要学习成绩好，其他

什么都好说"已早不是什么秘密。所以，今天在我国，在许多学校和教师那里，教育评论已演变为一种"职务上的形式主义应付"。

【单元提示与问题探究】

评价的威力巨大。"一句话可以让人上天堂，一句话也能让人下地狱"，这并非夸张。青少年一方面自尊心和自我意识非常强，另一方面又主要依靠别人的评价引导他成长，所以老师的评价应该努力做到"全面、准确、客观、公正"。

请联系实际，谈谈你对当前我国教育评价弊端的认识。

26.1 一个"笨"学生的故事

在这批学生入学不久的期中考试后，为了在校内争名次，我采取了一些措施，其中一条就是按考分排名次张榜公布，最好的与最差的还分别用红笔与蓝笔标出来，并在最后 10 人的名字旁写上一个大大的"笨"字。她是最后 10 名中唯一的女生，张榜那天，她趴在桌上哭了半天。打那以后，她的脸上失去了天真的笑容，整日呆坐在最后一排的角落里，下课也很少出教室。渐渐地，我似乎将她忘记了，只有在讲课时目光偶尔瞥到后排，才发现有一张忧郁的脸，从男孩的肩后露出，那目光有点呆滞，神态有些胆怯。有几次，我觉得该给她换个位置，但一想到她的成绩，就没有这样做。

不少同学反映，她很用功，还经常帮助值日生擦黑板、扫地，给其他老师整理作业本……但是我仍然觉得她是个笨女孩，很少表扬她。一次，她写了一篇作文《其实你不懂我的心》，其中写道："那天我在街上遇到您，我多么希望老师叫一下我的名字，可您没有看见我。老师，您别生气，我没有向您问好，是因为我怕您……其实我心里想和好同学一样，能与您亲近、谈笑！"这明明是一只受伤的孤雁在哀鸣，可我却没有听懂，还怀疑她在抄别人的作品。

初二下学期结束时，按学校惯例召开家长会。下课时，她跑进办公室，在人群中找到自己的父亲，亲热地偎依在父亲的身边。忽然，我觉得她是那样地弱小可怜。我的心一震，才发现面对的是一个年仅 13 岁的孩

子。于是，我重新调整了与其父亲谈话的内容。

第二天，办公室桌上放着一封未贴邮票的信："老师，您真好，谢谢您对我的信任。其实我并不笨，我会唱歌跳舞。老师，今年开一次联欢会吧。"这是那女孩写的，因为我没有在她父亲面前告状。但我仍然不信任她，我只信考分。唱歌跳舞不是与读书背道而驰吗？我把信扔进了纸篓。初中三年很快过去了。其间，她学习平平，做题缺乏信心，简单的问题常常复杂化……这些似乎都验证了我对她的断言——笨。

（原载《让教育焕发生命的价值》）

【点评】

何谓"笨"？按照多元智力理论来说，每个人都是天才！人与人之间智力上的主要差别是，每个人的智能结构都是独特的，且各有强项；每个人都可以学会任何东西，只是各人的学习风格和所需要的学习速度有差异。她"笨"吗？她文章写得那么好，以至于老师怀疑是"抄别人的作品"。"笨"是她的过错吗？何况"她很用功"，"还会唱歌跳舞"。可在一个"只信考分"的班主任的眼睛里，她只是一个平庸的女孩，失去了一个又一个得到帮助和表现自己的机会！什么时候我们改变了这种评价现状，并能关注每个学生以及学生的每个方面，我们的学生才不再忧伤，我们的教育才有希望！

26.2 老师，请看看我的闪光点

俞铮铮

老师：

今天我拿到了《学生评价手册》，看到您对我的评价，我觉得非常难过。您是这样写的："原本你可以学得很好，但你的好动使你处处落后于同班同学，老师希望你在暑假之中好好反省一下……"

老师，您为什么说我处处落后于同班同学呢？虽然有时我上课爱做小动作，作业做得慢，的确有许多缺点，但是，我身上还是有些闪光点的，您没有发现吗？

我竖笛吹得很好，那是我的一个闪光点。老师，您一定不会忘记我的笛声吧！刚开始学吹的一年里，我的水平很糟糕。我每天一有空就练，终

于有一天，美妙的音乐从笛孔中飘出来，我成功啦！我不但会吹老师教过的曲子，而且会吹老师没有教过的曲子。同学们惊讶地问我："你怎么会吹这么多曲子？"我说："因为我多练，所以熟能生巧。"我现在的水平在班级中是数一数二的，我从一只"丑小鸭"变成了一只"白天鹅"。

老师，您一定还记得我写的小诗《我的妈妈》吧！那是有一次，您要我们写一篇有关龙年畅想的作文，我写了这首小诗交给您。因为我妈妈是老师，她常常把没有批完的作业和考卷带到家里，批到很晚才睡觉，我觉得妈妈很辛苦，希望她和我们一样"减负"，所以就写了这首小诗。您读完后，在班级里表扬了我，还叫全班同学都写一首《龙年小诗》，于是班级里涌起写诗的热潮。您把写得好的诗贴在墙上，我的诗被贴在第一页。您知道，我的心里多么自豪啊！

我还会朗诵，您让我主持过主题班会；我的双手也很灵巧，我会剪窗花、折飞机、做"糖纸人"……

老师，这些地方都是我的闪光点，现在，您能不说我"处处落后于同班同学"了吗？我一定要多加努力，改正缺点，做一个优秀的小学生。

（原载《让教育焕发生命的价值》）

【点评】

评价不是为了打击，也不是为了鉴别优劣，彰显学生的缺点或弱点，让他永远生活在自己缺点的阴影里，看不到希望。这是一个典型的因为评价不当而使学生伤心的故事。教育评价是一门科学，更是一门艺术。评价是肯定，是欣赏；评价是启迪，是诱导；评价是促进，是鼓励；评价是期待，是包容……一句话，评价就是教育本身！评价是教育的生命！一个优秀的教师应该始终关注评价，一如钻研教育的科学和艺术。

27

全纳准备：一个也不能少

【先行知识】

早在春秋时期，伟大的教育家孔子就给我们确立了"因材施教"、"有教无类"的教育原则。

古老的教育公平、教育正义思想，在今天进一步演化为一个全球性的教育理念："全纳教育"。

"全纳教育"，在我国已经被通俗地表述为"关注每一个儿童"、"学生个个都是才"、"每个孩子都能成功"、"为了一切学生，为了学生的一切，一切为了学生"等提法，它已经成为近年我国教育界十分关注的话题。

在当代国际教育思潮中，突出的有三大思潮：终身教育、全民教育和全纳教育。这些思潮冲击传统教育的痼疾和弊端，引领国际教育发展的走向，促进各国教育的改革，反映国际教育发展的主流特征。

全纳教育理念的理论基础之一，可以追溯到美国哈佛大学发展心理学家霍华德·加德纳的多元智能理论。他认为，人类思维和认识世界的方式是多元化的。每个人至少有九种（一说七种）智能，即语言智能、数理逻辑智能、音乐智能、身体运动智能、空间智能、人际关系智能、内省智能（或自我认识智能）（前七种）、自然观察智能和存在智能（后两种）等。每一种智能在人类认识世界和改造世界的过程中都发挥着巨大而功能各异的重要作用，全面的教育应该是开发所有的这些智能。以此衡量，"差生"几乎不存在。不久前，霍华德·加德纳应邀访问上海，作了题为"以多元智能观看教育"的报告。他认为，我们应该用新的价值标准来衡量和教育学生。几乎所有的学生都是聪明的，只是每个人聪明的范畴和性质各不相

同。他说，世界上几乎不存在什么"笨人"，每个人在九种智能里总有其突出的地方。教育的起点就在于通过各种智能培养使学生变得聪明或某些方面变得聪明。

但是，不管怎样说，"问题学生"、"差生"、"后进生"的存在，是一个客观事实。古今中外，概莫能外。

不过，今天值得我们特别关注的，已经不是那些客观上、事实上的"差生"，而是那些主观人为制造的"差生"。

自改革开放以来，我国基础教育逐渐演变为"升学教育"，一般中小学片面追求升学率，为了"年年刷新"升学统计数字，每年都在人为地"制造差生"，即将那些学习成绩好、升学有望的学生留下来，进行各种强化训练，而将那些学习成绩不好、升学无望的学生打发回家或推向社会。学校打发"差生"的办法很多，非学校系统的人士看不出个中"秘密"。据报道，到 20 世纪末，中国现有的 3 亿学生中，被学校划入"差生"行列的达 5 000 万人，相当于一个法国、10 个瑞士、100 个卢森堡的人口。

问题远不止这些"差生"受教育的权利被侵害、被剥夺，而是这些"问题儿童"回到家里、出道社会以后，原本没什么大问题，这回问题真的就来了：抽烟、喝酒、交上不良的朋友、下游戏机室、到娱乐场所、聚众斗殴、抢劫偷盗等等，许多"问题儿童"就是这样"因学业失败，被撵出学校"而"逐渐走上违法犯罪道路"的。而他们也许并不会太糟糕的一生，往往就是这样被"葬送"了的。

所以，有人发问，学校究竟是干什么的？是把人"教好了"还是"教坏了"？按照我国现行的学校"潜规则"，这些问题很好回答：学校是"育才"不是"育人"的；学校是"教考生"不是"教学生"的；学校是教"好学生"而不是管"坏学生"的。这些回答真是印证了一个流行的说法：落后的教育是在寻找"适合教育的学生"，而进步的教育是要提供"适合学生的教育"。

【单元提示与问题探究】

今天值得我们关注的，已经不是那些客观上、事实上的"差生"，而是那些主观人为制造的"差生"。

请联系实际，谈谈你对"差生问题"的理解。

27.1　白云的故事

万金党

那年的春天，我到一所中学实习。到学校的头天晚上，我便迫不及待地翻起初二（3）班的点名册来。

"白云"，好漂亮的名字！轻盈、纯洁、美丽、灵秀，我决定把我的第一堂语文课上朗读全文的重任交给她。

那天，我讲的是《茶花赋》。介绍完作者及写作背景后，我说："白云同学，请你起来把课文朗读一遍。"我用自信的目光寻找着那想象中的小天使。

可是，站起来的竟然是一个穿着简朴得近乎寒酸、脸上略带菜色的矮个女生。她低垂着头站在那里，一只手不知所措地揉着衣角，那样子不禁使人想到在寒风中瑟缩的树叶。我的心咯噔一下沉了下去。

她终于开始读课文了，可她的声音疙里疙瘩，有气无力，她哪里是在读课文，她是在啃我的神经啊！我想象的气氛没有了，我规定的时间不够了，我设计的教案步骤被搅得一塌糊涂。总之，一切都乱了套。

下课的铃声响了，我像一只斗败的公鸡，灰溜溜地出了教室。在办公室里，我的辅导老师——白云的班主任——一个劲地埋怨我不该叫白云起来读课文。这堂课糟透了，我真恨自己的第六感觉，更恨"白云"这个名字。如果点名册上没有这个名字该多好！以后的几堂课，我再也没有正眼看过她。

一天下午，一阵嬉笑声把我引到了初二（3）班门口。进门一看，几个调皮的男生正将大把的红纸屑撒在白云的头顶和身上，白云则一声不吭地低头坐在自己的座位上。我气不打一处来，把几个学生狠狠地训了一顿，当时的口气和用语至今想起来仍然记得很清楚。

实习的日子很快过去了。返校的头天晚上，我正收拾东西，白云悄悄地走了进来。她依然低着头，一只手揉搓着衣角。

"老师，我……"

"有什么事，你就快说吧。"我看了她一眼，收拾东西的手并没有停下。

"老师，我，我给您买了一张画……"

"哦，放在那里吧。"

她把那卷成筒的画顺手放在了桌子上，然后用一种羞愧而又信任的眼神看了我一眼。

"老师，我，我……"

"还有什么事吗？"我似乎有点不耐烦了。

"老师，我，我走了。"她说完便低着头悄悄地退了出去。

不知怎的，我长长地出了口气，对那张画连瞥都没有瞥一眼，就又忙我的去了。

一年之后的秋天，我收到了白云父亲给我的一封信。信里告诉我，白云因病已在中考后去世了。临走前，她求父亲把早已写好的一封信转给我。信中写道：

敬爱的老师：

　　我是怀着十分感谢的心情写这封信的。您还记得叫我读课文的事吧，这是我升初二以来第一次在同学面前读课文，可惜我读得太不好，辜负了您的期望。还有那一次您给我出了气，您走后，我在桌子上哭了很久，从来没有一个老师这样护我。

　　万老师，有句话想和您说说，您可千万要保密，我怕我的话有些问题。我姐妹三个，家里没有男孩，我是老三。两个姐姐上学都不好，我爸把考中专的希望放在了我身上，说顶门面的事全靠我了。我家很穷，我爸很苦，又被人看不起。我决心好好学，给我爸挣面子。老师，我这想法对吗？另外，给您买的画不值钱，您不要嫌弃。将来，我考上中专以后，挣了钱给您买张大的，两边带对子的，因为您是我最好的老师。

　　最后祝老师身体健康，各方面都好！

白云
6月21日

（原载《让教育焕发生命的价值》，有改动）

【点评】

　　无论用教育公平的观点，还是从多元智能理论出发，故事中的白云，绝不是一无是处，绝不是学不会的学生，也绝不应该放弃！如果她是你的学生，你会怎样对待？你赞成故事中的白云班主任"不该叫白云起来读课文"的观点吗？故事中的那位实习老师，如果重回那间学校教书，他会改

变对白云的态度吗？为什么？他读到白云给他写的信后，对白云的态度会有变化吗？为什么？现代教育公平原则和多元智能理论，实际上是在基于人的绝对差异上倡导一种教育理想，即将"特别的爱"送给"特别的学生"。例如故事中的白云，有十足的理由需要得到老师的"优先对待"。

27.2　钻桌子的女孩儿

"一定要给学生一个良好的第一印象。"走进教室的时候，我暗暗对自己说，因为这是我改调横岭小学的第一节课。

教室里，28 位同学却只看到 27 个脑袋。我对他们说："你们班不是28 位同学吗？怎么只有 27 位呢？"

有同学笑着说："刘小莲在桌子底下。"

我往空座位望去，一个女同学蹲在桌子底下，抬起头冲着我做鬼脸。我很惊讶，也很气恼，居然有这样调皮的学生，给我一份如此尴尬的见面礼。我当时很想大喝一声，叫她站起来，如果不站起来，就叫她到教室外面去。

"一定要给学生一个良好的第一印象。"我又一次提醒自己。升至脑门儿的怒火渐渐熄灭。我对她说："刘小莲同学，蹲在桌子底下不舒服，你坐到凳子上去，好吗？"

刘小莲愣了一下，但是没有照我说的做。我很恼火，第一道指令就没效，今后怎么去指挥其他同学呢？可是又不能凶，我只好不理她，开始讲课。

课后，我把这个小插曲讲给同事听。刘小莲的原班主任黄老师对我说："你说刘小莲呀，她就是那样一种怪脾气，凡是男教师上课，她就很调皮。"接着，她给我讲了刘小莲的家庭情况。

原来，刘小莲很不幸，父母离婚，她跟瘸腿的父亲一起生活。由于缺乏最基本的生活技能，父亲自身生活都不能维持，更别说照顾女儿了。刘小莲上学，完全是学校照顾，不需要交一分钱，书是借来的。她没有固定的住所，全靠亲戚的照顾。没有温暖的家，没有父母的疼爱，使她幼小的心伤痕累累，养成了乖张的性格，每遇男教师上课，她就做怪动作。老师问她为什么这样做，她就说恨世界上所有的男人。另外，她从来不交

作业。

我听完，庆幸自己没有冒失地批评她，否则，就给这颗本来就伤痕累累的心又狠狠地抽了一鞭。

第二天批改作业的时候，我意外地发现一本笔记本的封皮上写着"刘小莲"三个字，我快速地打开作业本，里面夹着一张纸条，纸条上写着："老师，每次兰（男）老师上课，我都会 dun (蹲) 到桌子底下，每次老师都会骂我，hou（吼）着叫我站起来，我不听，他们就叫我滚出教室去。今天，你没有骂我，我知道你是位好老师，以后我会听你的话，再也不 dun 桌子底下了。"我看完那张字条，心里像喝了蜜。

第二天，我找她单独谈话。我用她能听懂的话跟她讲古代很多出身寒门，饱受艰辛，后来发愤图强，一举成名的人的故事，如欧阳修。我还把狄更斯的《大卫·科波菲尔》中的主要情节，把外国名字换成中国名字讲给她听，当她听到大卫·科波菲尔受继父残酷虐待时，动情地流了眼泪。最后，她说："老师，我懂了，我会努力的。"那时我想，也许一朵历尽苦寒的梅花要绽放在我手上了。但后来发生的许多事情，却无奈地证明了我那想法的天真。

刘小莲的记忆力很差，刚学的词语，过两三分钟叫她听写，她竟写不出来；一篇作文，竟找不出一个通顺的句子。

我一心一意想创造一个奇迹。上课时，经常提问她，她却每次都不争气，只有在其他同学帮助回答之后复述的份儿。课后，我给她开小灶，有时她不耐烦，竟说我故意刁难她。

更气人的是，虽说她一心想改掉自己的一大堆臭毛病，可俗话说"江山易改，禀性难移"，她那蛮不讲理的性格时不时又暴露出来。有时我实在忍无可忍，就会提高声音对她吼两句，她立即把头埋在桌子上哭起来，哭了一阵，又大声说自己不读了。我也急了，对她说："你要回家，那好，我帮你背书包，送你回家。"她可能看出我真生气了，才没有再闹。

两个月以后，当我批改刘小莲的作业时，又收到一张字条。字条上写着："老师，我知道自己很今（令）你失望，没有考出好成鸡（绩）。但是，老师，也许你不相信，我真的很努力。我是不是真的很笨，要不怎么晚上能被（背）出的课文，第二天到学习委员那里被（背），又忘的（得）一干二净呢？"看完那张字条，我的眼睛湿了，遇到这样一个学生，我又能怎么样呢？

以后，我没有强求刘小莲考多少分，也没有拔苗助长式地给她开小灶，只是把她和其余27位同学同等看待。有时她耍小脾气，我也能忍就忍。渐渐地，刘小莲的脸上又出现了天真无邪的笑容，但考试成绩还是四五十分。

每每回忆起我和刘小莲之间的故事，我就想，世间的人原本就有强弱之分，有幸福与不幸之别。也许不幸的弱小者，付出毕生的心血奋斗，相随相伴的依然是不幸和弱小。我们做教师的，所给予他们的，不应是简单的同情，而应是平等的尊重。我们应该在自己的心灵上建起一座宽敞明亮的大厦，这座大厦，不仅欢迎强者，更应是弱小者宁静的港湾，是弱小者克服自卑、扬帆起航的加油站。也许，弱小者注定一次次失败，不及格的试卷、失败的人生拼搏……但至少在他的心灵深处总会收获一束大厦里射出的温馨的光，来抚慰那破碎疲惫的心。

（来自网络）

【点评】

"优生优教，差生帮教"，这本来是体现差异性教育的常识。但是，在不少老师的眼中，学生原本就应该是"好"的，潜意识里是不承认、不接受人的差异性的。所以，"优生优教，差生不教"成为一部分人的施教原则，以致造成许多不应有的"差生"。本故事中的班主任对刘小莲的尊重，已经不仅仅是一个老师对一个"差生"的尊重，而且还表现为对一个人及其处境的尊重。这是极其符合现代人文精神而在现实生活中又极其"少见"的教育层次和境界。他不能帮助刘小莲成为学习上的"强者"，甚至哪怕只是一个"及格者"，但是，这并不妨碍他提供给刘小莲的，仍然是世界上最稀有的真正的"优质教育"。刘小莲是幸运的，她在这位老师的关怀与呵护下，享受到了做人、做学生的权利！

28

家校合作的偏误：有人欢喜有人愁

【先行知识】

家校合作，是中外都采用的一种教育形式，其基本模式是家访、家长会和其他形式的互动，如电话联系、书信传递等；其基本功能是信息沟通，共同商量教育培养儿童的办法并相互支持、配合，以减少冲突、误会和重复教育；其最大的好处是"风险（责任）共担"。家校合作的主导方是学校，其效果主要取决于合作双方（尤其是主导方）的合作诚意和合作技巧。

当前，我国家校合作的问题主要表现在两个方面。一是某些教师和家长误用或滥用家校合作的形式。在这类教师和家长那里，家校合作实际上变成了教师和家长共同谋划对付"不听话"儿童办法的工具。所以，"老师家访、打电话和递纸条（带信）"，往往成了那些"有劣迹"的儿童很"恐惧"的事情。家长会也成了某些家长"打听"孩子在校"表现（好坏）"的最正式的途径。一句话，家校合作变成了某些教师和家长对付"难教"儿童的一个有效的"撒手锏"。

家长和教师共同"把儿童当敌人"，这里凸显儿童与家长、教师之间的"信任危机"。一项调查显示：心中有烦恼向谁诉说，九成学生不找父母，只有 9.85% 的学生选择了"找父母谈"，而且大部分是女生。找班主任谈的就更少。造成这种情况的原因，除了中学阶段学生"心理断乳"倾向外，跟上述家校合作中的问题密切相关。一般家长与老师都倾向于认为孩子比大人更有问题。而我们的问题是：儿童、家长与老师，究竟哪个更"有问题"？哪个更需要"教育"？谁来教育"我们的家长和老师"？的确，

如果家长和老师只关心孩子的功课，"孩子的问题"就真的来了；"有问题"的儿童，就不是减少而是增多了。当家长与老师都把孩子当作"打听"、"监视"、"控告"的对象时，也就没有"家校合作"了。美国有一份教育文献，标题为《孩子对父母的"告诫"》。如此精彩的言论和视角，或许对我们反思问题、克服上述"信任危机"有所启发。

家校合作中的另外一个问题，就是家长往往只关心孩子的学业成绩，老师则主宰家校沟通的"话语权"，只是一味地"希望、要求、建议、拜托"家长怎样怎样，家长则主要处于被动"聆听"、"配合"的地位。这都影响和降低了家校合作的质量与品位。

【单元提示与问题探究】

当前，我国家校合作存在的问题主要有两点：一是儿童与家长、教师之间存在着"信任危机"；二是学校主宰家校沟通的"话语权"。

请联系实际，谈谈你对家校合作问题的认识。

28.1 家长会

钟奋生

孩子漫不经心地从书包里取出一张打印的小纸条，递给我："爸爸，学校有个通知，你看吧。"我接过纸条，定睛细看，上面写道：我校定于11月9日下午两点召开全校学生家长会，特通知家长按时出席，切勿为误。

空旷的草坪，成了大人的世界。一队武生打扮的"小少林"表演虽谈不上十分精彩，可孩子们才练一年功夫，能有这水平，却也叫人肃然起敬。武术表演完毕，便是穿衣服比赛……

不少家长的情绪开始有些波动，"草坪里的家长大会"似乎有点离谱了！人们关切的不是这个，而是渴望回到自己孩子的教室，去参加那个"有实用价值"的家长会。家长们普遍认为，自己的孩子不会武术，不足为怪；衣服穿得慢也并非丢人。然而，孩子们学习成绩跟不上，万一成为"留级生"，那可是惊心动魄的大问题啊！

好容易才盼到散会，家长们回到自己孩子的教室，寻找着自己孩子的座位。小桌子上摆着孩子们的作业本和期中考试卷，家长们开始尽情审

阅起来，相互谈论着自己的孩子。

坐在我孩子前面的那个同学的家长，在法院工作。这是她的小儿子，还有个老大在读初中。她告诉我，小儿子学习虽不算拔尖，但还过得去，没让她操多少心；老大可就不同了，费尽了心血还不成器。

"你看，他写的这字，比弟弟还不如！"她手里拿着老大的试卷。

"犯人在我面前都老老实实，他却不听我的！"言语中透露着威严，眼神里闪烁着母爱。看上去，她是一位精悍的女子。

老师过来了。老师挺年轻。

她一边欢快地跟家长们打招呼，一边走上讲台，她要为孩子们作总结了！她显得有点忸怩，手拿讲稿，一字不漏地宣读。我暗暗替她着急，何必一本正经照着念呢？脱稿讲效果要好得多呀！在这些年纪几乎都比她大的家长们面前，她低估了自己的力量。其实，她是受家长们敬佩的好老师，人们都说她教学有方，待孩子耐心；人们也都愿将孩子送到她这个班……"总结"完了，她神情才显得轻松，开始活跃地与家长们谈孩子的事……

家长会散后，一路上家长们谈论孩子更为热烈。

"你那个怎么样？"

"一般啰。语文 96，数学 95。"

"气死我了！我那个数学只考 84 分！"

"唉，我那个肯定要挨顿狠揍！你看你看！语文 12 分！数学 15 分！丢尽了人！"

人群中，有位年轻母亲，神情格外兴奋。

"我这孩子平时底子也不好哇，"她接了话，也学着那位妈妈的神态叹了口气，"尤其是数学……"

"这次得多少？"

"才 92 分呢。"

"不错了！"

"不过，"她控制不住内心的喜悦，却仍以谦虚的口气说，"她语文要好一点啰。"

"多少？"

"怪事，考了 100 分呢。全班第一。"

……

我的孩子是班里的学习委员，但这一次语文、数学都没有得满分。从

试卷中看，他做错的题目，有的因试题打印不清，猜错了字；有的是粗心忽视了符号。真正不会做的还没有，一些难度较大的题目也准确无误地做出来了。

我，为之而欣慰。

"爸爸，"孩子却埋着头，红着脸，"下次我一定要考100分。"

孩子也将分数看得很重很重。

（来自网络，有改动）

【点评】

家长的主要目的是了解孩子的学习成绩，学习成绩好就一好百好；班主任也主要是解释学生的成绩好坏。开完家长会后，家长心情紧张，家长和孩子关系紧张，师生关系也紧张，家长会变成了"应试教育"的工具——这就是当前我们典型的家长会！开家长会的目的，当然包括了解孩子的学习成绩，但更重要的是要让家长从学校和教师那里，了解孩子在学校成长、发展、变化的情况和过程，使家长真正走进孩子的心灵，成为孩子的知心长辈和朋友。同时，学校也要借助开家长会的机会，虚心听取家长对学校工作的意见和建议，以改进工作，达到家校共同参与、学校教育和家庭教育有机结合、共同促进孩子身心健康发展的目的。

第四编

班主任专业成长与发展

29

班主任修养

【先行知识】

班主任必须具备良好的修养。班主任的修养内容，核心是"德、才、仪"，即所谓"人身三德"（品德、才华、仪表）。

班主任的品德修养，其内容主要是"师爱"，包括亲切和蔼、耐心细致、宽容博爱、无私奉献等。

班主任的才华修养，主要包括良好的洞察、理解、沟通的能力，良好的说服、鼓动、激励的能力以及良好的班级组织管理能力。班主任的才华、品德，许多时候要通过其"言语表达"来体现，所以，班主任的"师才"还应该包括其口才修养。

班主任的"仪表"修养，主要是指其榜样示范作用。班主任要"以德益德，以才育才，以情激情，以行导行"，行"无言之教"。凡是要求学生做到的，班主任必须以身作则，力求使"自身就是一部活教材"。

在实际工作中，千千万万个教师，以他们的高尚品德、朴实作风、辛勤劳动和卓越才华，创造了数不清的成功的班主任工作故事。有通过班主任的博爱无私、宽宏大度，体现班主任"品德"的；有通过班主任的有效说服和卓越鼓动，体现班主任"才华"的；也有通过班主任的高尚行为，体现班主任"威仪"的。

【单元提示与问题探究】

班主任修养是做好工作的必要条件。

联系实际，谈谈你对班主任修养的认识。

29.1　师爱是教育的基础和前提

有一个学生叫小伟,因父母长期不和,他无人管教,性格怪僻,喜怒无常,经常打架,在课堂上闹,不服老师管教。

那一年暑假,家属区就议论开了:津南村有个淘气的学生,该读初一了,哪个班主任摊上就倒霉了。我怀着一份好奇心,到处打听这个学生到底是谁,名气这么大。开学的前一天,我看见操场上有几个男孩在踢足球,真有个男孩像人们所说的小伟。因为在这之前,我就拿到我班所有学生的档案,他这么出名,当然他的照片我要多留神了。于是我走过去打听,果然是他。

我说:"你知道吗?我是你的班主任。"他说:"听说了。"接着我又说:"以前的一切都忘掉,从现在起,你是一个新生,一切都以新的面貌开始,你除了喜欢踢足球,还喜欢别的体育项目吗?"他回答道:"还喜欢短跑,曾经在校运会上获得过第三名。""那么就当体育委员吧,再组织一个小足球队,我负责给你们联系比赛。"这次谈话就这样结束了。

出乎意料的是,就这么两三分钟的谈话,居然对这孩子以后的成长起了巨大的作用。谈话的当天晚上,他这么小的孩子却失眠了,怎么也睡不着。他想,这个老师太好了,这么看重我,一定要好好干出个样来,给那些瞧不起我的人看看。

初一到毕业,三年中我见过他父亲两次,母亲一次也没见着,她从不来开家长会。有一次家访,他父亲说:这个娃儿完了,不可救药,只好让他烂下去。小学时,每次到老师办公室就像斗地主一样,所有老师都在告状,数落这小孩,我们当家长的,也没脸面,各种方法都用尽了,用皮带抽,绑起来打,有一次还威胁他,再捣蛋就绑着推下"杨公桥",可他仍然屡教不改。

由于这个孩子倔犟得很,一下子改好也是办不到的。我始终对他动之以情,晓之以理,尽我的全力,从生活上关爱他。

初一下学期时,他的爸爸突然消失了,成群结队的人到他家里要账,把他妈妈惹烦了,也出去鬼混,只是每月给他买50元钱的饭菜票。他经常一天只吃两顿或一顿饭,而他吃得特别多,那点儿饭菜票根本不够。冬

天，毛衣也没有，冻得直哆嗦，我就把他接到我家，在我家吃饭，给他厚衣服过冬，晚上守着他做完作业再让他回家，以此来弥补他失去的母爱。

这孩子的确很争气，从初二开始，成了我最得力的小助手，工作做得有声有色，每次运动会，我无须过问，他一手包干，学生也服他，同事都羡慕我培养了一个这么得力的班干部。

毕业考试，他考上了高中，但由于找不到父亲，母亲拒绝再负担学费，他只好放弃。第三年工厂里招工，我拿了40元钱给他报名参加考试。当时有近100人参加考试，只收10人，他考了第一名。工作后，他坚持自学高中课程，参加成人高考补习班补课，他考上了电大工业管理专业，圆了他的读书梦。现在已在某厂当干部。毕业后他经常抽空看望我，前年得知我要搬家的消息后，他立即找了班上几个同学，连续两个星期下班就来，从头到尾我没有一点儿插手的机会。他们说："覃老师，你要怎样布置，只要开口说一声，一定让你满意。"好多同事都羡慕不已，有的甚至对我说："你的这些学生比亲儿子还好！"

就在小伟同学这个班，还有几个家庭破裂的学生，与继父继母的关系很不好。这些小孩几乎心理变态，他们总觉得世界上的人都很坏，没有"爱"可寻。

针对这种心理，我经常把他们组织起来，和他们一块儿爬山或到沙坪公园去玩儿。我每次都把几斤面拌成凉面，带上佐料，一个八磅水瓶，一大张塑料布，一边走路一边给他们做工作，教会他们怎样爱自己的亲生父母，正确处理与新家庭成员的关系，多关心同学。我还通过家访，把学生的困惑讲给家长听，并希望家长多给这些孩子一点关爱，协调他们之间的关系。

有一个学生的母亲是农民，继父掌管家庭经济。小学六年时间里他从未参加过需要花钱的集体活动。每次我们班外出春游秋游，我都主动为他出一半的钱，再号召全班同学多出几角钱，使这个同学很受感动，他改变了以往对班集体漠不关心、对同学冷淡的态度。

这些学生都顺利地考上了高中。1996年8月，该班的全体学生在宴宾楼包了4桌酒席，为我操办40岁生日庆典。最远的学生从桂林专程赶回来，觉都没睡，没有回去看父母，直接到我家，那热闹的场面，让酒店里的老板都感动，他也主动来为我敬酒，并对我说："老师真光荣。"饭后，大多数学生告别了，当年最调皮、最让我操心的一个学生专门租了6辆小

车，陪着我到城里兜了一圈。还有一个调皮生，参军后第一个探亲假，下火车已是深夜了，父母接他时，他却执意要来看望我后再回家。

（来自网络）

【点评】　每当我们说到教育之爱或教师之爱时，往往都用"博爱"一词，好像不这样，不足以"言尽其意"。因为有了爱，我们的教育才变成最"人性化"和最富有"人情味"的事业。而在一切教师之爱中，宽容也许是最必不可少的。为什么？因为学生都是涉世未深的孩子，连成人都难免有错，何况孩子？宽容就是教师从心底里理解、体谅学生的"不完善"，对学生的过错给予谅解；它既是处理师生关系的有效方法，也是允许学生自我认识和自我转变的科学态度。宽容比训斥更能感化学生，更有利于学生接受教育。诚如苏霍姆林斯基说的，有时宽容引起的道德震动，比处罚更强烈。关于这一点，通过帮教"问题学生"，使其重新获得新生，会让人体会最深、最难忘记。试看这个故事中学生的表现吧："还有一个调皮生，参军后第一个探亲假，下火车已是深夜了，父母接他时，他却执意要来看望我后再回家。"

29.2　破　案

鲍育育

下午第三节刚上课，生活委员匆匆地跑进办公室，一副着急的样子："鲍老师，出黑板报的长尺子不知被谁给折断了，还有教室南窗的一块玻璃也被打碎了，怎么办？""可能会是谁干的呢？"我问道。"不知道。刚才宣传委员想出黑板报，才发现尺子已经断了，还有那玻璃窗，问谁都说不知道。"生活委员显然有点气愤。我表扬了他工作负责，便让他先走了。

生活委员走后，我陷入了沉思：班上45位学生，只有7名女同学，女同学应该不会干这种事吧？肯定是男同学干的！可是男同学那么多，会是谁呢？我脑中浮现出那些平时调皮捣蛋同学的脸庞，是他，是他，还是他？都像，又都不像！这可怎么是好？我起身看着窗外。窗外一片春意盎然。校园中百花盛开，小水池边的垂柳正舒展着腰肢，用她那勃勃生机迎接着春的到来。好一派充满活力的景象！是啊，花草树木如此，何况我的学生呢？他们也是充满活力的呀！我为刚才的猜测感到羞愧，禁不住笑

了。于是我长长地呼了一口气，理了理思绪，向教室走去。

同学们正在安静地自习，我绕了教室一周，顺便瞥了一眼那被打破的玻璃窗，那是在教室走廊的对面，按常理，其他班同学来打破的可能性很小。我站在讲台边，对同学们说："同学们，打扰一下，有件事情要与大家商量。"同学们都抬起了头，我从讲台下拿出那把断尺，故意用低沉的语调说："同学们，请看，它惨遭分身，痛哉！"有同学发出会意的微笑，我继续说道："再请同学们向左看，看见了吗？那扇玻璃窗不翼而飞了，你们亏待它了吗？"我用拟人的话语尽量创造一个轻松的氛围，不让学生感到班主任是来兴师问罪的。

紧接着，我又说道："尺断了，黑板报没法出了；玻璃窗跑掉了，那可是我们家庭的一员啊！你们怎么舍得呢？"听了这话，有同学动了动身子，有同学把头低了下去。我又充满深情地对大家说："同学们，大家都知道，我们班级就是一个家，东西坏了就像自己家里东西损坏了一样，大家都会很心疼的。课间你们在教室里打打闹闹，可能不小心损坏了某一样东西，这没关系，老师相信你们绝不是故意的。当然，也有可能是其他班同学到我班时不慎干的，不过，倘若是我们自己班里的同学，我相信他会主动来找我的。大家继续自习吧。"班里又恢复了宁静。

我站在教室门口，看着这宁静的教室，我知道此刻同学们的内心并不平静。

快下班时，办公室的门被推开，小 B、小 C 和小 D 低着头走了进来，我一看心中就有数了。我笑着问："找我有事？""鲍老师，尺子是我敲断的，我只是觉得好玩，没想到断了。"小 B 说。"鲍老师，玻璃窗是我俩打闹时不小心打碎的。"小 C 紧接着说。看到他们的诚意，我笑着对他们说："其实大家都知道，每个人都会犯错，关键是要改正，但往往就缺乏这种改正的勇气，而你们三个都有了，老师真为你们高兴！"我话还没说完，小 B 把一张十元钞票放在我桌上，我知道他们的意思，损坏公物要赔！我注意到了一个细节：当他们与我告别，转身离开办公室时，已不再低着头，似乎步伐也变得轻松多了。

此刻的我，也是一身轻松，难以抑制的喜悦涌上心头。

（原载《班主任》）

【点评】

班主任工作所牵涉的事物矛盾的错综复杂性，要求班主任具有超强的组织管理才能，能根据不同的工作需要，应用不同的工作策略，达到不同的工作目的。这就要求班主任具有清晰的明辨力、审慎的决断力、神妙的融通力和优秀的口才，能够鼓动、激励、诱导，又不失幽默和风趣。而构成这些能力的有效基础是对学生的热爱、尊重与信任，这就是这个简单的故事告诉我们的。请注意这些细节："我长长地呼了一口气，理了理思绪"；"我用拟人的话语尽量创造一个轻松的氛围"；"（我）故意用低沉的语调说"；"我又充满深情地对大家说"；"我笑着对他们说"……

30

班主任心理健康

【先行知识】

"如今的老师难当！"

这绝不是教师的无病呻吟，而确是事实。

还是先让事实说话吧：

由北京教科院基础教育研究所完成的一项北京市的教师生态调查显示：93.1%的教师表示"当教师越来越不容易，压力很大"。在回答"有机会是否调换工作"时，50.8%的教师表示，如果有机会会考虑调换工作；31.7%的教师表示无所谓；只有17.5%的教师表示喜欢这一职业，愿意终身从事教师工作。

"压力大"的直接后果，就是导致教师严重的心理健康问题。广州市有关方面曾对一批前来听心理保健讲座的教师进行现场测试，调查显示，近半数的教师心理健康受到不同程度的影响。31.51%的教师有轻度心理障碍，12.37%的教师有中度心理障碍，21%的教师已构成心理疾病，69%的教师感到压力大，嫉妒情绪、焦虑情绪的出现几率也比较高。教师的心理问题症状主要表现为抑郁、精神不振、焦虑、过分担心、有说不出原因的不安、无法入睡等。

而教师的心理健康问题直接导致教师的职业心理品质和人格"变态"，表现在其角色承担上，就是教育行为出现严重"偏差"。同样是北京市的一项调查显示：占八成的中小学生认为课堂上教师"凶、厉害"，抱怨老师有时"不公平、偏心眼、嘲笑、讽刺、挖苦"；近六成的中小学生反映老师批评学生时"体罚或变相体罚"。

关注教师跟关注儿童、关注教育同样重要；保卫教育、保护儿童，也别忘了保护教师！

【单元提示与问题探究】

面对"失衡中国"和"问题教育"，教师跟儿童同属"受害者"。

请联系实际，谈谈你对当前我国中小学教师生态问题的看法。

30.1　面对学生的挑战

王美蓉

班长××给我送来了第一周班委会记录，我放下正批改的作业，心里想，文科班刚组建，这一批班委是经过多方面征求意见，精心挑选出来的，他们的积极性一定很高，看看对班级管理提了些什么建设性意见。我打开记录本一看，建设性意见不多，倒是一行触目的字映入我眼帘："班主任太厉害，希望她态度温和一些。"我心里苦涩涩的，感到挺别扭："第一炮就向我开火，看来不好对付。"

第二天在办公室，坐在我对面的张老师说："今天在上班的路上，我碰上××，我问她对文科班的印象怎样，她说'我好怕班主任'。"我尴尬地说："是嘛，也不过是要求严格一些。"但心里想，她在向她的老班主任诉苦啦！这样脆弱怎么能当班委呢？上次班委会记录上的那条意见肯定是她提的。

上课铃响了，这一节是自习课，我决定到班上去转转，顺便催生活委员把学费收齐，上交学校会计室。我来到班上，学生一见到我，讲话声戛然而止，我很威严地走到生活委员面前，问："学杂费收齐没有？"她缓缓地站起身来："我，我……快了，收齐就送去。"我又在教室内巡视了一遍，看着学生都在埋头做作业，就转身离开了。刚迈出门，就听到唧唧喳喳的声音又升腾起来，我回头一看，只见坐在前排的几个学生在向我伸舌头呢！我的心"咯噔"了一下，感到学生和我之间有距离。

第二周，我亲自主持召开了班委会，要求班委会反映班级情况，提出一周内的活动安排，可是会场一片沉默，会议不得不结束。我的心冰凉冰凉的，看来学生们对我敬而远之。

我苦苦地思索着，反复考虑发生的这一切。严格管理、严格要求是正确的，但严不是严在表面上。学生是我们的教育对象，而不是监管对象。实践证明，对学生冷若冰霜，他们就会对你紧闭心灵的大门。

反思后，我重新设计了教育蓝图。首先，我改变了冷冰冰的面孔。我含笑走进教室，温和地回答他们的问题，亲切地和他们交谈。有机会我就组织他们外出游览，寻访古迹，一方面陶冶他们的情操，一方面让他们了解祖国灿烂的文化。在游览中，我注意照顾个小体弱的学生，并和他们共进午餐。由于接触多了，对他们自然产生了一种爱，情不自禁地关心起学生们的大事小情，帮助他们排忧解难。

通过一系列的感情交流和心灵的撞击，学生们向我靠拢了，对我敞开了心扉，有悄悄话也愿意对我讲了。

师生关系融洽后，我感到一股"爱"的暖流在班级里流淌，由于把教育溶解在"爱"的情感里，所以学生们积极回应。这种教育产生了巨大的感召力和推动力，它不仅激发了学生积极向上的热情，而且影响着学生的智力和创造力。此后，我在班上开展工作得心应手了，往往是不令而行。学生都是班级的主人，班委会更是我的得力助手。在我的建议下，他们组织"智力比赛"，组织"新闻发布会"，组织宣传组、演唱会。我们班在校内各项比赛中总能获得名次。有一次班上组织元旦联欢会，学生们发挥出了很大的创造性。他们不要我做参谋，说一切布置妥当后再来叫我。当夜幕拉下时，我进入教室，啊，简直是一座彩色殿堂！室内灯管全裹上彩纸，中间是一棵松树，五彩缤纷的彩带由上飘然而下。晚会节目有小品、相声、歌曲，连平时沉默寡言的学生也参加表演了。当晚会进入高潮时，灯光熄灭，点上烛光，在吉他声中，大家轮流诵读自己的元旦贺词。

（原载《中学班主任工作 100 例》）

【点评】

故事中的老师奉行"严师出高徒"的管理原则，结果出师不利，遭到从班委会到普通学生的抵制，使他"心里苦涩涩的，感到挺别扭"。面对这种尴尬的局面，这位老师没有去怨恨、痛斥学生，而是开始反思自己的教育思想和过程，并且采取一系列亲近学生、建立融洽师生关系的措施，结果扭转了局面。从整个过程来看，这位老师遇事能多从自己方面找原因，多用积极的建设性的姿态处理问题，说明他不仅工作经验丰富，职业道德修养好，工作能力强，而且心理健康，因而避免了犯那种"工作方法

简单粗暴"的错误。

30.2 丢了"面子"，找回理解

许桂华

课间十分钟是教师难得的放松时间，喝几口水，调整一下精神状态，为下一节课做好准备。可今天，我刚把茶杯拿到手，数学老师就冲着我说："临近毕业，你班几个男生，竟因踢足球而上课迟到，太不像话！"望着窗外的绵绵细雨，听着同事的"诉讼"，想着班级的教学质量，我尽力忍住心中的烦闷。

第二节课上课铃一响，我直奔教室。我刚在讲台前站定，只见几个男生像离了弦的箭从操场奔来。其中一个穿着背心，手拎上衣，裤脚卷起老高；还有一个左脚穿胶鞋，右脚穿足球鞋……一个个满脸的汗水掺和着雨水直往下流，狼狈而滑稽的模样顷刻引发了满堂的哄笑。

我再也克制不住，满腔的怒火像冰雹一样倾泻而出："迟到的请站起来！你们冒雨踢足球的精神实在可嘉！第40届世界杯足球赛若有你们参加，中国一定能夺取冠军。"我越说越激动，瞄着那个穿背心的："××，你是体育委员，这个头带得好，请欣赏一下尊容，那德性！"

不料，他在低声嘀咕。

"我说错了吗？"

"什么德性，老师怎么骂人！"他的声音提高了八度。

"我骂人？德性，是骂人？"

"你是扬州人吗？我们扬州'德性'就是骂人！"

全班鸦雀无声，他仍在争辩："这不叫骂人，叫什么呀？！"

他的反诘使我简直受不了，竟有人当着全班同学的面跟班主任顶嘴，我的"面子"丢尽了！必须找回"面子"，维护尊严！我放缓了语速，加重了语气："××，你今天违反了中学生行为规范中不得和老师顶嘴这一条，今天你带的什么头？扮演了什么角色？你必须在班上做检讨，挽回影响，我等着看你的表现！"我不容他分辨，又把其他几个男生训斥了一通后宣布上课。

在紧张的气氛中，我上完了这节课。走在回办公室的路上，我心中既难受又疑惑：××一向很尊重老师的，性格憨厚。平时，他总能诚恳地接

受批评，很少顶撞老师。尽管他在学习上是块"好料"，但我一直认为"响鼓需用重锤敲"，可今天难道"敲"错了吗？

午后，我找来几个和他要好的同学了解，才弄明白：本来，他认为老师的批评是对的，但老师当着全体同学"骂"他"德性"，刺伤了他的自尊心，使他丢了"面子"，他无法控制自己，才发生了上午那一幕。

知道了实情，我陷入了沉思。是啊，每个人都有自尊心，这是一种积极进取的潜在动力，作为教师，不应该伤害学生的自尊。工作不顺利，遇到问题，心要热，头脑要冷，要学会制怒和宽容，以势压人的批评、刺激的话语只会伤害学生的心灵，而心灵的创伤格外难以补救！再说师生之间在人格上是平等的，教师的"面子"是靠自身的模范行为来维护的，教师有"面子"，学生也好"面子"。找"面子"，只能丧失尊严，降低威信，造成学生与教师间的对立情绪。这个年代的中学生，自主意识越来越强烈，渴求被人理解和尊重。教师首先要理解学生，才能使他们内心愿意接受教育。

于是，我决定：宁可丢了"面子"，也要沟通情感，找回理解。下午放学前，我在全班向××同学公开道歉后，诚恳地说："同学们，毕业考试已经临近，希望你们抓紧时间，摆正学习与体育活动的关系。让我们相互谅解，求得理解，奋力拼搏，争取向社会、向家长、向自己交出一份满意的答卷！"我的话音刚落，××同学快步走上讲台，他说："老师，今天是我错了，请您原谅。我现在理解了老师的一片苦心。我更加尊敬您！"他向我深深地鞠了一躬。这时全班响起了热烈的掌声。

丢了的"面子"找了回来，可找回来的又不仅仅是"面子"……

（原载《中学班主任工作100例》）

【点评】

学生顶撞老师是常有的事，处理得好可以促进师生理解，增进师生友谊；处理不当，师生双方都会感到"感情受伤"，从此心里结下"疙瘩"。故事中的老师，在被学生顶撞后，通过了解情况，发现是自己一时性急、口误，伤了学生自尊，于是宁可丢掉自己的"面子"，也要保护比自己更有"面子"心理的心灵受伤的学生，找回理解，挽回不良影响。从整个过程来看，这位老师遇事能多从别人的角度想问题，多为别人着想，不计个

人得失，说明他高风亮节，不仅人格高尚，而且心理健康，当工作遇挫时，能够避免犯那种"感情用事"的错误。

31

做个促进型班主任

【先行知识】

传统教育注重教师的训诫作用，现代教育强调教师的促进作用。

两种教师角色功能观，来自两种不同的人性论和儿童观。训诫论者认为人性本恶，儿童天性中就含有"学坏"的因素，所以教育者对此要保持高度警觉，对儿童要严加管束。促进论者认为人性本善，儿童天性中就含有"学好"的因素，所以教育者对儿童要具有高度热情，积极开发儿童生命深处向善学好的"潜能"。

人性中天生就具有积极向上、自我实现的生命"潜能"，因而教师应该是一个积极的促进者。持有这种观点并对人类教育理论和实践产生巨大影响、作出了巨大贡献的教育流派，就是产生于 20 世纪 50 年代美国的人本主义心理学，其代表人物是马斯洛和罗杰斯。

马斯洛认为，所有的人都向往自我实现，或者说，都有自我实现的倾向。这是人作为最高生物所具有的一种生物学本性。这种本性对于思维健全的人来说，是人人都具有的一种高级需要，一种潜能。人性是好的，至少是中性的，恶只是由于环境或人的基本需要遇到挫折时引起的。根据其自我实现理论，马斯洛认为，教育的职能和目的，从根本上说，是人的自我实现，是丰满人性的形成，是引导人达到他所能达到的最佳状态。如何引导受教育者达到自我实现呢？马斯洛认为，每个孩子都有各自不同的成长倾向。家长和教师的职责就是信赖儿童，激发他们的学习动机，帮助他们发现自己，实现自我的价值。一句话："让儿童成长！"

罗杰斯也坚信人的本性是善的，人性的发展具有建设性倾向，恶并非

人的本性，而是由文化或社会因素造成的。罗杰斯把他的理论扩展到教育问题上，就形成了他的"以学生为中心"的教育观。他明确主张，教育的目标应该是促进成长。为此，罗杰斯对教师提出了特别的要求，要求教师必须具备下述四个方面的态度品质：①充分信任学生能够发展自己的潜能；②以真诚的态度对待学生，平常表里如一；③尊重学生的个人经验，重视他们的感情和意见；④能够洞察学生的内心世界，设身处地为学生着想，给学生以无条件的积极关怀。罗杰斯认为，只要教师具备这样的态度品质，就有可能使学生产生一种学习的安全感和自信心，就可以免除学生种种精神上的压力和挫折，他们自我实现的倾向和动机就会自然显露。从这个意义上讲，教育的目标就在于激发学生自我实现的学习动机。

人本主义心理学大师的观点，让我们想到有人将现代教师比作"火箭"的主张。教师在学生成长的过程中，起着"火箭式"的"助推器"作用；将学生送上"太空"，找到自己的"运行轨道"，教师的使命就算完成了。

中小学班主任应该把成为促进型教师作为个人由传统型教师向现代型教师转变的目标。

【单元提示与问题探究】

根据人本主义心理学理论，一个促进型的班主任，通常具有这样的人格：他总是从"好的"、"积极的"方面去理解人性、信任学生，相信学生有愿望、有能力学好、变好，包括改正他们所犯的错误。

请联系实际，谈谈你对如何成长为一个促进型班主任问题的认识。

31.1 "坏学生"的班主任

杨兴碧

从师专毕业后的马艳被分配到一所"三类学校"，正确的叫法是"基础薄弱校"，即"薄弱"的校舍、操场、师资、生源。"薄弱"的结果是：该校连续数年在全区中考成绩排行中倒数第一。

那年秋天，24岁的马艳成为这所中学初一（5）班的班主任。开学的第一天，全班同学竟没有一个戴校徽的，认为那丢人现眼。马艳告诉学生们："我就是本校的毕业生。"学生们愣了。

马艳知道，要让她的这些"姥姥不疼，舅舅不爱"的学生找回自尊，找回对自己、对他人、对社会的信心，不能仅仅靠成绩单。这将是一场艰苦的较量，首先是与"旧的自我"较量，其次是与周围环境的较量，要凭着大家一点一滴的努力。

在马艳的班里，有两名学生持有弱智证明（类似的学生全年级有十几个）。然而，经过反复测试和交往，马艳发现事实上他们只是反应慢一点儿，小学知识的基础薄弱一点儿，而仅凭这些，就认定孩子是弱智，这令马艳非常痛心。"你那证明在我这儿可不算数，别忘了，上课时我可要提问你！"马艳对孩子说。结果，这两名学生不仅学习成绩很快上来了，而且在课堂上积极举手发言，课下，他俩还常提醒马老师："您上节课怎么没提问我？我早做好准备了。"

学校进行广播操比赛。马艳坚持让全班每一位同学上场操练。有的班不是全体上场，留下几位胖的、动作不协调的、反应慢的学生当观众。轮到五班做操时，个别同学的动作招来全校一片笑声。结果可想而知，五班得分全校倒数第一。

马艳没有批评任何一位学生，因为，所有的人都尽力了。他们就是这样的成绩。然而，全班同学都哭了，哭过之后又都笑了，他们拥有一个真正关爱他们的老师。他们更同情别的班级那些被剔出来只配当观众的同龄人，站在那些孩子的角度上想一想，他们的心里该多难受！

初二下学期，马艳班上来了几位"蹲班生"。其中一个女孩儿，头一天进五班教室时就摆出一副满不在乎的样子：晃着肩，书包甩在身后，浓妆艳抹的脸，不屑地从老师身边掠过，又用眼睛大胆地扫过全班男生——这时，教室里静悄悄的，大伙儿都愣住了。他们都听说过关于这个女生的传闻。

马艳没有给她来个"下马威"。头一次和她谈话，马艳的第一句话就是"你很漂亮，还挺会打扮，什么时候教我几招"。女孩子的敌意一下子就没了，后来在周记本里，马艳除了指出她最近的进步和不足，还写了一句："我脸上老长痘，有什么好办法？"

一周后，周记本上女孩儿工整地写着："治痘秘方：每晚睡觉前用牙膏涂抹。"

又过了一周，女孩儿看到发下来的周记本里马老师的评语："谢谢你的偏方，我试了，还真管用。"

后来，女孩儿和马艳成了无话不说的朋友。马艳说："我认为你还是很可爱的，要是打扮得再得体一些会更好看。"不久，女孩儿把自认为很"酷"的头发剪了。马艳又说："青春期的女孩儿穿过紧的衣服对身体有害。"从此，女孩儿天天穿校服上学了。初三时，女孩儿入团了。

一次上劳技课，老师查收课堂用具时发现少了两套，告诉了马艳，让她到班上查是谁偷的。马艳去了。全班同学都知道劳技老师已经非常生气了，现在看到班主任又来了，如临大敌，气氛凝重。可是，马艳却若无其事地讲了几件别的事，同学们的心渐渐地平稳了。临走，马艳好像刚想起来似的随口说："忘了交劳技课用具的同学待会儿到我那儿交了吧。"

马艳回到办公室，同事的眼睛同时看着她。"逮着了吗？谁偷的？"马艳没说什么。一会儿，两个学生站在门口怯怯地说："刚才老师说收用具时，我俩光顾着说话，没听见。"马艳知道，学生本来是没听见老师的要求，是无意的，可老师偏说是"偷窃"，他们就不敢往外拿了。

慢慢地，五班成了全校学生都羡慕的"天堂"，因为，在大多数班级里普遍存在的因成绩、家境等因素的彼此歧视，在那里没有市场。校长也对五班刮目相看，因为五班从没有出现过考试作弊，尽管他们班的成绩在全年级并不突出，有些科目还倒数。学生们都认为作弊是自我侮辱。

三年过去了，学生们均以优异的成绩初中毕业了。学生及家长们深深地感激马艳老师，而马艳也感激她的学生们。用她的话说，不是她教会了学生该如何尊重自己，尊重他人，而是学生们教会了她用一种新的态度和观念当一个好老师。

(来自网络)

【点评】

著名教育家苏霍姆林斯基谈到后进生时说："这些孩子不是畸形儿。他们是人类的无限多样化的花园里最脆弱最娇嫩的花朵。"如何对这类特别的"花朵"施予特别的"阳光雨露"呢？人们探索总结出了许多行之有效的教育方法。而这种种方法所依据的理论，可以概括为一条教育原则，就是"正面引导、积极对待"。积极对待引发的教育奇迹，有时像火山爆发喷射出的地下火焰一样，让人感到生命的璀璨和自然的神奇。故事中的马艳老师，是从帮助这些"姥姥不疼，舅舅不爱"的学生找回自尊，找回对自己、对他人、对社会的信心入手开展工作的，而不是"仅仅靠成绩

单"。这一点对我们特别具有启发意义：学生成长，还有比学习成绩更高贵的精神需求！

31.2　第38号座位

徐观华

"老师，您能让我到38号座位上去坐吗？"

"老师，我也要求坐到38号座位上去！"

星期四午饭后，我班的徐健、徐军两位同学急匆匆地赶到我的办公室，都争着要坐上38号座位。唯恐我不同意，两人都抢着说明理由。我示意两人一个接着一个慢慢讲。

只见活泼好动、个儿高高的徐健首先说："徐老师，我的学习成绩不好，经常给您惹麻烦，给班级抹黑，您对我伤透了心。老师，我知道自己不对，但我自己管不住自己，所以想到38号座位上去接受老师和同学们的帮助和监督。"说着用满含泪水的双眼望着我。这时，个儿矮小、性格内向的徐军激动起来，抢着说："老师，我想改掉吃零食的坏习惯，更想提高成绩。"说着用一双期盼、乞求的眼睛盯着我。看着两个"毛病"不少的孩子都抢坐38号座位，我内心感到无比激动，为自己的"金点子"而感到兴奋和自豪！

我们602班只有37个同学，怎么会有第38号座位呢？38号位有怎样的"魅力"呢？

走进602班，你就会发现教室后排正中间，有一张与众不同的单人课桌。这张桌子比其他的桌子高出10厘米多，桌面也大许多，桌子前方竖立着一个写有"爱心专座"四个红色美术字的木牌，"爱心专座"两边分别写有"需要同学们的帮助"、"需要老师们的关爱"的提示语！这就是我们602班的第38号座位，现已成为我班与众不同的一道亮丽风景。

第38号座位——爱心专座的设立，源于公交车上"老、弱、病、残、孕、幼"专座的启发。凡是"期待进步、期待帮助"的"留守儿童"才有资格享受"爱心专座"。在"爱心专座"上的同学将会得到以下关爱：①每节课至少有一次被提问的机会；②教师须面批其作业；③班主任每天须与其谈心一次；④班干部须对其进行全方位的帮助；⑤所提出的学习上、生活上的问题班主任、科任老师须立即解决；⑥优先参加班级、学校

开展的各项活动；⑦坐满一周将会评为班级"进步星"。但也要受到以下制约：①自觉遵守纪律，不骂人，不打架；②上课必须专心听讲，认真做笔记；③每天须改掉一个"小毛病"；④一周内须为班级做两件以上的好事；⑤作业书写必须认真工整；⑥时刻接受全班同学的监督。

第38号座位设立一个月以来，有两位"留守儿童"在我的有意安排下，接受了"爱心"的沐浴和洗礼，取得了明显的进步。我喜在眉梢笑在心头。

出乎意料的是现在有两人抢坐第38号座位。望着徐健、徐军两位同学期待的目光，我一时难以决断。脑海中交替闪现出两位同学的情况。

徐军同学的父亲在外务工，他性格内向，学习成绩较好，与同学相处融洽，但爱吃零食，自理能力较差；徐健同学父母均在外务工，他性格外向，爱玩好动，善打乒乓球，独立生活能力强，但学习成绩较差，经常与同学产生矛盾，自控力较差，情绪波动性大，我对他付出了十二分的努力，但收效甚微！

相比之下，徐健同学更需要"关爱"。我做通徐军同学的工作，由徐健同学抢得第38号座位，接受"爱心"洗礼。

徐健同学坐在第38号座位上"老实"多了。我坚信这是一次转化的好机会，于是，我以班主任的身份立即召开本班6位科任老师座谈会，进一步明确"爱心专座"的内涵，要求科任老师尽力配合我经营好"爱心专座"；接着召开班干会，向各位班干部明确帮助徐健同学的具体工作任务和要求。

在全班老师、同学的共同努力下，徐健同学在第38号座位上坐了一周又一周，一次又一次地获得了"进步星"。看着徐健同学的成绩在不断提高，"毛病"在不断减少，"好人好事"记录在不断增加，更加坚定了我继续经营"爱心专座"的信心！

（来自网络，林泽君　推荐）

【点评】

这是个意味深长的故事。在这个故事中，"第38号座位"是"获得关爱、帮助和监督，争取进步，改正缺点或错误"的同义词。为了争取这样的机会，竟有同学争相抢座；而获得"爱心专座"的"问题学生"，竟能一改过去的"毛病"，获得品德或学业上"明显的进步"。这说明了什么？

这充分证明了人本主义心理学大师论断的正确性：儿童天生具有"学好向善"的倾向，他们"学坏"或"不好"，是不良环境或教育影响的结果。而故事中的这位老师，也可以称为"促进型教师"高手。只要他沿着"设立爱心专座"这条路子走下去，就一定会收获到更多的教育惊喜。

32

做个专家型班主任

【先行知识】

专家是相对于行业内的新手而言的。

日本实业家堤义明说："专职 20 年，方成专家。"国内有关研究表明：专家型教师的成长，约需 15～20 年。

根据国外的研究，专家与新手在处理专业工作范围内的问题方面，大略有以下六个方面的差异：

（1）专家观察力敏锐。例如，让国际象棋大师和国际象棋业余爱好者比赛，在五秒钟内记住棋子在一局棋中的位置然后还原，结果大师可以记住 15～20 枚棋子的位置，而业余棋手只能记住 3～5 枚棋子的位置。这说明专家因专业工作经验丰富，所以观察力敏锐。

（2）专家长时记忆力好。专家比新手更熟悉许多技术参数、量表、统计数字、公理、定理等。因为专家对这些用得多、记得多的东西，往往已经达到透彻理解、融会贯通、烂熟于心的地步。

（3）专家技能执行的速度快。例如，数学家的计算速度，作家的写作速度，职业篮球运动员的运球、传球的速度，专业打字员的打字速度等，都比同类一般人员执行得要快。这说明专家技术娴熟。

（4）专家透视复杂的技术问题更有深度。专家更有能力解决一些技术上的"疑难杂症"。有一个流传很广的故事或许最能说明这个问题。美国一家大型公司的一套重要设备出了故障，请了许多高手，未能解决问题。一天，一位专家应约前来。他经过交谈、查阅资料、敲敲打打等一番诊断，在该设备的某处外壳画了一道线，意思是从这里打开，问题就在这下

面。结果，问题果然在这里，故障很快排除了。他收费1万美金，该公司嫌贵又不便直言，便请他开列账单。这位专家提笔写道：画线，1美元；知道在什么地方画线，9 999美元。故事或许有些夸张，但它的确能够说明一个道理，即面对复杂的技术问题，专家往往比新手有更大的可能找到新颖和适当的解决问题的方法。

（5）专家执行困难任务的速度慢。例如，请一些经济学专家和刚刚拿到经济学博士学位的人，让他们同时拿出一个改进企业管理、提高经济效益的方案，结果刚刚拿到学位的博士方案出来得更快。原因是经济学专家由于可供参考和选择的经验、知识、资料更丰富，所以他们更加能够做到"深思熟虑"，所以方案拿出来比较慢。

（6）专家往往比新手对自己要求更严格，更加具有严谨、细致、谦逊的作风。由于具有丰富的经验和高超的技能，专家针对复杂程度不同的工作情景，往往会采取不同的处理策略：当工作情景熟悉、任务进行得十分流畅的时候，他们工作起来确实有一种"驾轻就熟"、"举重若轻"、"行云流水"的感觉；但是，当工作情景不熟悉、当前的问题比较复杂棘手的时候，他们往往采取更加审慎的问题解决方式，例如广泛搜集资料、广泛听取意见、慎下结论、三思而后行等等。

综上所述，专家优于新手的地方主要表现在三个基本方面：一是在专业知识方面，专家对本专业知识、理论、原理的理解与掌握的系统化、透彻性程度高；二是在技能的执行方面，专家对本专业技术掌握与应用的熟练化、自动化程度高；三是在综合解决问题的效率方面，专家具有丰富的方法、技巧、策略性知识，具有较强的反思、纠错、改进、提高的意识和能力。专家在其擅长的领域，能在较短的时间里完成更多的工作。[①]

中小学班主任应该把成为专家型教师作为提升个人价值、实现人生理想的追求目标。

【单元提示与问题探究】

技术新手成长为专家，除了需要时间外，主要应该在专业知识技术的精深化方面，努力做到具有高度的敬业精神、持之以恒的意志力和强烈的探究、创新意识。

---

①　邵瑞珍.教育心理学.上海：上海教育出版社，1997

请联系实际，谈谈你对成长为专家型教师问题的认识。

32.1　14岁生日班会

张　红

铃声响后，同学们都在教室里坐好了。这一节是班会课，我面带笑容地走进教室。与往常不同的是，我手里拎着一台录音机，还拿着一本包装精美的画册。

我按响了录音机，顿时，教室里回荡起那熟悉的《生日快乐》歌。随着音乐，我带头唱了起来："祝你生日快乐……"

我缓缓地走向李欣，向她伸出了手。她惊诧了，一时间竟不知该怎么做，愣愣地坐在那里抬着头看着我。而其他同学却一下子明白了，有的跟着音乐声一起唱"祝你生日快乐"。"你请大家给你在这张贺卡上留个言吧。"我说。翻开贺卡，第一行是几个醒目的大字："李欣，祝你14岁生日快乐！愿你拥有最美的青春！"落款是"你的班主任：张红"。

大家传阅着卡片，并在上面写下自己的祝福。我又换上了一盘磁带，然后，对大家说："今天是李欣的生日，对李欣来说是不寻常的一天，而对她的父母来说就更不寻常了。我们都是与父母生活在一起的，但是，未必每个人都清楚地了解父母对我们的爱。李欣的父母给她写了一封信，借此机会，让我们一起来聆听一下父母的教诲与心声吧。"

我再次按响录音机，传来我的配乐朗诵声："欣欣，我的好女儿，妈妈由衷地向你道一声生日快乐！……14年前的今天，你带着妈妈的希望、妈妈的寄托来到了这个充满光明、充满爱的人间。你的出世给初为人母的我带来了无比的幸福，同时也带来了烦恼……"

这位母亲用心写着她对女儿的期望，用情写着14年来的每一件小事。无处不在的爱啊，这位母亲用朴实无华却饱含深情的话语，将自己对女儿的心意倾泻而出！伴着悠扬的音乐声，我仿佛就是那位母亲，动情地朗诵着。每个学生都是那么专注，听到感人处，有好几个学生悄悄地擦着眼泪。教室中的每一个角落都被这配乐朗诵声所震动着，而实际上真正产生震撼力的是那份母爱之情！

早在开学初写班主任计划时，我就一直在思忖着：每到初二都要召开关于迈好青春第一步（14岁生日）的主题班会，今年怎么个开法？还有，

结合"三八"妇女节的到来，搞什么活动才能使学生理解妈妈的爱呢？思考后我认为，初二学生之所以容易发生问题，其中主要原因是学生到了这个年龄，心理上进入了"断乳期"，自认为已经够成熟了，不愿意听父母的教诲，如果父母多说几句，就认为父母唠叨、烦人，而不去耐心体会父母的想法和意图。解决这个问题，就要使学生愿意接近父母，理解父母，听取父母的意见，接受父母的教育。怎样才能使学生和家长在心理上缩短距离呢？怎样才能使学生静下心来，仔细听一听父母的心声呢？我思索着。

每逢生日，孩子们总是"狮子大张口"，向父母要这要那的，父母也总是一味地满足，高档的用品被拿到学校在同学之间攀比。唉！何不让家长送给孩子精神上的礼物？既节省了钱，又能表达父母对儿女的爱；既避免了不良现象的发生，又可以增进沟通。主意拿定，我开始筹划了。提前一个星期左右，我通知即将过生日的学生的家长，邀请他们给自己的孩子写生日贺信并寄到学校来。收到信后，我认真修改。因为有的家长文化程度不高，有的家长又对孩子的批评太多，爱的描述太少，不容易让孩子接受。准备工作做好之后，我再精心选择适合文章内容的背景音乐，一遍又一遍地朗诵着录音。有的家长写得太好了，我在朗诵的时候，多次被感动得落泪。我未为人母，有时真的不能把握好，读不出那份情感，所以一遍一遍地重录，一次又一次地体会，直到我认为足以表达那份母爱，足以深深打动每个学生的心为止。

录音带还在继续。"女儿，你已经长大了，你不再是妈妈翅膀下的小鸟了，你是飞翔在蓝天中的一只勇敢的小鹰。未来的生活中还会有许许多多的困难挫折，妈妈相信你一定能不畏艰难险阻，勇敢自由地飞向前方。到那时，你才算真正长大了！"

听完了李欣妈妈的话，许久，教室中似乎还弥漫着那份情感。母亲与女儿的心似乎在空气中交融着。最后，我又说道："李欣，希望你能用心去体会妈妈的话，不辜负妈妈的期望。"我举起手中那本精美的画册说："这是我特地为你挑选的，里面收集的都是美院学生的绘画作品。送给你，祝愿你有一天也能考上美院！"之后，我转向大家："李欣母亲的话其实也是我们每个人的妈妈的话。家长的良苦用心我们一定要好好地去体会，感动之后，还要用心去想一想，家长的每一句唠叨之中，包含着的是对我们的挚爱和无限的期望啊！"

一次特殊的班会在一片掌声中结束了。我相信回到家中，李欣一定还会把这盘带子拿出来再听一遍，她一定会再次惊讶地听见我其他的话，因为在朗读完她妈妈的信之后，我又对她说了一段话，对她提出了希望与要求。

（来自网络）

【点评】

教师的职业是需要热情投入的职业。"捧着一颗心来，不带半根草去。"真心真意、甘为人梯，这是班主任工作的人格境界。只有这样，我们才会如案例中的老师那样，为了开好一个"迈好青春第一步"的主题班会，引导学生过更加简朴而有意义的生日，反复思忖，精心准备，为学生的健康成长倾注心血，创造性地开展工作。专家型教师的一个重要人格心理特征，就是对工作的执著和痴迷。试想，没有这种精神，故事中的这位老师，愿意花那么多工夫去做这样一件看上去美丽而有点"奢侈"的事情吗？没有这种精神，她又怎能创造出如此优雅而让人感动的工作故事呢？

32.2　毛老师的育人故事

一幅骷髅画

美术老师布置了"为节日活动设计会标"的作业，学生们的练习本上画满了蓝天、白云、花朵、飞鸟等美丽图画。小卫的画却把老师吓呆了：一个骷髅头和两根交叉的骨头，周围写着"我们的几种设计：上吊、跳河、吃毒药、砍头、放血、撞墙、五马分尸、跳楼、绝食。你老子今天给你放放血，我们杀人不眨眼"等。一个少年的脑海里居然有这么多恐怖、丑恶、仇恨的东西，而且堂而皇之出现在上交的作业中，简直让人不可思议。

对此，班主任毛老师没有批评他，而是用慈母般的关爱耐心开导他。毛老师说："我相信你绝不是要跟老师过不去，可能是你心里有很大的苦恼吧！如果是，我愿意帮你消除它，你说好不好？"

小卫流下了泪水，心中的怨恨像开闸的洪水宣泄了出来。原来小卫的哥哥成绩好、听话，受到妈妈宠爱。他自己考试不及格，常挨打遭骂，在

家里毫无温暖可言，心情压抑的他由于常常不吃午饭得了胃病，胃病发作时难受得很，影响了听课质量和作业的完成。因此，在学校也常遭受老师的批评。同学们轻视他，都不喜欢他。出于对抗，小卫越发惹是生非，以致在班里成了"怪物"，处处受到孤立冷落甚至歧视。那幅恐怖的图画，正是这种怨恨情绪长期无处宣泄而爆发出来的结果。节日快到了，又赶上自己的生日，但冷漠的妈妈不理睬她。小卫说到这里，泪流满面。

毛老师递上手帕让小卫擦拭泪水，又倒了一杯开水让他平定心情，让他回想一下平时妈妈对他关心爱护的例子，又回忆了自己苦难的青少年时代。事后，毛老师让其他老师、学生了解了小卫的苦恼，发动大家关心、帮助他，帮他补上了缺课，使小卫相信自己有可爱的地方，如果克服缺点，同学、老师会欢迎他的。毛老师又登门做通了家长的工作，使小卫生活在充满爱的环境里。在他生日那天，毛老师又买了蛋糕和精美的贺卡送给小卫，终于使他恢复了快乐自信，交上了漂亮的会标。

"小恶魔"阿泰

一只眼失明的阿泰上体育课时挥舞着小刀喊："我是残废，谁敢碰我，我叫他变成太监。"差点用刀划伤同学。面对老师厌恶、同学躲避的阿泰，毛老师又一次用倾听和关爱使学生重新开始了正常生活。

原来阿泰的妈妈怀孕时服药不慎造成阿泰一眼失明，为弥补愧疚，妈妈对阿泰百依百顺，养成他骄横跋扈的性格。在学校，妈妈怕他独眼吃亏，便叫他一吃亏一定要比别人凶，先下手为强，这才导致阿泰攻击性强。毛老师发现"病根"后，对症下药，发动同学团结感化阿泰，使他体验到了集体的温暖，又请双目失明的老劳模讲他的奋斗成才史，并上门教育批评了阿泰妈妈错误的育人思想。一番苦心终于结出爱的硕果，"小恶魔"恢复了正常的学习生活。

健敏的"要紧事儿"

七岁的健敏郑重其事地对爸爸说："我有要紧的事儿和你商量。莉莉跟我同桌，她待我很好。春游时，她把茶叶蛋塞进我书包里，我也把苹果送给她。我们俩不是一般的要好，而是特别的要好。她爱我，我也爱她。我要和她结婚。"

爸爸举手就要揍他，他不慌不忙地继续说："爸爸，别打我。我已仔细想过，莉莉家里房子很大，我和她结婚就不愁没有房子，这是第一；第二，莉莉家里还有好多好多钞票，我将来结婚办酒席，你就不用愁钞票不

够了。"气得他爸爸差点儿昏过去。

毛老师闻讯后没有责怪健敏，而是在与他交谈后了解了事情起因。原来健敏常去吃喜酒，耳濡目染大人的话，再加上社会上影视文艺作品的影响，萌发了荒唐念头。毛老师问："你爸爸几岁有了你呢?""30岁。"于是，毛老师和他掰手指，健敏才发觉还有23年，还早呢。

在与孩子散步当中，毛老师发现他爱看高楼，想当建筑工程师，又爱唱歌弹琴，于是便把他的注意力转移到这些方面上去，还在学校成立了歌咏小组，并吸收了他。孩子不久终于懂得自己还小，要实现理想现在就该努力学习，心里的疙瘩终于解开了。

（来自网络）

【点评】

专家型教师，是特指教育工作领域那些具有丰富的组织化的专门知识，能高效率地解决工作中的各种问题，富有职业的敏锐性、洞察力和创造力的教师。故事中的毛老师几乎具有上述全部特征：有很好的教育理论素养，能够掌握并娴熟运用多种教育方法，具有非凡的理解力、洞察力、激励与沟通的能力等等。尤其是他尊重儿童，眼中有儿童，知道孩子的不足，又能够理解他们的处境，宽容他们的不足，倾听他们的心声，并很恰当地引导他们走向良性的发展道路。这种优良的心理品质又为他的专业化智能优势的发挥，提供了坚实的人格保障。

33

做个研究型班主任

【先行知识】

做个研究型教师，是现代教育一个十分突出的要求。

现代教育与传统教育有很多不同之处。首先，受教育者人数众多，学生的自主性增强，学生知识的准备状态或起点提高。同时，学生良莠不齐的情况也比以往要普遍，因此，现代的学生"更难教"。其次，教育的条件和外部环境发生了巨大变化，影响学生健康成长的负面因素比以前明显增多，教育不可能像过去那样在一个相对封闭的状态下进行，因此，现代的学校"更难办"。第三，时代、社会的发展对教师和教育的期待，对受教育者的综合素质要求，对新的教育理念、教育模式、教育技术和教育方法的运用要求更多、更高，教育工作者面临的变革挑战也更多，因此，现代的教师也"更难当"。

这一切如何面对？过去只是等待教育界的专家学者或教育行政长官"发话"，等待他们来告诉教育怎样办、学生怎样教、教师怎样当，思想资源主要由他们来提供，教师只是一个"生产型"、"工具型"的执行者，因此，教师最多也不过只是个经验丰富的"教学工匠"、"教育艺人"而已。现在则强调教师自己就是研究者，无须等待别人"发号施令"，因为教师本人作为教育事件的"亲历者"、教育实践活动的"主体"和"参与者"，往往比教育专家、学者和教授，知道更多教育的真相，更加熟悉事件的过程，更了解那些具有决定性意义的细节，因而比前者更具有"研究的资格"，更有"发言权"。教师研究所给出的数据、讲出的故事、得出的结论，往往也因此能对现实的教育实践发挥更大、更好、更多的影响作用，

更容易被广大的一线教师所接受，与他们产生"亲密接触"，从而产生巨大的交流、合作、共享、普及、提高的效应。

教师作为研究者已有先例。古往今来，大凡对人类教育作出突出贡献、产生巨大影响的人，许多本身就是教师出身，或长期工作在教学岗位上，他们无一不是研究者。

教师作为研究者，必须改变工作方式，注重理论学习，具有开阔的视野和多元的思维；必须具有问题意识、科研意识、课题意识和资料意识；必须具有批判、怀疑、否定的精神和创新精神。同时，要注意向同行老师学习，争取得到高校老师或研究单位的指导和帮助，或者跟他们合作研究问题。

中小学班主任应该把成长为研究型教师，作为成长为"教育专家"或"可持续发展的教师"的必由之路。

【单元提示与问题探究】

通过成为研究者，使教师工作获得尊严和生命力。这是现代教育一个十分突出的特点。

请联系实际，谈谈你对成为研究型教师问题的认识。

33.1　了解国外学生怎样学习

魏书生

引导学生关注国外学生的学习，能使学生更全面地理解教育的实质，能使学生更积极主动地配合老师，进行教育教学改革。

我常给学生读外国学生的作文。

法国一位中学生写了自己背井离乡、故意选择艰苦的环境体验生活、磨炼自己的经历。他讲述了自己离别父母和舒适的家庭生活，到非洲南部，和当地居民居住、生活在一起达一年之久的经历。我读完以后，学生们都陷入了深深的思考：为什么他能那么自觉地接受艰苦生活的磨炼？

美国一位中学生写的是自己如何面对家庭生活的不幸，学生时代便挑起支撑家庭生活的担子。

前苏联的中学生写的是他们如何在集体生活中增强自己与别人协作的能力，如何学会尊重、理解别人和遵守社会公德。

我多年以来坚持订阅《外国教育动态》杂志。那上面有了适合学生的内容，我便向学生介绍。

我给学生读《日本山口县的教育》。日本的教育方法、教育内容引起了学生的关注，特别是有的学校想方设法磨炼学生的毅力，如有的让学生光脚参加各项课外活动，鼓励学生赤足到鹅卵石地上去跑。这一做法，引起了我班学生的兴趣。

读《加拿大教育一瞥》这篇文章时，学生们感到加拿大有的学校确实是把学生当成了学习的主人。有的校长介绍说："我们学校有500名学生，便有500张不同的课程表，学生完全可以按照自己的实际水平，选择适合自己的科目与教师去听课。"这种灵活的组织方式，同样培养出了大批人才。

读《美国教育掠影》一文，我的学生们对美国有的中学选修课竟达到几十门乃至100多门感到不可思议。他们说："我们刚刚讲一点课外知识，个别人就认为冲击了考试科目，这样理解学生的学习实在太狭隘了。"

介绍最多的还是前苏联教育。我给学生讲凯洛夫主张的"三中心"，也讲参加过凯洛夫教育学编写的赞可夫关于最近发展区的见解，讲巴班斯基课程最优化理论，也讲苏霍姆林斯基的教育理论与实践。

学生同我一样，对苏霍姆林斯基最感兴趣，有的学生建议："老师，我们也像帕夫雷什中学一样，半天半天地搞课外活动，怎么样？"我说："我们介绍这些的目的，是让大家理解，教育不是自古华山一条路，而是条条大路通罗马。我们刚搞了这么点课外活动，许多人就不理解，如果再照抄照搬国外经验，在社会上片面追求升学率的环境中，我们就更难生存了。同学们能用了解到的先进教育经验为我们搞的这点课外活动辩护就不错了。"

学生们通过与同龄人学习生活的比较，通过不同国家教育目标、教育内容、教育方法的比较，能找到既科学又比较适用于自己的方法，能更全面地认识和理解教育。通过比较，学生们也比较乐于接受我所提出来的培养自我教育能力、提高学生管理班级能力的做法，认识到这不是老师独出心裁，而是符合世界教育改革大趋势的做法。

（原载《班主任工作漫谈》，有删节）

【点评】

苏霍姆林斯基说："我们这行职业和劳动工艺的精神基础和哲学基础就是这样：为了在学生眼前点燃一个知识的火花，教师本身一刻也不能脱离那永远发光的知识和人类智慧的太阳。"要精通儿童心理，必须精通教育科学；要精通教育科学，必须精通事物的一般法则和原理。教师只有具备广博的阅读面、合理的知识结构和良好的文化底蕴，才有可能正确理解与应用学校教育科学，包括自己所教的学科。同时只有当教师的知识储备到了一定阶段，达到融会贯通的境界再来教学生时，学生才会感到学问无处不在。教师不仅要使自己成为研究型教师，而且还要使学生成为研究型学习者，这就是魏书生老师这个育人故事告诉我们的道理。

33.2　班级标语事小意义大

翟胜勇

班级标语作为班级文化的重要构成内容，在班集体的建设、班风学风的形成以及教室环境的美化上都起着不可低估的作用，值得班主任们潜心研究，认真设计。

班级标语的设计角度尽管很多，但原则只有一条，那就是要根据学生的特点和一定时期内的班级实际，做到有的放矢，讲究实效，并在此基础上力求语言形象优美，富有感染力。此外，班级标语以班主任自己设计或班主任与同学共同设计为佳。简单地模仿名人名言或者干脆抄上几条名言警句，虽说也不乏鼓动作用，但终究或因感情不真或因脱离班级学生实际而难以取得较好的效果。下面就以我所带的高一（1）班为例，介绍一下我的班级标语设计思想和实践经过。

开学伊始，来自全县各地的五十几位同学彼此都不熟悉，加上他们对家人的思念，对原初中学校和班级的怀念，班集体的意识非常淡薄。如何让每一位新同学尽快确立"我是新集体——高一（1）班的一个成员"这一意识已成为班集体建设中首先应该解决的问题。于是，我设计了开学后的第一组标语。教室前黑板上面的横幅是："高一（1）是你的，也是我的，是我们大家的。"教室后面的横幅是："高一（1）的历史由你、由我、由我们大家一起来写。"教室左右四张条幅分别是："别忘了你有一个新的名字——高一（1）。""别忘了你有一个新的家庭——高一（1）。""别忘了

你的身份——既是高一（1）的学生，更是高一（1）的主人。""别忘了高一（1）会因为有你的爱而自豪；你也应该自豪，因为你生活在爱你的高一（1）。"这六条班级标语刚贴上墙，整个教室里一下子就形成了浓浓的集体氛围和温馨的家庭气息，对学生们有着极强的感召力和熏陶作用，很快把每一个同学与高一（1）这个新集体紧紧地联系在一起，大大地强化了他们的班级主人翁意识，班级凝聚力也得到明显增强。

大约两个月以后，针对部分同学对班级虽有爱心，但在一些具体事情上却又缺乏集体荣誉感的表现，我在教室里换上了三张新条幅："别忘了你的责任——事无巨细，尽己所能为高一（1）的建设和腾飞奉献真情、智慧和汗水。""高一（1）的曲由我谱，高一（1）的歌由你唱，高一（1）的荣誉由你分享，高一（1）的耻辱就是你的悲伤。""高一（1）的事，事事有人做，方能时时无事；高一（1）的人，人人有事做，就会处处有人。"挂这三张新条幅的目的是为了进一步加强同学的责任感，使他们懂得爱护班集体，不能仅仅停留在口头上，更要表现在行动上。班级是由大家组成的，要靠大家来建设，每个同学都应具有与班级荣辱与共的思想情感。

期中考试后，由于我班几门主要学科成绩考得较好，因而班上滋生了骄傲和懒怠情绪。为了提醒学生珍惜青春时光，发愤苦读，克服骄傲懒怠情绪，我又及时贴出了"谁在心里存半点骄傲之意，谁就是给自己铺设通往失败的道路，谁就是在给高一（1）抹黑。""每天清晨和黄昏，请你分别问自己：'我今天有哪些事要做？''我今天又浪费了多少时间？'""高一（1）要求你每天能毫不愧疚地对父母、老师、自己说：'我今天是负责任地度过的！'"三张条幅。

第二学期开学初，我们班终于获得学校"先进班级"的锦旗。我和同学们在兴奋之余一起冷静地分析了班上尚存的缺点和问题，并共同立下誓言：一定要扬长避短，乘胜前进，进一步全面提高班级学习、纪律、卫生、文体活动等各项工作的水平，让"先进班级"的锦旗一直悬挂在高一（1）。为了勉励大家不忘奋斗目标，我又在教室前后换上了新的醒目横幅："喂，同学，别忘了咱们的共同誓言！""每时每刻，先进的高一（1）都在期待着你的先进！"

当任课老师反映班上个别学生有抄袭作业的现象时，我并没有简单地把那些学生叫来训斥一通。我想，抄作业固然不好，但这仅仅是外在现

象，要他们不抄容易，但要真正解决他们思想深处的问题是必须动一番脑筋的。怎样才能使他们认识到抄袭是不劳而获的表现，是不尊重教师劳动的自欺欺人的行为呢？用什么方式才能婉转而又有效地警醒这些学生呢？我除了与这些学生逐一谈心外，又想到利用标语对全班同学进行一次尊重知识、尊重教师劳动和诚实做人的思想教育。于是我设计了这样两张条幅："记住：在你抄袭作业的时候，高一（1）在失望，你的人格在失望，而知识和良心在嘲笑你！""任何时候，都应对老师心存感激，因为尊师如同诚实一样，都是智慧的体现，更是高一（1）应有的风尚。"标语上墙后，许多老师都反映这两句话颇有分量，对抄袭作业者肯定有"威慑力"。而班上学生则说："翟老师，你这标语就像两只雪亮的眼睛，在它的'监视'下谁还敢有抄袭的念头啊！"其实，我心里明白，学生们不是"不敢"抄袭，而是自觉杜绝抄袭。这正说明我的用心已得到了他们的理解。

第二年9月，升入高二的同学们刚从家里返校报到，就看到教室里一张新换上的条幅："高一辉煌已成为历史，我们可以自豪但不应一味留恋；高二的困难扑面而至，我们必须自信但不可缺少韧性。"这是我暑假里就设计好的标语。它无声却有力地告诫每一位学生，不要躺在高一的成绩簿上陶醉，而要充分认识高二学习的艰巨。毫无疑义，它的内涵是沉甸甸的，且新学期伊始，它在学生们尚未完全"收拢"的心中引发的思考也是及时而深远的。

高二第二学期开始，学校为了适应高考需要，决定文理分班上课。调整后的班级名称及成员都发生了较大的变化，我班变成了新高二（2）班，是理科班，由原（1）班的一部分同学与原（2）班的二十多人组成。因为普遍存在恋旧心理，原（2）班的同学与原（1）班的同学显得不太融洽，新（2）班的凝聚力很差。另外，由于分班带来的其他一些副作用，那段时间很多同学学习积极性不高，畏难情绪时有流露，对高二下学期的全省统一会考缺乏信心。面对这种现状，我及时采取了一系列的措施。其中之一就是在全班同学中有奖征集新（2）班的班级标语。经过几番选择与修改，一批极富有针对性、文情并茂的标语出现在新（2）班洁白的墙壁上。

前横幅是："同学，请拿起笔，新（2）班的蓝图我们一起绘！"

后横幅是："苦读乐学，自立自信。"（新八字班风）

左右四张条幅是：①数理化本是息息相通，你我他更当荣辱与共。②良好的纪律是立班治学之本。③没有渡不过的河，没有越不过的沟，困

难，又能奈我何？④是马，就要奔驰；是鹰，就要搏击；是新（2）班的人，就应当摈弃侥幸，笑迎艰辛！

这些标语来自学生，发自他们的肺腑，字字句句准确地表达了他们立志勤学、自信拼搏、直面艰辛、共建新（2）班这个大家庭的真实情感和美好心愿。因而，也有力地影响、激励和鞭策着学生们的行动。学生们的思想问题解决了，新集体的合力增强了，班级其他工作也就顺手了。

当他们跨进高三后，我便用粗犷道劲的魏碑体书写条幅"不到长城非好汉，展我风采在高三！"并挂在教室里。

高三第二学期刚开学，当我班班长又一次从校领导手中捧过"先进班级"的镜匾时，当全班同学百分之百通过首次省级会考时，同学们都说："我们可不能忘记班级标语的一份功劳啊！"

总之，班级标语是班级文化的一个重要组成部分。实践证明，凡是针对性强、确能唤起师生共鸣的班级标语，对于建设班集体、加强学生思想政治工作、促进学生良好道德品质的形成都有着显著的作用和意义。但愿越来越多的班主任同仁能够重视这项工作，创造性地做好这项工作，并从中获得裨益，享受成功的乐趣。

（原载《中学班主任工作优秀个案》）

【点评】

诚如这个典型生动的班级教育管理故事的创造者翟胜勇老师所说，班级标语作为班级文化的重要组成内容，在班集体的建设、班风学风的形成以及教室环境的美化上都起着不可低估的作用。但是，我们所见到的最熟悉、最通常的做法是"简单地模仿名人名言或者干脆抄上几条名言警句，虽说也不乏鼓动作用，但终究或因感情不真或因脱离班级学生实际而难以取得较好的效果"。而翟老师突破、超越了这一点。他的班级标语，针对性准、时效性强、生动性好，对建设班集体，加强学生的思想工作，形成良好班风学风发挥了显著的作用。他为什么能够"做到这一点"？这跟他不仅重视这项工作，而且具有清晰而明确的创造、研究、设计的意识不无关系。

34

做个反思型班主任

【先行知识】

反思是现代教育关于教师专业成长与发展方式的一个重要概念，反思能力因而也就成为现代教师素质的必要组成部分。

教育反思近年传入我国，成为人们探讨的热门课题。

美国的教育心理学家波斯纳（G. J. Posner）说："没有反思的经验是狭隘的经验，至多只能是肤浅的知识。"因此他提出了教师成长的公式：成长 = 经验 + 反思。[①]

所谓反思，就是自己把自己作为研究的对象，研究自己的教育理念和实践，反省自己的教育实践，反省自己的教育观念、教育行为及教育效果，以便进行及时的调整。或者说，所谓教师的反思是指教师在自己的教育实践过程中，批判地考察自己的行为，通过回顾、诊断、自我监控等方式，或给予肯定、支持与强化，或给予否定、思索与修正，从而不断提高其效能。

中国古人讲："人贵有自知之明。"美国著名的教育心理学家加涅指出，人类有一种特殊的智慧叫"认知策略"。现代哲学关注"元"的价值，例如"元认知"即对"认知的认知"，"元教育学"即"关于教育学的知识"。这些命题和范畴都从不同角度指向人类的一种高级智慧和意识，即反思智慧和自我批判意识。这显然属于一种人类"自己跟自己过不去"的纠缠。但是实践表明，这是让人"通向天堂，成为天使"的正确途径。研

---

① 李瑾瑜等. 课程改革与教师角色转换. 北京：中国人事出版社，2002. 78

究也表明，优秀教师总是属于策略型、自我监控型和反省型的。

班主任工作实践中，我们经常遇到这种情况：有的老师因错误批评学生而感到惭愧并勇于改正，有的老师对引导一个可造之才却没有成功而感到难以释怀，有的老师因错怪学生酿成不可挽回的大错而产生强烈的忏悔等，这些都是典型的反思型教师人格的反应。

反思的本质是教师"理想中的自我"与"现实中的自我"的一种心灵的对话与沟通。它是教师自我超越、自我创新活动和能力的一种表现。这种活动和能力，就其发生的过程而言，可以分为三种：一种是实践前的反思，所谓"以史为鉴"，即注重对以前的或现存的经验的反思，它具有审视、怀疑、批判、否定、超越、创新的性质；一种是属于实践中的反思，即过程性反思，它对自己当前的动作行为实施"实时监控"，保持一种"警觉"，它具有自知、自觉、监控、防范、调整的性质；一种是实践后的反思，即回顾性反思，它对已经取得的成绩或获得的经验进行一种"反刍式"加工，具有回溯、反馈、评价、自审、反省、升华的性质。就其性质而言，也可以将教师反思分为学习性反思和批判性反思。所谓批判性反思，就是运用更合理、更理想、更先进的教育理念来反思现实中的教育问题、教育弊端，在批判中开拓新的思路，创造新的经验，形成新的模式，在否定中前进，在创造中进步。

相反，如果一个教师仅仅满足于获得经验而不对经验进行深入的思考，那么，即便是有"20年的教学经验，也许只是一年工作的20次重复"。[①]

中小学班主任应该把成为反思型教师，作为提升个人经验与智慧内涵的重要途径。

【单元提示与问题探究】

教育心理学家波斯纳说："没有反思的经验是狭隘的经验，至多只能是肤浅的知识。"

请联系实际，谈谈你对成为反思型教师问题的认识。

---

① 李瑾瑜等. 课程改革与教师角色转换. 北京：中国人事出版社，2002

34.1　我爱"我们"的班集体

李晓容

开学第四周，学校布置了各班班容建设任务。根据我实习所在的高一（12）班的情况，我决定主要对教室后面的黑板报进行重新设计。我所在班级教室后面的墙上满是以往办报留下的痕迹，像个"大花脸"，很不美观。由于我曾跟学生说过我有美术方面的特长，所以下课后团支书小婷就来办公室找我商量黑板报的事情。我二话没说，把设计黑板报的活给揽了下来。我想，这可是个跟学生亲近的好机会，可以利用我的专长为他们办点事，让他们跟我的关系更密切。我帮小婷绘好设计图，并把所有要买的材料列了清单，让她去准备。

第二天中午，我让小婷把班上手比较巧的几个女生留下来，一起在教室里裁裁剪剪。整个设计图都是我想出来的，根据个人喜好，我把它设计成风格有点抽象的图案，所以那些装饰的东西剪起来有点困难。几个女孩子在旁边一会儿大叫"剪错了"，一会儿又叫"剪烂了"，手忙脚乱。我干脆说："老师来剪，你们帮忙贴好不好？"她们一致同意。我们紧密合作，很快黑板报的轮廓就出来了。在我看来，效果还挺好的，虽然几个女孩子唧唧喳喳地说有些字看不懂。

晚上下自修的时候，班上的学生都围在黑板报前面边看边议论，我跟在后面想听听他们的意见，谁知道结果却大大出乎我的意料。

小林说："咦，这是什么字？"

"我也不懂，"小邓说，"听婷婷说好像是'学习园地'四个字吧。"

"真的？不像哦。"

"我也觉得。"

……

议论声不停地传入我的耳朵，让我感觉自己像做错了事一样。最后，当一句"我觉得那些图案好丑哦"传来时，我的心咯噔一下：学生的话是最直接、最坦白的，难道我真的做错了吗？

第二天课间休息的时候，我特地去班里转一圈，想跟小婷再商量一下黑板报的事情，却看到昨天刚弄好的黑板报的边缘已经有了磨损。我很不解，为什么大家这样不珍惜班集体的东西？晚上看书的时候，偶然读到魏

书生老师说的一段话，让我大受启发：

"……为集体流汗，为集体贡献出一些个人的东西，吸引他为集体倾注心血，倾注得多，感情自然就会深起来。个人对集体，集体对个人，父母对子女，子女对父母，基本都是如此。"

回想起这次黑板报设计，从头到尾，基本上都是我一个人在搞，没有征求过同学们的意见，没有考虑过他们这个年龄层次的审美需要。我单纯把班集体的事情当作是老师一个人的事情，也难怪他们会这么不领情、不爱护。找出问题所在后，我心里有了一个新的解决方案。在第二天的自习课前，我当着全班同学的面说："根据民意调查，很多同学向我提出了设计黑板报的新构想，老师觉得他们的想法非常棒，所以我决定重新装饰我们的教室，把它弄得更加漂亮，大家说好不好？"

"好！"学生们的声音又齐又亮。

"那大家要向老师推荐班上的能人哦，那些有这方面才能的同学也可以自荐。"

大家七嘴八舌地议论开了。不久，一个临时设计小组诞生了。那时我才惊讶地发现，原来我们班居然有那么多能干的学生！多危险啊，我差点就错过他们了！

新的"设计师"们很能干，很快就把板报弄好了。我一看，这才是符合这个年龄层次特点的黑板报：板报形式生动活泼，装饰图案简单又不失可爱，整个版面洋溢着一种青春活力，就跟他们现在的花样年华一样中看受用！再看学生们的反应，脸上都笑盈盈的，有开心，但更多的是骄傲！毕竟，能为自己的班集体做些事情，是多么值得骄傲的事情啊！

"老师，我们班的同学很棒，对不对？"这时小婷走过来对我说。

"对，大家很棒！每个人都很棒！"我笑着回答。

由同学们的汗水和才华"凝结"而成的黑板报从此成为我们班一道亮丽的风景。

从那以后，我常想，如果我将来真的当了老师，不管是面对哪个年龄段的学生，最重要的是引导他们真切地为集体做事，对集体倾注感情，倾注爱心；只要投入了，具有强大凝聚力的班集体就不难建成。

班集体是我们的，我们最爱"我们"的班集体。

【点评】

一个毫无班主任工作经验的实习老师，通过观察、倾听、阅读、反思，能够马上从一次并不成功的班集体建设活动中感悟到班集体是"我们"的，感悟到具有强大凝聚力的班集体建设，要靠全体同学的参与和付出，否则，他们可能只会成为"看客"。千万不要把班集体建设弄成只是班主任老师一个人的事情。体现在这位实习老师身上的感悟就是一种教育反思精神，她的感悟过程也就是教育反思过程。反思策略，是改进教育、追求教育有效性的重要策略，也是促进教师专业成长与发展的重要形式。

34.2　请给我一次机会

袁大彤

你走了，悄无声息地走了，那么迅速，那么突然。你到底去了哪里？你可知道，我在寻找你。你可听到我在深深的懊恼中向你发出的呼喊。整整14年了，你的出走带给我的悔恨和内疚依旧那么清晰、沉痛。斗转星移，风霜雪雨，随着时间的推移，我心灵的负担越来越沉重。你可知道，我是多么急切地想见你，请求你的谅解，渴望你的微笑。

那年，我当上了一个毕业班的班主任。我和所有的人一样，希望能用革命加拼命的奋斗来弥补这虚度的10年。在这时候，经一位老师的介绍，你插到我的班上来。你给我的初次印象并不好：一双黑布鞋，洗得发白的蓝裤子，脸是黑黑的，眼睛也是黑黑的，带着一股倔犟劲儿的嘴唇，稍微一动，便流露出蔑视人的冷笑。我不喜欢你，可是你的入学成绩却又是那么优秀，尤其物理成绩竟然是100分。

同学们和我一样，开始的日子里并不接受你，他们笑你土气，笑你身上的汗味。看得出你忍着，抿嘴强忍着。

一个学期下来，你赢得了包括我在内的全体师生的喜爱。你的朴素，你的成熟，尤其是那名列前茅的学习成绩，使大家不但扭转了对你的看法，而且你也成为报考清华大学的重点培养对象。

第二学期开始了，班上的学习气氛更加浓厚，可是你呢？变了，变得与往日判若两人。往日的专心致志变成了精神恍惚，往日整齐的作业变成了一页页空白，你的学习成绩在急剧下降。看到这些，同学们议论纷纷，我也是着急上火，要知道，我对你抱着多大的期望啊！

终于，有一天，激烈的冲突发生了。

那天，第一节照例是我的物理课。你呢，又照例地迟到了10分钟。

一声报告，你进来了，满脸汗水，神态狼狈。全班哄堂大笑。

我火冒三丈，大喊一声："站住！"

你站住了，低下了头。

我连珠炮似的说道："你看看你，都成了什么样子！你还有没有自尊？高考临近，看看别人，再看看你自己，你怎么变得这么不可救药？"

你抬头看了我一眼，嘴唇动了动。

我怒火中烧，愤愤然接着训斥："你知不知道天下尚有羞耻二字？你要是不想参加高考，还来上什么课！"

还没等我接着往下说，你却抬起了头，黑眼睛直视着我，嘴角又露出了那令人讨厌的冷笑，你一字一句地说："老师，你知道不知道这是我的事，您干吗发那么大的脾气。"

嗬！居然有人敢和我顶嘴，还当着这么多同学的面。

我已急不择词，大声吼道："你给我滚！不许你破坏班集体的荣誉。"这后一句话，显然是希望其他同学都能站到我这一边。

教室里寂静得可怕，几十道目光中既有愤怒也有谴责，只是我当时没有心情去考虑这目光是投向谁的。

你眼中含着泪水，向同学们鞠了一躬，又向我鞠了一躬，然后拉开门，走了出去。

这一节课是怎么上下来的，我也说不清……

当晚我失眠了，开始意识到我太主观，太粗暴。于是我决定明天找你推心置腹地谈谈。

可没有机会了。一个星期后，教务处的人通知我，你已经办了退学手续。

我感到遗憾，因为凭你的成绩，高考是完全有希望的，何况机会这么难得。

时间过得飞快，高考完毕后的最后一次主题班会上，一个同学小心翼翼地说："老师，您知道吗？您在我们心中是偶像，是楷模。可是您上次发火，把同学从课堂上轰走，多影响您的形象！我希望，您今后要注意工作方法，做同学们的真正知心人。"

这似一记重锤敲击在我的心上，旧事重提竟有这么大的震撼力。我难

以自持，懊悔不已。

从教务处查到你的地址，我足足蹬了 1 个多小时的车才在郊区的一个小村子里找到你曾住过的地方。邻居说，你早已搬走了。

我又找到介绍你来的那位老师，才知道你父母早已先后去世，给你留下奶奶和一个妹妹，你每天不得不利用空余的时间去干活，好养活那一老一少。转到五中后，你的负担更重了，因为每天往返要三个小时，遇到赶不上车，你要跑步上学。就在高考前夕，奶奶又病故了……我赶忙问，现在你在哪儿？那位老师说，你搬家的事连他也不知道，现在去向不明。

我的心在流血，我这才意识到，由于我的过失，由于我一时的火气，造成的损失何等巨大，何等惨重！

你给我留下了懊悔与愧疚，也给我留下了教训和思考。我体会到，要当好班主任，首要的任务就是全面了解学生，要把学生当成一本书去读，去学，去研究。要当好班主任就要爱学生，爱的基础是信任，对学生要有一颗真挚的心。要注意工作方法，要做大量的艰苦细致的工作。而不应该像对待你那样冷嘲热讽、简单粗暴、唯我独尊。还要不断地学习心理学和教育理论……然而，一切都太晚了，一切都无法挽回了。

你走了，悄无声息地走了，走得那么迅速又那么突然。你像一根无形的鞭子，时刻抽打着我，催我自省，促我上进；你又像一篇无言的檄文，那条条款款，都是我今后行动的准则。做一个优秀的班主任，是我终生奋斗的目标。

我是多么急切地期望见到你。请你给我一次机会吧，让我弥补我的过失。

（原载《中学班主任工作 100 例》）

【点评】

尽管有些过失永远无法挽回，但是如果能够通过反思，使我们"不在同一个地方跌倒两次"，这也值得称许，这就是反思的价值。反思有属于技术层面的，也有属于精神层面的。属于技术层面的反思，需要智慧和理性；属于精神层面的反思，需要勇气和人格。反思的真正难点在于精神反思，因为它往往需要一种忏悔或赎罪精神，而这种精神又往往来自一种类似于圣徒的真诚和慈悲品质。这就是这个故事在教育反思方面给我们所上的一课。"我的心在流血，我这才意识到，由于我的过失，由于我一时的

火气，造成的损失何等巨大，何等惨重！"请你细读文中有关抒情部分，细心体会作者溢于字里行间的忏悔意识。

35

做个创造型班主任

【先行知识】

"创新精神"、"创造能力"已经成为当前我国教育工作者十分熟悉的字眼。

记得国内素质教育大讨论进行到 20 世纪 90 年代后期时，理论界、舆论界的视点忽然转向人的"创新精神和创造力"的问题上，认为这应该是素质教育的最高价值取向，"创新是一个民族进步的灵魂，是一个国家兴旺发达的不竭动力"的观点风靡全国。

创造，是人类特有的一种心理机能，也是人类一种普遍的实践活动。创造力则是人类一种高级心理技能，它突出地表现为一种"超常规、超现实"的认识世界、改造世界，认识自我、改造自我的能力，它的主要价值就在于超越人类现有的经验智慧，向世界"提供新质"。

具有创新精神和创造力的人，一般具有这样的心理人格特征：

(1) 兴趣广泛，求知欲强，喜欢对新奇事物用心思；

(2) 思维灵活，反应敏捷，工作效率较高；

(3) 联想丰富，语言流畅，能恰当而迅速地表达意见；

(4) 勤奋热情，专心致志，一心扑在事业上；

(5) 观察敏锐，思辨精密，能发现别人不易发现的事物；

(6) 勇于进取，渴求发现，不满足于已有的结论；

(7) 坚定自信，执著追求，深深理解自己行为的价值；

(8) 坚韧自制，不辞劳苦，能在克服困难中体验到成功的欢乐；

(9) 独立性强，从众性少，遇事有自己的见解；

（10）献身事业，服务社会，时常产生革新创造的念头。①

创新精神和创造力的培养，是一种教育实践活动，而创造性地开展工作，则是一种教育实践要求。

人们常说，教育既是一门科学也是一门艺术。班主任工作也是这样。当人们把它作为一门科学的时候，班级就是实验室，班主任工作跟睿智的科学家的工作并无二致，充满了同样的风险和挑战、神秘和神圣；当人们把它作为一门艺术的时候，教室就是创作室，班主任工作跟天才的艺术家的工作完全一样，充满了同样的才智和激情、惊喜和刺激。科学探索和艺术创造，是人类最富创造性的活动领域。教师就是人类教育活动领域的科学家和艺术家。

教育活动是一项复杂的心智劳动。教育工作的复杂性，既需要人们创造性地开展工作，也为人们创造性地工作提供了无限广阔的空间。人类教育知识宝库，就是古往今来一切教育工作者创造性工作汗水和智慧的结晶。现代教育具有开放性，对教师的创造性工作素质提出了更高的要求。如何做个创造型教师，是现代教师生存与发展面临的重大主题之一。

中小学班主任应该把成为创造型教师，作为提高个人业绩、提升个人效能、积极主动应对各种生存与发展挑战的不二法门。

【单元提示与问题探究】

成为创造型教师，应该成为现代教师提高个人业绩、提升个人效能、积极主动应对各种生存与发展挑战的不二法门。

请联系实际，谈谈你对成为创造型教师问题的认识。

35.1 开学"四把火"

丁 榕

一个新的学期又开始了。每一个当班主任的老师都明白，抓好开学教育就等于给这个学期的工作点燃了一把"火"，使班级充满了生气和希望。

过去，我抓开学教育基本上都是我讲学生听，不外乎是总结过去，着眼现在，展望未来。虽然有一些效果，但总是不够理想。如何把我们的教

---

① 段继扬. 创造性教学通论. 长春：吉林人民出版社，1999. 88～89

育转化为学生的自我教育，使思想工作更有说服力，更能接近学生的实际，并一直贯穿在整学期的学习、工作之中，这是值得我们探讨的问题。今年开学初，我搞了一个由四次班会组成的开学系列教育活动，由于活动形式为学生所喜爱，活动内容深入人心，所以收到了实效。同学们说："这回开学丁老师点了四把'火'，可真把我们的心给点燃了！"

第一把"火"：总结与回顾
——展览会

过去的一年，我们在各方面有些什么成绩？搞了些什么活动？都有些什么收获？这些往往在活动的当时体会得并不很深刻，可是当我们过一段时间，回过头来再反思时，就会发现，现在比过去体会深刻多了。为了全面总结过去，给新的学期工作指明方向，带来力量，我提出用展览的形式把一学年的学习、思想、生活展现在同学们面前。我发动全班学生对过去的一年进行总结，并根据全班每个学生的特长分成了脚本、美术、讲解、制作等四个组，人人都投入筹备展览的工作之中。

展览脚本完成了，几百幅生动的图画画出来了，有道理、有事例的解说词写出来了，讲解员充满激情的讲解练习好了，展品经过同学们加班加点也做出来了，"迈好初中第一步"展览会在开学第一天隆重地展现在我们班集体的面前！

看着自己亲手制作的展览，回味着一学年丰富有趣的集体生活，看着自己的进步，同学们个个心情激动。"过去的一年我们有成功的欢乐，胜利的喜悦；也有痛苦的回忆，失败的教训。正是这些喜、怒、哀、乐，才构成了我们生命的交响乐……"悠扬的乐曲、生动的解说，给同学们带来了许多难忘的幸福回忆，也给每个学生带来了巨大的动力。"今年该怎样做才能比去年做得更好？"这已成为每个同学思考的问题。

第二把"火"：展望与思考
——"记者招待会"

趁第一把"火"的热乎劲还没凉下来，我们紧接着又点燃了第二把"火"。为了急学生之所急、想学生之所想，回答学生们在新学期开始之时所考虑的各种问题，我们举办了"记者招待会"。

首先，由学生们自愿结合组成了几个小组，发动大家充分想问题、提

问题，发表各种意见，然后每个小组选出自己的"记者"。当他们戴上"记者证"，在"记者席"上就座的时候，台下爆发出一阵热烈的掌声。我也做好了充分准备来接待这些"小记者"。班长刚一宣布"记者招待会开始"，"小记者"们就争先恐后地向我提出了问题："您认为班内存在的主要问题是什么？""我们下一步应如何走？""您准备这学期怎样在班主任工作中做出新成绩？""我们班是否已出现了两极分化？""您对家长对子女的不理解怎样看？"……问题一个接着一个，我认真地回答着，掌声、欢笑声响成一片。从班级工作问题问到了社会问题；从武侠小说问到了琼瑶、三毛……学生们在宽松、愉快的气氛中探求着新学期自己应选择的道路。

"答记者问"增强了师生之间的了解，使我们在平等和谐的气氛中交流了思想。那么，新学期我们共同的奋斗目标是什么？怎样为实现这一目标而努力呢？

第三把"火"：理想与追求
——讨论会

全班向何处去？共同的目标怎样确定？以前，这自然是我的事。可今天，我把这几个题目提出来，号召全班学生讨论，召开了"理想与追求"的讨论会，大家一起商量确定目标，把老师要求做的变为学生要做的。在制定总奋斗目标时，大家各抒己见，讨论十分热烈。"我们的奋斗目标是全班考上四中。""我们要做全国第一流的班集体。""全班学生要争取入团！"在充分酝酿的基础上，大家一致同意把"争取做优秀班集体"作为全班的奋斗目标。怎样才能实现这个目标呢？大家围绕着"优秀集体"的条件，在班风、学风、作风等各方面制定了具体措施。"火"就这样越烧越旺！

如何让这把"火"永不熄灭呢？

第四把"火"：团结与奋斗
——谈心会

为了调动每个学生的积极性，让每一个学生都能更好地发挥自己的能量，更快地朝着我们的奋斗目标前进，我们召开了"以心呼唤心，以爱交换爱，在信任中得到信任"的谈心会。会开得很成功，大家畅所欲言，有的谈出了自己的隐忧，有的诉说了自己的苦衷……第一个站起来发言的是

班里学习成绩较差的一个同学，她沉重地说："我在小学也是'三好'学生，我从来没为学习不好的同学做过什么，可我现在却体会到了我是多么需要同学的理解，是多么希望得到集体的温暖！可是在我耳边经常听到的是'你连这都不懂呀！''哟，你才比我少一分呀！'这些在别人听了无所谓的话，对我来说却是一个沉重的打击。我知道我在班上是个欠债的人，我欠了集体的债，可大家也应该相信，我会用自己的力量把债还上的……"台下静静的。学习委员一个箭步走上了讲台，他给大家深深地鞠了一个躬，说："对不起，对不起同学们，我身为一个学习委员，深感内疚，因为我从来没有想到学习吃力的同学会想这么多……"台下又走上来一名同学："'你才比我少一分呀！'这话是我说的，我现在才明白，生活在集体中，一言一行、一举一动都要多为他人想一想，这样才能有利于集体的团结和进步。"又一个同学上台了，他说："我虽然是干部子弟，但希望老师和同学们把我当成集体中的普通一员。"谈心会持续三个多小时，大家的心紧紧地连在了一起，"让集体充满爱"的歌声在教室里回荡着："我们生长在初二（4）班的大家庭，54人成为一个整体，同甘苦，共呼吸，团结友爱最亲密……"

四把"火"点燃了全班学生的心，照亮了一学期前进的道路。新的学期就在这火一般的热情中开始了。

（原载《班主任锦囊妙计》）

【点评】

这位老师的确很有创意：由四次班会组成一个开学系列教育活动，截然不同于以往"教师讲学生听"的固定程式。也的确很有效果：同学们都说"开学四把'火'，可真把我们的心给点燃了"！成功的原因则在于："活动形式为学生所喜爱，活动内容深入人心！"而这一切则源于故事中的丁老师对于现状的不满："过去……总是不够理想。……这是值得我们探讨的问题。"由此可见，创造源于不满，创造并不神秘，而创造带给我们的成果则是甘甜的。

35.2 创造良好的"第一印象"

李镇西

日常人际交往中的"第一印象"是至关重要的，班集体建设也是如此。学生对新班的最初印象将直接影响以后班风的形成，因此，对班主任来说，新集体的建设早在新生入学之前就开始了。

我在接任每一届班主任之前，都要给全班同学写一封信，并且设法在开学前寄到每一位新生手中。我的目的在于唤起孩子们对新老师、新集体的憧憬与希望，这是新集体诞生的不可缺少的前奏和序曲。在给八七级初一班新生的信中，我写道："亲爱的同学，首先我热诚祝贺你被录取到郭老（郭沫若）的母校——乐山一中学习……你现在一定正渴望一个新的班集体吧？同学，你在《中国青年报》、《北京音乐报》、《乐山报》上读过'未来班'的事迹吗？你听说过'未来班'还有自己的班歌、班徽、班旗吗？我想，你一定希望自己也能生活在'未来班'这样温暖的大家庭中吧！告诉你，当你接到这封信时，你就已经是'未来班'的成员了。'未来班'的班歌将由你继续唱下去，'未来班'的班旗将由你继续扛下去，新的'未来班'将会因有了你而更加温暖！看，迎接你的，将是多么充实而富有魅力的集体啊！作为班主任和你的朋友，我真诚地欢迎你……在新学期开学之前，请允许我对你提三点要求：①请想一想，你有什么特长或能力，在加入新集体的第一周内能为大家做一件什么好事？②请准备一套运动服（男生蓝色，女生红色），便于班上搞活动服装统一。③请买一只口琴，我们班将建立'口琴乐团'……同学，读到这封信，你一定在心里猜测：这位班主任是男的，还是女的？是年老的，还是年轻的……就像我急于想了解你一样。不过别急，快开学了，以后我们会朝夕相处，结下深厚情谊的，让我们在报名那一天相见吧！"

新生报名那天，他们看到了黑板上方写的一句话："让人们因我的存在而感到幸福。"我对大家说："这个班不仅仅是一个教学单位，而且是一个大家庭。每个同学都要尽量做到使自己的同学、使整个集体因为有了自己而感到温暖，要让自己为集体添荣誉、争光彩。"新来乍到的学生对这些道理不一定都理解，但班主任应当一开始就提出这个要求，引导他们思考自己对新集体的责任。同时，班主任在第一天就应当尽量挖掘新集体中

体现这种责任感的事例，让学生获得切身的感受。

在给新生发新教材时，我发现一本音乐书的封面有些破旧。我当然可以把它退回图书室换一本好的，也可以动员某位学生要这本书，但我决定把这本书变成集体主义教育的"教材"。我当即拿起这本书问全班同学："谁愿意要这本有些破旧的书呀？"果然不出我所料，不少学生举起了手。我把书交给了最先举手的×××同学，同时表扬道："看，我们这个新班有这么多好同学，大家不感到温暖吗？"

第一天放学，需要打扫教室卫生。本来我也可以随便指派几个学生，但我还是有意问全班同学："谁愿意为新集体第一次扫地呀？"小手又举成一片。于是，我与潘××、彭××、吴×等同学一起把教室打扫得干干净净。

这两件小事似乎微不足道，却教育了全班同学。在这一天的日记中，同学们纷纷写道："开学第一天，就有这么多同学做好事。这个班真好！"这些新生还互不相识，正因为互不相识，同学们自然把这几位做好事的同学所表现出来的品质看作是新集体的可爱之处。三年后毕业时，该班已是一个被《中国青年报》、《少年文史报》报道过的优秀集体，不少同学在抒发对班集体留恋之情时都回忆起三年前进初中时那难忘的"第一天"。

由此我受到启示，新生新编到某个班是毫无思想准备的，但是新生进校前教师对班集体的建设却应有相当充分的思想准备。要使学生尽快产生对新集体的感情和责任感，教师就必须早在开学之前对未来的班集体产生感情和责任感。

（原载《中学班主任工作100例》）

【点评】

对这位班主任来说，建设良好的班集体，要从创造良好的"第一印象"开始；而创造良好的"第一印象"，则从新生入学前开始。这的确很新鲜，也很有创意！而他所做的一切，是基于班集体建设的"认同原理"和人际交往学说的"第一印象原理"等理念。这说明，某些先进、科学的原理也可以赋予我们创造的灵感，成为我们创造的源泉。是的，一个创造型的教师，是不乏理论素养和理论兴趣的；除了关注实践、重视经验总结外，他也热爱科学，重视理论学习。

参考文献

1. 谭保斌. 班主任学. 长沙：湖南师范大学出版社，1998

2. 张民生. 班主任工作导论. 北京：高等教育出版社，1994

3. 邓人忠，李德弟. 小学班主任工作概论. 广州：中山大学出版社，1999

4. 李学农，陈震. 初中班主任. 南京：南京师范大学出版社，1997

5. 班华，王正勇. 高中班主任. 南京：南京师范大学出版社，1997

6. 涂光辉，雷晓波. 班主任工作技能. 长沙：湖南师范大学出版社，2000

7. 彭智勇，钟型泰. 现代中小学班主任工作指南. 成都：四川教育出版社，2000

8. 钟启泉. 班级管理论. 上海：上海教育出版社，2002

9. 姚成荣. 班级管理工作新论. 北京：中国社会科学出版社，2003

10. 李学农. 中学班级文化建设. 南京：南京师范大学出版社，1999

11. 林建华，曹树. 中学班主任与心理指导. 南京：南京师范大学出版社，1999

12. 柳夕浪. 中学生人际交往指导. 南京：南京师范大学出版社，1999

13. 周德藩，葛锁网. 中学班主任工作优秀个案. 苏州：苏州大学出版社，1995

14. "新时期中学班主任工作的理论与实践研究"课题组. 中学班主任工作100例. 北京：教育科学出版社，1995

15. 欧阳炳焕，徐书云. 班主任锦囊妙计. 长沙：湖南师范大学出版社，1991

16. 魏书生. 班主任工作漫谈·献给青年班主任. 桂林：漓江出版社，1993

17. 李兆德. 魏书生教育方法100例. 沈阳：辽宁教育出版社，1985

18. 蒋成瑀. 语文课读解学. 杭州：浙江大学出版社，2000

19. 罗钢. 叙事学导论. 昆明：云南人民出版社，1994

20. 董小英. 叙述学. 北京：社会科学文献出版社，2001

21. 郑金洲. 校本研究指导. 北京：教育科学出版社，2002

22. 刘良华. 校本行动研究. 成都：四川教育出版社，2002

23. 郑金洲. 案例教学指南. 上海：华东师范大学出版社，2000

24. 范才生，钟志贤. 素质教育：中国基础教育的使命. 福州：福建教育出版社，1996

25. 冯林. 中国家长批判：家庭教育焦点问题访谈录. 北京：中国商业出版社，2001

26. 刘德华. 让教育焕发生命的价值：审视教育中的"罪"与"罚". 桂林：广西师范大学出版社，2003

27. 叶澜. 中国教育学科年度发展报告（2002）. 上海：上海教育出版社，2003

28. 苏霍姆林斯基. 给教师的建议. 北京：教育科学出版社，2002

29. 孙云晓. 教育的秘诀是真爱. 北京：新华出版社，2002

30. 黄全愈. 素质教育在美国——留美博士眼里的中美教育. 广州：广东教育出版社，1999

31. 黄全愈. 生存教育在美国. 南宁：接力出版社，2002

32. 陈屹. 诱惑与困惑——美国教育参考. 北京：中国社会出版社，2001

33. 陈申. 龙虫之间：跨国教育反思. 北京：当代世界出版社，2003

34. 周兴旺，李喜. 每个父母都能成功. 北京：中国档案出版社，2001

35. 周洪. 我平庸，我快乐. 广州：广东教育出版社，2002

36. 中华人民共和国教育部《素质教育观念学习提要》编写组. 素质教育观念学习提要. 北京：三联书店，2001

37. 袁振国. 教育新理念. 北京：教育科学出版社，2002

38. 宋乃庆，徐仲林，靳玉乐. 中国基础教育新课程的理念与创新. 北京：中国人事出版社，2002

39. 李瑾瑜，柳德玉，牛震乾. 课程改革与教师角色转换. 北京：中国人事出版社，2002

后　记

今天是 2004 年的儿童节。我决心借儿童节这股东风完成这本关于儿童成长故事的书的后记。

中午，闲暇之余，我打开"锵锵三人行"，看看窦文涛先生今天侃什么。并没有预备他讲儿童节的，但是他讲了。没想到，他比那些搞教育的人，更加亲近儿童，或者恰恰是因为他不当教师吧。他说他决定永远保持一颗童心。他也比许多搞教育的更加关注儿童的生存。他说，看看吧，今天我们的人类，远的不说，就说最近吧，给儿童提供的是一个什么样的世界：到处是恐怖、血腥以及关于这些事件的报道。他说儿童节不一定要说快乐，今天就说说这些不快乐（的事情）。

窦先生的话显然使我因编著这本书，弄得本来就有点沉重的心情，变得更加沉重了。

这是一本编著给大人看的关于儿童成长的书，它由 70 个宽泛意义上的案例或故事（本书统称为故事）组成，这些故事的前后穿插了我们对相关问题的意见和态度。

这些故事讲的虽然都是儿童在学校班集体里成长受教育的事情，但是透过它们所总结出来的教育经验和智慧，反映出来的儿童成长教育中的课题和问题，却没有家庭、学校和社会的界线之分。

这本书的初衷是要编著成一本供高师学生选修班主任工作技能课程用的教材。在接触了大量有关学校班级教育管理方面的资料以后，我们改变了初衷，更愿把它做成一个跟一般的家长、教师和其他一切关心我国情况的读者进行交流、对话的窗口和平台，就我国青少年成长教育问题，以及由此引出的与它密切相关的教师生态问题，基础教育问题，家庭教育问题，教育传统、教育文化、教育哲学问题等作一番探讨。

我国具有重视儿童的传统，但是我们的教育传统里有两大弊端：一是简单地把儿童看成是父母、家庭、国家的有机组成部分，忽视儿童作为个人的那一部分价值，包括他的自由、快乐、权利和幸福；二是关注儿童对于其父母、家庭、国家和他本人的未来价值，忽略儿童当前的存在，包括

儿童生命的规律、特点、成长需要和感受。因此，"拔苗助长"、"逼孩子成才"、"恨铁不成钢"，在"都是为了孩子好"的响亮口号下，愈演愈烈，没人觉得不对。所谓"为了孩子好"，实际上是成年人的一相情愿，并没有尊重或听取儿童的意愿，最多也只是着眼于孩子的将来。而孩子偏偏是属于他自己的，属于现在的。

今天我们尤其要警觉那种假借"为了孩子好"的名义，实际上干着拿儿童、教育、教师当谋名谋利工具的勾当的人。

儿童遭遇不幸，教育也在垂泪，教师也不能幸免！教师和教育，不知道什么时候，竟变得跟儿童一样可以任人随意诠释、揉捏。"什么是教育？""谁来尊重、理解教育？""谁来关注教师？"则是来自另一个方面的另一种诉求，姑且毋论，还是回到儿童的角度。

是的，人就是目的本身！所谓"资源"一说，已经有点欠妥。就是顺着这个思路往下说，我们也应该视儿童为我们最宝贵的资源。为此，我们也要确立一条"最宝贵资源开发的律令"——珍视儿童！我们要进一步完善我国青少年保护法律体系，对青少年在家庭、学校、社会的生存状况，实行全时"绿色监控"，对不管是来自哪个方面的肆意处置儿童的行为，坚决实行"国家干预"。美国的儿童在无助或受到惊吓的时候可以报警，我们为什么不行？我们的孩子为什么就比美国的孩子"低"一等？

把儿童的命运同成年人的命运、家庭的命运和国家的命运联系起来，这既是一种普遍的事实，也是一种现实的永恒的需要。正因为如此，我们关注和谈论儿童的事情，探究和忧虑儿童的成长教育问题，是在做一件真正的关乎"千家万户"、"千秋万代"、"国泰民安"的事情。

少年心事连国运。儿童心中常怀忧愁，眼里常含眼泪，是国之大忌；让儿童成长得安全、健康、快乐、幸福、聪明，是一国一家兴旺发达、吉祥顺达的表现。纵观当今世界穷国、富国和穷人、富人的情况，我们不难领悟个中的道理。

研究儿童问题，包括儿童的教育问题，并不是我们的强项。所以，即使是整本书中我们认为最有价值的部分，也只是提出了问题而已。问题见仁见智，我们并没有过多地去辨析，高深的抽象理论我们也有所回避，解决问题的"宣言"或"行动纲领"式的喋喋不休，我们也自然地留给读者，留给大家一个尽可能自由些、大胆些的交流与思考的空间。请大家和我们一道继续关注这个话题。

这本书尽管很粗糙，但是能做成这个样子，仍然要感谢很多人的劳动。首先要感谢的是选修"班主任工作技能课程"的我系 2000 级本科学生。他们直率地说出对我推荐给他们的班主任工作故事的喜欢与不喜欢，使我受益匪浅。他们积极地为我推荐故事、撰写故事。推荐故事并被采用的同学有李旸、林瑞文、陈倩茜；撰写故事并被采用的同学有徐妍、钟文颖、刘鑫童。

其次要感谢的是我的朋友和合作伙伴。廖汇谋老师是广东省韶关市第一中学的高级教师、政教处主任，耕耘教坛 40 年，对基础教育，尤其是班级教育管理，具有较深的了解。孔维波老师是广东北江中学的年轻老师，2003 年广东省青年教师初中语文阅读教学大赛一等奖获得者。两位老师提供了本书的主要故事并负责全部故事的点评赏析。对此我向他们表示衷心的感谢。

本书得以顺利编写出版，一如既往地得到了我的工作单位韶关学院教务处、中文系的支持，教务处还提供了经费支持。暨南大学出版社作为我的老朋友，此次又给予我大力支持。尤其是丛书的策划苏彩桃老师，给了我许多帮助和教益，此时我也要深表敬意和谢意。

本书在编写过程中参阅了学界各种不同形式的成果，谨此致谢；凡未列出目录或注明出处的，敬请谅解。

我们特别要感谢的是本书 70 个故事的作者，是他们对学校班级教育管理所付出的直接的劳动——他们的热情、智慧和热切的关注——才构成了本书真正的生命。对故事有明确作者和出处的，我们明确注明作者和出处；对能够通过通讯取得联系的，我们已经与多数作者或著作权人联系获得有关知识授权；对到目前为止仍无法注明出处和取得联系的作者或著作权人，我们提供电子邮箱地址，敬请与我们联系并给予谅解。

我们也深感本书的浅陋和粗糙会给读者带来不快。所以恳请有机会读到此书的读者朋友、专家同行提出批评意见，以便本书有机会修订重印时予以改正。

我们的电子邮箱：bookgc2004@sina. com。

编著者

2004 年 6 月 1 日

第二版后记

　　该书出版三年，重印七次，并获得全国大学出版社协会"优秀教材"一等奖和"畅销书"一等奖，是始料未及的。

　　该书出版之际，正是我国高度重视和大力加强班主任工作制度建设之时。

　　2004年2月，中共中央国务院发布《关于进一步加强和改进未成年人思想道德建设的若干意见》。教育部拟制定《班主任工作条例》，完善班主任工作制度，使班主任成为令人羡慕的岗位；在教育硕士教育中，增设中小学德育研究方向，注意招收符合条件的中小学班主任，鼓励优秀教师长期从事班主任工作；从当年起，全国每三年评选表彰200名优秀班主任。

　　2006年6月，教育部发布《进一步加强中小学班主任工作的意见》，启动班主任培训计划：从当年年底起，凡担任中小学班主任工作的教师，上岗前后，必须接受不少于30个学时的专题培训；当年年底前已经在任的，须在近年内采取多种形式补修。

　　该书的出版正好适应和满足了这种需要。

　　此次修订，原书的叙事研究方法和班主任学的编写体例未变；4个层次、35个主题、70个故事的基本结构和规模未变。改动的只是若干主题的名称、顺序以及所辖的故事；增删、更换了一些主题和故事；绪论、单元先行知识和故事点评，作了适当的文字上的删节与润色；除单元提示外增加了讨论思考题一道。总的来说，修改后全书结构更加清楚，布局更加合理，措辞更加得当，行文更加简练明白，更有利于使用和阅读。

　　各种感谢的话，对合作者、对单位领导、对出版社老师、对故事作者、对学界同仁，已如第一版后记所述，此处不再一一絮叨；但是对于积极选修我的班主任工作艺术课、向我贡献宝贵的教学意见与建议并热情为我推荐案例、撰写故事的文学院近几届本科同学，我还要郑重地道一声"谢谢!"2004级向我推荐故事并值得嘉许的同学有沈志伟、林泽君、章丽霞、邝文静、黄秀萍、云淑宜，其中沈志伟、林泽君、章丽霞三位推荐的故事被采用；撰写案例并值得称赞的同学有李晓容、梁捷、闵晓丽、卢

间洪，其中李晓容撰写的故事被采用。这也说明自本书第一版印行以来，编著者并未间断过对班主任工作（包括其案例与教学）这一课题的关注与研究。而学之余、教之余、思之余的东西，只要是新颖有益的，笔者就尽可能把它们放进第二版书中，以飨读者。

我也深知，满意是相对的，我仍热切期望读者朋友、专家同行对第二版多提宝贵意见，以便改正错误，将本书做得更好。

编著者

2008 年 2 月 13 日